JN045329

菅野優香

クィア・シネマ

世界と時間に
別の仕方で存在するために

クィア・シネマ　目次

第3部 クィア・シネマとスターたち 185

第4部 クィア・シネマと上映空間 313

【凡例】

・映画、テレビ番組、小説、戯曲、書籍、雑誌は『 』、展覧会、論文、映画および小説および美術作品のシリーズ名は「 」、美術作品は《 》で示した。
・映画は初出時のみ（ ）内に製作年を記した。
・日本未公開作品のタイトルを示す際には本書の著者による仮の日本語訳をつけたうえで、原題を（ ）内に記している。
・本文中および註における引用の日本語訳については、既訳が存在する場合、それを参照したうえ本書の著者が原語からの訳出をおこなっている。ただし引用の出典を示す際に原著の書誌情報の指示がない場合（日本語の訳書の書誌のみの場合）はその限りではなく、既訳をそのまま用いている。

はじめに

映画の魅力に取り憑かれ、研究者となったが、映画に対する関心の中心にはつねにジェンダーやセクシュアリティの問題があった。どんな映画作家の、どんな映画作品を見ていても、それが気にならなかったことはない。そうして映画に接していくうちに、テーマとして直接扱われていないときでも、ジェンダーやセクシュアリティはつねに映画のなかやその周囲に存在していることが、少しずつだがはっきり見えてきた。

当たり前のことだが、人は、ジェンダーやセクシュアリティのみでできているわけではないし、それによってのみ生きているわけでもない。わたしたちのアイデンティティは持続するとは限らず、時間と場所によって変化することもあるし、状況によってある部分が強く意識されたり、後景に退いたりすることもある。そうしたアイデンティティのひとつであるジェンダーと映画の関係を考えてみると、フェミニスト映画理論はすでに一九七〇年代から、「女性」にまつわる多くの映画的事象——女性のイメージ、女性映画作家、女性観客、「女性映画」など——に取り組んできた。そして、フェミニストたちが部分的におこなってきた映画とセクシュアリティに関する研究は、レズビアン／ゲイ・スタディーズとの接合によって本格的に始動し、本書のテーマであるクィア・シネマに関する理論や批評へと引き継がれてきたといえる。

映画の内部やその周縁で、セクシュアリティがジェンダーや人種、階級と交差する様態を探求してきたクィア・シネマ研究の強みはその「雑種性」にある。不純で混沌としていて、ときに矛盾する考えや議論がクィア・シネマ研究を異質で、奇妙で、容易に手なずけることのできない分野として活気づけているように思われる。分類や名づけに抵抗するものとしての「クィア」が「シネマ」に接続されて「クィア・シネマ」となるとき、それについて語ることは、アイデンティティや欲望の複雑さや両義性を欠点ではなく、むしろ社会的で文化的な葛藤や折衝の痕跡として価値あるものとみなすことを意味しているのではないだろうか。

分析の対象や方法、テーマにいたるまで、本書でもそうしたクィア・シネマの雑種的性質がいかんなく発揮されている。作家論、作品論、観客論やスター論が入り混じり、映画的実践と経験が、アクティヴィズムへと連結され、「コミュニティ」を生成する可能性について考えたのが本書である。クィア・シネマを論じるスタイルのひとつとして、不純な「雑種性」を読者の方々にも面白がってもらえたらうれしい。

『クィア・シネマ』は、二〇一一年から二〇二二年にかけて雑誌や共著に発表してきた文章を大幅に加除修正したものに、書き下ろしの三本を加えた書籍である。英語論文を日本語に翻訳したものも二本、含まれている。それらを大きく四つのカテゴリーに分類し、整理し直した文章から本書は構成されている。以下に、各章の内容を簡単に説明しておく。

第1部「映画文化とクィア・スタディーズ」は本書全体の導入部分となっている。「クィア・シネマの場所――歴史を変えるために」では、クィア・シネマの現在がつねに過去や未来とともにあることを強調しながら、クィア・シネマをアナクロニズムという時間的錯誤によって特徴づけようとした。クィア・シネマが（再）発見されるきっかけとなったのは一九九〇年代初頭に出現したニュー・クィア・シネマ（以下、NQC）であったが、本章では、エイズ禍と文化戦争を背景に誕生したNQCや、ニュー・レズビアン・シネマについて具体的な作品を参照しながら論じている。「クィア・シネマを知るために――クィアの理論と歴史」では、クィア・シネマという企図と密接に結びついたクィアの理論と歴史を「アイデンティティ・ポリティクス」、「インターセクショナリティ」、「コミュニティ」という三つのテーマから論じている。「クィア・シネマの可能性――映画の外側へ」では、クィア・シネマのアクチュアリティを考えるために、クィアが「シネマ」と呼ばれてきた制度を超えて他の制度やジャンルと接続され、浸透し合う例として、現代アートやBLを取り上げた。

第2部「クィア・シネマの再発見」は、アメリカ合衆国およびフランスの映画作品、映画作家、スターについての章からなっている。

「ヒッチコック問題――『レベッカ』と『マーニー』をめぐるフェミニスト／クィア批評」では、アルフレッド・ヒッチコックの『レベッカ』（一九四〇）、『マーニー』（一九六四）の作品と批評言説をフェミニズムおよびクィアの視点から分析している。「ハイスミス映画のクィアと逸脱――冷戦下のホモセクシュアリティ」では、パトリシア・ハイスミスの小説を原作とする『見知らぬ乗客』（一九五一）と

『キャロル』（二〇一五）を取り上げ、それらが冷戦を背景に、クィアと法、逸脱をどう結びつけているかを考察する。「ヘプバーンの脆弱さと自由――『ローマの休日』から『噂の二人』へ」は、オードリー・ヘプバーンのクィアな魅力とフェミニスト的でレズビアン的な可能性について論じたものである。『ローマの休日』（一九五三）をはじめとする一九五〇年代の作品でヘプバーンが体現するクィアでフェミニスト的な人物の意味を探ると同時に、従来「悲劇のレズビアン映画」の代表作とされてきた『噂の二人』（一九六一）を、レズビアン的未来に開かれた作品として読み直している。「ジュディ・ガーランドを愛するということ――キャンプ、ドラァグ、フェミニズム」は、ジュディ・ガーランドが「ゲイ・アイコン」になった理由を探りつつ、そのハリウッド的女優規範から逸脱する身体性やパフォーマンスによって、フェミニスト的でレズビアン的な「キャンプ」を体現したことを論じている。「時間の映画――グザヴィエ・ドランのスローモーション」は、スローモーションという技法を偏愛するグザヴィエ・ドランが、いかに映画的時間についての実験をおこなっているかを考えたものである。「最愛の夫――ヴァルダの「ドゥミ映画」を読む」では、アニエス・ヴァルダによる、（夫ジャック・ドゥミを主題とした）「ドゥミ映画」を取り上げ、ヴァルダによるドゥミのセクシュアリティの表象について論じている。「話者の遍在――『ニューヨーク、ジャクソンハイツへようこそ』における移民／クィアのコミュニティ」は、フレデリック・ワイズマンの『ニューヨーク、ジャクソンハイツへようこそ』（二〇一五）に描かれた移民とクィアのコミュニティの交差について論じている。「水平の美学――セリーヌ・シアマによる親密性の技法」は、セリーヌ・シアマが生み出す「固有」のクィア・シネマを、水平な視線やカメラの横の動きによる「視覚的平等性」という観点から考察している。

書き下ろしとなる「『ウォーターメロン・ウーマン』とオルタナティヴ・ヒストリー――黒人女性映画とレズビアニズムの邂逅」では、黒人レズビアンをテーマにした初めての長編劇映画とされるシェリル・デュニエの『ウォーターメロン・ウーマン』（一九九六）を取り上げる。NQCの代表的作品とも称されるこの作品が、黒人女性のステレオタイプや、異人種間の親密な関係、そしてアーカイヴなどを焦点化しながら、これまで語られてこなかった黒人レズビアンの映画史を書き直していることを論じたものである。

第3部「クィア・シネマとスターたち」は、日本と沖縄を舞台にした映画について書かれた文章からなる。スターと作品を中心に論じつつも、多くが作家論や観客論の側面を持っており、その意味で、最もクィア・シネマの雑種性が感じられるセクションとなっているように思う。取り上げたのは、淡島千景、浪花千栄子、原節子、キャサリン・ヘプバーン、美輪明宏といったスターたちとその映画作品である。

「パンパン、レズビアン、女の共同体――女性映画としての『女ばかりの夜』」は、売春防止法の施行を歴史的背景にもつ田中絹代監督作品『女ばかりの夜』（一九六一）のレズビアン表象に焦点を当てながら、女同士の差異が前景化される共同体を描くこの映画を「女性映画」として位置づけている。「人種化される欲望――三池崇史と「沖縄」をめぐる映画的想像力の一考察」は、三池崇史監督作品『BLUES HARP』（一九九八）が沖縄という「風景」を創出することによって、いかに「ホモセクシュアルな欲望」を人種化し、それによってやくざ映画の公然の秘密を露呈させたのかを論じている。「『女であること』と、川島雄三であること――川端康成と丸山明宏が出会う場所」は、川端康成の小説を原作とする

「最も川島らしくない」川島作品である『女であること』（一九五八）を取り上げている。（川端がしばしば官能的に描いた）少年のような少女（久我美子）と原節子演じる年上の女性との間に生じる同性愛的欲望が、歌手として登場する丸山明宏（美輪明宏）による「女であること」のパフォーマティヴな効果に重ね合わされている。「クィアな共振――美輪明宏の映画スターダム」は英語で書かれた論考を日本語に翻訳したうえで、大幅に加筆修正した美輪明宏論である。クィアな映画スターとしての美輪明宏を考えるうえでは、イメージのみならずその声について考えることが欠かせず、また一九六〇年代の政治と文化の交差が最も可視化された空間である「新宿」の重要性を強調している。「連累の観客論――原節子とクィアなジョーク」もまた英語で書かれたものを日本語に翻訳し直したものだが、原節子とキャサリン・ヘプバーンについてのスター論であるとともに、レズビアン観客論でもある。フロイトによるジョーク理論とイヴ・セジウィックによるホモソーシャルな欲望の理論を重ね合わせて『麦秋』（一九五一）のジョークにアプローチすることによって、この作品が召喚するクィアネス（クィア性）について考察している。「ゴシップ、あるいはラディカルな知――高倉健のスター・イメージ」は、高倉健の「ゲイ説」を取り上げ、ゴシップの意味を再考しながら、映画スターのゲイ・ゴシップがコミュニティ形成に果たす役割について考察している。

クィア・シネマにおいてスターを論じることとは、多くの場合、スターを愛する観客について論じることであり、また観客について論じることは、観客が属するコミュニティについて論じることでもある。第2部で取り上げたジュディ・ガーランドのように、日本のクィア・コミュニティにとっても、映画とスターは特別な重要性をもっているのである。

第4部「クィア・シネマと上映空間」は、映画祭を中心に、アクティヴィズムやコミュニティの問題を考察している。「政治的なことは映画的なこと――一九七〇年代の「フェミニスト映画運動」」では、一九七〇年代の第二波フェミニズムにおける映画運動を分析しながら、女性映画祭がいかにしてフェミニズムと映画の結びつきを可視化し、「フェミニスト映画空間」と呼ぶべき公的空間を創造したのかを論じている。「クィア・LGBT映画祭試論――映画文化とクィアの系譜」では、日本の地方都市で開催されるLGBT映画祭が、地域のアイデンティティを捨てることなく、クィアな主体として日常を生き抜くための「微弱な」アクティヴィズムとして機能し、ゆるやかなコミュニティ形成を促すことを論じている。この試論を発展させたのが「コミュニティを再考する――クィア・LGBT映画祭と情動の社会空間」である。映画祭という場がいかに情動的経験によって創造され、社会関係と身体とによって織りなされる社会空間となるかを考察しながら、従来の「都会と田舎」の二分法に依拠したコミュニティ概念を批判的に再考している。

『クィア・シネマ』という本書のタイトルには、作家と作品、スターと観客、アクティヴィズムとコミュニティを分けることを拒む雑多で雑種的な方法論への愛着と、映画をめぐる実践と経験を個人的なものとしてだけでなく、集合的なもの（シネマ）として位置づけたいという願いが込められている。「世界と時間に別の仕方で存在するために」というサブタイトルは、アメリカ合衆国のクィア理論家であったホセ・ムニョスが『クルージング・ユートピア』において論じた「未来性としてのクィア」に触発されている。この本のなかで、ムニョスは、クィアネスを「過去の可能性」の領域であるような時間的配置であるとし、この可能性の領域において、わたしたちは「未来」のために「現在」において行動することができるのだと語った。「今、ここ」が十分ではないからこそ、わたしたちは、別の世界、別の時間を再想像しなければならないのだ、と。

ムニョスにならって、また、本書でも論じている『ウォーターメロン・ウーマン』が示しているように、希望としての、未来性としてのクィアネスを考えてみたい。それは、過去と未来が潜勢している現在を決して空疎化させないことである。直線的に進歩し、発達する規範化された時間の流れに背を向けて、過去と未来が共存する複数の時間である現在において、ゆっくり動いたり、立ち止まったりしながら、あるいは不規則に反復したり、循環したりするクィアなリズムによって、本書を読んでいただけたなら、これ以上の喜びはない。

第1部

映画文化とクィア・スタディーズ

クィア・シネマの場所——歴史を変えるために

クィア・シネマの現在

クィア・シネマの「今」は、絶えず過去に侵食される現在である。そして、クィア・シネマをめぐる現在を考えることは、クィア・シネマの歴史や時間性を考えるだけでなく、それが息づく「場所」を問うことでもある。誰がどこでどのようなクィアな映画作品（フィルム）を作っているのか、どのようにその作品は流通しているのか、どんな観客がどこでどのようにその作品を見ているのか、誰がそれを論じているのか、そうした「問い」をめぐってクィア・シネマは存在している。[*1] また、ある映画作品がなぜ、どのように「クィア」なのかを問い続けなければならないような、開かれた、未完成な状態としてクィア・シネマはある。

どこから、どのように見るかによって、クィア・シネマは異なる相貌を帯びることになる。あらゆる知が固有の状況に置かれているように、クィア・シネマをめぐる思考や言説も、それをおこなう「わたし」のポジショナリティを反映した限定的なものでしかない。その意味で、ここに記述されるクィア・

シネマの現在は、フェミニスト映画理論やクィア・スタディーズがこれまで積み重ねてきた議論に触発されたわたし自身の関心と欲望から観測された現在である。

本書では、クィア・シネマの「現在」をかたちづくっているいくつかの要素に焦点を当てて、問いとしての、あるいは「可能性の地平」としてのクィア・シネマについて考えてみたいと思う。例えば、オリヴィア・ワイルド監督による『ブックスマート』（二〇一九）は親友であるふたりの少女が過ごす高校生活最後の日を描く青春映画である。主人公のひとりをはじめ、この作品にはジェンダーやセクシュアリティの規範の外にいる登場人物が複数含まれている。だが、この作品をクィアにするのは、登場人物が明らかに示している性的アイデンティティや行為であるよりも、ふたりの少女を結びつける情動的な絆である。一般には「友情」とみなされるふたりのこうした親密な関係をなんと呼んだらいいのだろうか。わたしたちにはそれを表現するための適切なカテゴリーや語句がまだないように思われる。友情や愛、親密性と部分的に重なりつつも、そのどれかひとつに限定されないこうした絆とは一体なんなのか。まだ名づけられていない関係を描き、探求するこの作品は問いとしてのクィア・シネマの一例だといえよう。

また、本書ではクィアなスターたちを取り上げるが、そのひとりが、かつて異性装ならぬ「異装」で歌い、映画に俳優として出演していた美輪明宏である。容易に二元論に回収されないそのジェンダー表現やアイデンティティをどう考えたらよいのだろうか。それにふさわしい名前とはなんなのだろうか。あるいは小津安二郎監督作品で三度、「紀子」を演じた原節子のクィアなスターダムもまた、謎という名の問いによって成立していたのではなかったろうか。そしてセリーヌ・シアマ監督による『トムボーイ』（二〇一一）の登場人物であるミカエル／ロールのジェンダーはどう考えたらよいのだろうか。

こうしてクィア・シネマは欲望や同一化、親密な関係性、ジェンダーやセクシュアリティに関するアイデンティティや表現についてのこれまでの慣習や用語の再考を促し、それらの不十分さや不適切さに気づかせてくれる。それは現在や現状を肯定することなく、可能性として存在し続ける「地平」なのだ。

ところで、クィア・シネマはいつから存在しているのだろうか。そこには起源といえるようなものがあるのだろうか。例えば映画研究者のスーザン・ヘイワードは、ジャン・コクトーやジャン・ジュネ、ウルリケ・オッティンガー、シャンタル・アケルマン、プラティバ・パーマーといった映像作家たちを含むアヴァンギャルド映画、アンダーグラウンド映画の系譜にクィア・シネマを位置づけながら、「名称を欠いてはいたけれど、クィア・シネマは何十年にもわたって存在してきた」と述べている。[*2] だが、「クィア・シネマは一九九一年のトロントフェスティヴァルズ・オブ・フェスティヴァルで導入された概念である」とヘイワードが述べるとき、クィア・シネマはその時間的錯綜、あるいはアナクロニズムを露にする。一九九一年に現れたにもかかわらず、何十年にもわたって存在してきたと語られる矛盾は、まさに本書が論じようとしているクィア・シネマの時間的徴候にほかならない。

クィア・シネマとは、一九九〇年代のニュー・クィア・シネマの出現によって遡及的に（再）発見された一連の映画であるとわたしは考えている。クィアと名づけられることなく、だが過去に潜勢力としてあった映画群がクィア・シネマとして見出されるきっかけとなったのが、クィア・スタディーズや、HIV／AIDSアクティヴィズム、文化戦争とともに生まれたニュー・クィア・シネマという出来事であった。だがクィア・シネマは、アヴァンギャルド映画やアンダーグラウンド映画にルーツをもつ実験的な作品だけではない。ドキュメンタリー映画、商業映画、「ギャラリー・フィルム」といった多様な形式、ジャンル、上映方法や観客のうちに存在する「可能性の地平」がクィア・シネマであると本書は考えている。[*3]

ジェンダーとセクシュアリティに加えて人種もまたクィア理論が取り上げようとしてきた問題のひとつである。クィアはホモフォビア（同性愛嫌悪）だけでなく、異性愛を常識で当然とみなすことに含意されるセクシズム（性差別）やレイシズム（人種主義）が複合的に交差する強力な磁場としての「異性愛規範」を批判的に問い直す概念である。ホモフォビアとセクシズム、レイシズムは、生殖や家族をめぐる管理と規制という点で、密接に結びついている。ジェンダーやセクシュアリティ、人種をめぐる「常識」や「当然」を疑うことによって、クィアはわたしたちが慣れ親しんできたアイデンティティやカテゴリーを問い直し、「異なる」欲望や関係性の可能性へと導く。クィア理論家のホセ・ムニョスにならっていえば、クィアとは「今、ここ」の拒絶であり、「世界と時間に別の仕方で存在する」可能性としての「希望の地平」なのだ。[*4]

クィア・シネマの場所はどこにあるのだろうか。シネマが「映画館」を指す言葉でもあるように、これまでシネマと呼ばれてきた、あるいはシネマに包摂されてきた多くの作品は、映画館で見られることを前提としていた。観客が、映画館に居合わせた匿名の人々と共有していたのは、暗闇と、白い幕に投影されるイメージと時間を含めた集合的で情動的な映画体験であった。だが、映画館という「黒い箱」を超えて、映画を受容する空間が拡張されてからすでに長い月日が経っている。映画はすでに路上、電車、カフェや公園などでアクセスできるものとなり、隣に座った見知らぬ人と肘掛けを取り合い譲り合いしながら暗闇で大きなスクリーンを凝視することは、もはや映画経験の中心ではなくなっている。[*5]

だが、とりわけセクシュアリティに関わるさまざまな表現を探求し、実験してきたクィア・シネマの場合、そもそも映画館が必ずしも上映と受容の中心地となってきたわけではない。多くの作品が非公式に流通し、また非公共的な空間で受容されてきたのがクィア・シネマの歴史だからである。映画祭や個人上映会、コミュニティ内の集まり、路上とオンラインを含むアンダーグラウンドなマーケットやネットワークにこそクィア・シネマは自らの居場所を見出してきた。クィア・シネマのグローバルな展開を論じたカール・スクノーヴァーとロザリンド・ガルトが指摘するように、クィア・シネマの流通に関するトランスナショナルな流動性を考えれば、クィア・シネマをワールド・シネマの主要なジャンルとして捉えることもできるだろう。[*6] だが、スクノーヴァーとガルトによれば、クィアな作品が増えているというよりも、シネマが一層クィアになっているのであり、クィアネスは、すでにワールド・シネマの空間に組み込まれ、その発展の本質的な部分を担っているのである。[*7] 今日、クィア・シネマのトランスナショナルで非公式的な流動性という特徴を見出すことができるジャンルのひとつがBL映画であろう。

想像することは社会的な実践のひとつのかたちである。想像せずに、「今、ここ」を変革しようとすることはできない。[*8] クィア・シネマは映画を通して別の生や世界のあり方を想像するよう促す、そうした可能性の地平なのである。

エイズ禍と文化戦争——ニュー・クィア・シネマの誕生

クィア・シネマが「ニュー・クィア・シネマ」（以下、ＮＱＣ）の出現によって可能になった概念であるということの意味をもう少し掘り下げてみたい。[*9] 性的マイノリティとされる人物が映画作品に登場したり、俳優、監督、原作者、プロデューサーとして性的マイノリティが映画作品に関わったりといったことは映画の歴史にあって決して新しい現象ではない。サイレント映画の時代から、異性装の人物が登場したり、同性間の親密なイメージが存在したりしていたことを考えれば、表象、主題、語り、パフォーマンスといったさまざまな位相において具現化された、ジェンダーやセクシュアリティに関する「逸脱」や「倒錯」は、映画史に初めから組み込まれ、映画という装置の一部をなしてきたものである。[*10]

そうした非規範性は、暗示されるだけのこともあれば、名づけられずとも明白に可視化されることもある。さまざまな用語が時代によって用いられてきたし、クィア・フィルムという呼び方もなかったわけではない。だが、クィアという言葉が、過去の蔑称であった歴史性を十分に踏まえたうえで自己表象として用いられ、それがジェンダーやセクシュアリティをめぐる規範性への再考と抵抗を促し、アクティヴィズムを推し進めるための用語として使われ始めたという点において、「クィア・シネマ」はやはり「ニュー・クィア・シネマ」の効果であったといえる。それまでは個別に存在していた作品が、NQCの出現によって初めてクィア・シネマという集合的な相のもとに把握され、語られることが可能になったのだ。その意味で、クィア・シネマとは遡及的に見出された映画の実践なのである。

NQCとは、一九九一年から一九九二年にかけてトロント、ニューヨーク、パーク・シティ、アムステルダムなどで開催された映画祭で上映された一連の作品に映画批評家のB・ルビー・リッチが与えた名前である。[*11] リッチは、それらの作品——ジェニー・リヴィングストン『パリ、夜は眠らない。』(一九九〇)、ローリー・リンド『R. S.V. P』(一九九一)、クリストファー・ミュンチ『僕たちの時間』(一九九一)、トム・ケイリン『恍惚』(一九九二)、グレッグ・アラキ『リヴィング・エンド』(一九九二)——

の共通点として、主体性についての交渉やジャンルの融合、流用やパスティシュ、アイロニー、社会構築主義を念頭においた歴史のやり直しなどを挙げていた。

三〇年後にＮＱＣを回顧したリッチは、それが「合衆国および英国でエイズ禍と抑圧的な政治体制によってもたらされた抑圧、危機、死の時代に、フィルム、生、セクシュアリティ、美学、政治をいかに作り出し、思考するかについて大きな転換を成し遂げた作品」からなるものだったと語っている。[*12] ＮＱＣは、内容と形式の両方において、それまでの映画的慣習に挑戦し、新しい主題と美学を追求したが、その背景にあったのは、エイズ禍とエイズ・アクティヴィズムであった。

一九八一年、ロサンジェルスで複数のゲイ男性がカリニ肺炎にかかっていることが報告されたのを皮切りに、サンフランシスコ、ニューヨークでもゲイ男性たちがカポジ肉腫と診断され、その年の末までに二〇〇人以上のゲイ男性たちがカリニ肺炎やカポジ肉腫を発症した。これが合衆国におけるＨＩＶ／ＡＩＤＳの流行の始まりである。こうした疾患がゲイ男性に多く見られたことから、当初それらはＧＲＩＤ（ゲイ関連免疫不全）と呼ばれ、「ゲイの病気」とみなされた。ＨＩＶというウィルスに感染した後、「指定された二、三のいずれかの疾患」を発症して初めてＡＩＤＳと診断されるというプロセスが示しているのは、誰かがこの病を定義しているのだということである。すなわち、ＨＩＶ／ＡＩＤＳは医学的な現象であるだけでなく、言語、文化、政治によって作られる現実そのものなのである。こうして、ＨＩＶ／ＡＩＤＳが蔓延していったにもかかわらず、無策であった政府の責任を追求し、抗ＨＩＶ治療薬の認可プロセスの迅速化や価格の引き下げ、女性や非白人を臨床試験や決定プロセスに含めることなどを要求したのがエイズ・アクティヴィズムであった。

エイズ・アクティヴィズムの中心にあったのは、ＨＩＶ／ＡＩＤＳをめぐってホモフォビックな情報とイメージを流通させ続ける大手メディアに対抗するために、自分たちでイメージを作り出し、それをコントロールしようとするアートやヴィデオ、メディアの活用である。グラン・フュリーのようなアート集団はエイズと闘うためのアートを街中に展開し、また、アクティヴィズムを記録し、仲間にそれを流通させる「アクティヴィスト・ヴィデオ」が出現した。劇作家のラリー・クレイマーが発起人のひとりとなって創設されたゲイ・メンズ・ヘルス・クライシス（ＧＭＨＣ）は、エイズ禍にいち早く対応した組織であったが、そこではオーディオ・ヴィジュアル部門を中心に上映会が組織され、自分たちの活動の記録も始められていた。ヴィデオ・コレクティヴ「テスティング・ザ・リミッツ（Testing the Limits）」やＡＣＴ ＵＰ（AIDS Coalition to Unleash Powerの略称で、一九八七年にニューヨークで結成されたエイズへの偏見や無理解に対するアクティヴィスト組織）から派生したヴィデオ集団ＤＩＶＡ ＴＶが生まれたのもこのころであり、そのほぼすべてに参加していたのが映像作家のジーン・カルロマストであった。[*13]

ＮＱＣが登場してくる背景に、こうしたヴィデオ・アクティヴィズムがあったことはきわめて重要である。大手メディアが「エイズとともにある人々（ＰＷＡ＝People with AIDS）」を他者として表象していたのに抗して、自分たちで自分たちのイメージを作り出し、コントロールするという自己表象のアクティヴィスト・ヴィデオ実践は、まさにＮＱＣが推し進めていた表象の政治でもあったからだ。

エイズ禍を背景に、アートやヴィデオを用いたアクティヴィズムが活性化し、ＮＱＣが出現したこの時期は、全米芸術基金（ＮＥＡ）を通じた国家による芸術支援のあり方が問題視され、前衛的なアートと「アメリカ的価値」の対立によって、同性愛と同性愛者が反アメリカ的なものとして激しく攻撃された「文化戦争（Culture Wars）」の時代であった。

アートが主要なアリーナのひとつとなって展開されたこの時代の文化戦争は、一般的にはアメリカ的な価値観や倫理観に関する対立として理解されている。だが、この戦争の仕掛け人で、全米家族協会（American Family Association）を設立し、宗教右派台頭の原動力となったドナルド・ワイルドマンや、ジェシー・ヘルムズ、アルフォンソ・ダマトらに代表される共和党保守派が、アメリカの価値や倫理にそぐわないもの、これを貶めるものとして最も敵視していたのは同性愛であり、一九七〇年代を通じて活発化してきたレズビアン・ゲイ・コミュニティとアクティヴィズムであった。[*14]

ワイルドマンやヘルムズ、ダマト共和党上院議員によるアンドレ・セラーノ作品《ピス・クライスト》に対する批判や、コーコラン美術館で予定されていた「ロバート・メイプルソープ――パーフェクト・モメント」展の中止は、アートをめぐる文化戦争のよく知られた例であるが、そこには、歴史家のジョナサン・カッツがいみじくも指摘したように、アートはゲイであり、ゲイはエイズであるという概念上の「横滑り」があった。[*15]「共和党の保守的右派やそれに追随するキリスト教信者が狙っていたのはアートそのものではなく、アートが外示したもの、あるいは代理表象したもの」だったからである。「前衛とホモセクシュアリティを結びつけることは、一九八〇年代後半の文化戦争における最も顕著な側面のひとつ」であったとカッツが述べるように、ゲイ・レズビアンとそのコミュニティは文化戦争の主要なターゲットとなったのである。[*16]

アートや映画、ヴィデオは、エイズ・アクティヴィズムを展開していたクィア・アクティヴィズムにとってシンボリックな価値だけでなく、実践的な意味をもっていた。作品の内容を検閲するだけでなく、アーティストや映画作家を支援する制度そのものを撤廃しようとする文化戦争では、トッド・ヘインズ、マーロン・リグス、シェリル・デュニエといったNQCの映画作家たちやバーバラ・ハマーのようにセクシュアリティを主題化する作り手たちが次々と標的になっていった。

エイズ禍と文化戦争によって、過去を引き継ぎながらも新しいかたちで再び現れたホモフォビアを背景に、エイズ・アクティヴィズムとともに生まれたNQCは、こうした社会的、政治的状況に対する文化的応答であった。「エイズは、それを概念化し、表象し、それに対処しようとする実践なしには存在しない」と美術批評家のダグラス・クリンプは述べ、フェミニスト科学史家のポーラ・トライクラーは、エイズという病を構築し、理解可能なものとする言語にこそ介入すべきであると主張した。[17] エイズは医療的な現実であるだけでなく、言語を通じて構築されて初めて実体化するという認識において、エイズ・アクティヴィズムは表象の政治をめぐる闘いだったのである。

リッチが、インディペンデントのゲイ・レズビアン映画およびヴィデオにとって「分水嶺」の年と呼んだ一九九二年に、合衆国でエイズは二五歳から四四歳までのアメリカ人男性の死因の一位となっていた。一九八八年から一九九二年までの間にエイズで死亡した人は一八万人を超える。一九九二年一〇月には、ACT UPがワシントンD.C.で遺灰散布アクション――エイズで亡くなった人たちの灰と骨を持ち寄ってホワイトハウスに向かってそれらを散布するデモンストレーション――をおこなうほど状況は悪化していた。アクティヴィズムが成果を上げていたとはいえ、それを上回るペースで死者が増え続けていたのである。ゲイ・コミュニティ内部では、エイズに関する教育や啓蒙活動の失敗が議論され始めていた。[*18]

ＮＱＣは、アクティヴィズムが最盛期を迎えるも、その成果がＨＩＶ／ＡＩＤＳを取り巻く現実を根本的に変化させるところにまで行き着かない時期に、怒りや絶望とともに出現した。ＮＱＣでは、エイズが真正面から取り上げられるよりも、むしろ間接的な方法で表現されることが多いのは、そうした理由からではないだろうか。映画研究者のホセ・アロヨは、「エイズの蔓延がいかにわたしたちの生を変えてしまったか」への問いがＮＱＣの「政治的無意識」であり、スタイルや語りの構造の違いを超えて、この政治的無意識を表象しているのがＮＱＣなのだと論じている。[*19] ジーン・カルロマストらが、アクティヴィスト・ヴィデオにおいてきわめて率直に「政治的意識」を映像化したのと比較して、ＮＱＣにはエイズのアレゴリーが数多く見出される。アクティヴィスト・ヴィデオとＮＱＣはエイズを対照的なやり方で描いたのだといえよう。

だがＮＱＣの周辺では、エイズが間接的にのみ表現されていたわけではない。ＮＱＣの先駆けともいえるビル・シャーウッドの『パーティング・グランスィーズ』（Parting Glances、一九八六）では、ゲイ男性の恋愛と日常が、エイズとともに生きる友人との関係を通して語られる。直接的にエイズを扱いながらも、ステレオタイプ化されたゲイ表象が避けられている点にＮＱＣとの共通性が見えてくる。グレッグ・アラキの『リヴィング・エンド』はＨＩＶに感染したゲイ男性ふたりの逃避行を描き、ローリー・リンドの短編『R. S. V. P』では、ラジオから流れてくるジェシー・ノーマンのアリアによってエイズで亡くなった人々を追悼する行為が連結される。シャーウッド、アラキ、リンドのように、エイズに関する経験を明示的に映画のなかに組み込んだ映画作家たちもいたのである。

エイズのアレゴリー

エイズをアレゴリカルに描くとはどういうことなのか。例えば、トッド・ヘインズの『ポイズン』（一九九一）で画面に最初に現れるのは「全世界がパニック状態の恐怖で死にかけている」という文字である。同じくヘインズによる『Safe』（一九九五）では、ジュリアン・ムーア演じる主人公の女性が、原因不明の病に苦しんでいるものの、その原因を突き止めることができない。環境に関連しているらしいことは推測できるものの、主人公が行き着くスピリチュアルなコミュニティがその状況を変えうるのかについて映画は最後まで明らかにしない。そして、エイズを直接的に描くことなく、だが、確実に想起させるアレゴリーを用いたもうひとつの作品が、トム・ケイリンの『恍惚』である。

『恍惚』は、映像作家のトム・ケイリンが、かつてシカゴで実際に起こった出来事を「再構築」した作品である。一九二四年、恋人関係にあった裕福なふたりの男子大学生ネイサン・レオポルドとリチャード・ロープが一四歳の少年を誘拐して殺害する。完全犯罪を遂行することによって自分たちの「知的優越性」を示そうとしたことが殺人の動機であると当時の新聞で報道されたこの事件は、同性愛者を犯罪と結びつけてきた歴史を呼び起こす。白黒で撮影され、詩的な叙情性を湛えたこの歴史ドラマは、恋人同士であるふたりの男性をアンチ・ヒーローとして描き出すが、そこでは、過去が過去として再現されることはない。あくまでも現在の視点から語り直された過去であることが強調されており、アナクロニズムが前面に押し出されている。映画の冒頭、滑らかな水平方向への動きによって画面に導き入れられるドラァグクィーンたちに次いで、カメラを正面から見つめるネイサンが映し出される。オーストリアの作家L・ザッヘル＝マゾッホの小説『毛皮のヴィーナス』の一節を朗読する他の登場人物たちとふたりの主人公の背後で、ドラァグクィーンやドラァグキングたちが画面を横切っていく。画面が波状に揺れ、カメラが引くと、そこには背景となるスクリーンが吊るされており、映画の撮影中であることが明らかにされる。クロースアップを多用し、ミニマリストであるかと思えばときに過剰な非リアリズムの美学、真正面を見据える登場人物による観客へのダイレクトな呼びかけ、映画内映画などによって、過去は徹底的に異化される。とはいえ、クロースアップや照明に見られるケイリンの特異な美学や様式性は、後述する『GO Fish』（一九九四）同様に経済的な選択でもある。

『恍惚』には、エイズに関する直接的な描写や言及は一切存在しない。だが、この作品の根底にはエイズをめぐる怒りと絶望があり、それらはかたちを変えて表現されているのだ。『恍惚』を撮る以前から、写真やインスタレーション作品などを制作していたケイリンだが、初期のヴィデオ作品『小さな兵士のように』（Like Little Soldiers, 一九八六）や『家からの便り』（News From Home, 一九八七）を彼は「パラノイア的」なエイズ・ヴィデオと呼ぶ。エイズは彼の映像作品の原動力であり、作品を成り立たせる感情的な基盤なのだ。[*20] 初期作品や『恍惚』が表現するのは、主題としてのエイズではなく、エイズへの私的で情動的な反応なのである。

当時の新聞が、この殺人を表現するために初めて用いたといわれる「世紀の犯罪」は、ケイリンが生まれ育った地元のシカゴで語り継がれており、家族からも常々聞かされてきた話であるという。[*21]「ゲイネス」と「犯罪」を結ぶ言説のなかで、「私的」なだけでなく「歴史的」にケイリンは自らのアイデンティティを形成したのではなかったろうか。「私的であること」にはつねに歴史的固有性がつきまとう。

一九八六年のバウアーズ対ハードウィック事件が裁判所でのレオポルドとローブのセックスの場面に投影されるように、ケイリン個人のアイデンティティは否応なく歴史的状況に埋め込まれており、私的なことはつねに歴史的なことなのである。[*22]

プロデューサーのクリスティーン・ヴァションは公開当時『恍惚』が、少年殺しのゲイを賛美しているとクィア・コミュニティから批判されたと語る。[*23] 一九九〇年代のコミュニティが推進していたポジティヴなイメージとは真逆の「キラー・クィア」をコミュニティが批判したであろうことは想像に難くない。[*24] ジュネ、コクトー、ジャーマンらの美学的影響を色濃くとどめるこの作品は、ゲイの恋人たちによる少年の誘拐と殺害という挑発的な主題をもつ。だが彼らはアウトローやアンチ・ヒーローとして賛美されるわけではない。エイズ禍において犯罪者とゲイの結びつきが形を変えて復活していた合衆国の状況がこの作品には反映されているのである。

アクティヴィストとしてACT UPに参加したケイリンは、アートやメディアを用いたアクティヴィズムを担ったアート・コレクティヴ「グラン・フュリー」のメンバーとして活動していた。エイズ危機に終止符を打つという明確な目標をもち、アートと社会、政治を分離させることを拒絶したグランフュリーは、個人ではなく集団としてアートを実践し、路上やバスの車体を含めた公共空間へとアートを解き放った。グラン・フュリーの活動は、エイズ・アクティヴィズムがもっていたメディア・アクティヴィズムとしての側面をよく表している。イメージ戦略を重視し、アートや広告、映画といった視覚文化の領域で、エイズやエイズとともに生きる人々のイメージとその意味の変更を迫ったからである。公共圏におけるアートの再定義は、エイズの再定義を目指す運動と軌を一にしていたが、その根底には、エイズをめぐる表象の政治――誰が誰のためにどのようにエイズや、エイズとともに生きる人々を表象し代表するのか――があった。

従って、映画作家としてのケイリンを、アクティヴィストとしてのケイリンと分けることは不可能であろう。エイズとともに生きる人々を含むエイズ・アクティヴィストたちが表象の主体になることは、ACT UPの目的であり手段でもあった。同性愛的関係にあったふたりの男性の犯行を描く『恍惚』は、同性愛を犯罪や病理と結びつけてきた言説や表象のパターンをなぞることによって、ふたりの「異常性」をホモセクシュアリティに還元し、同性愛と犯罪を結びつけた過去の記憶を呼び起こすのだ。[*25]

エイズ危機に際して、主流メディアや宗教右派はHIV感染を性的放縦さと結びつけ、男性同性愛者を道徳的に断罪した。だが、エイズ・アクティヴィズムは性的乱交を戒めるのではなく、より安全にセックスをすることによって性的快楽の多様性を追求し、その可能性を拡大させる必要性を説いた。[*26] 乱交はエイズをもたらすものでも、ゲイの人生を破滅させるものでもない。むしろ「乱交だけが、わたしたちを救うのだ」とクリンプは語った。その意味でケイリンの作品には、エイズ危機に対する反応とともにエイズ・アクティヴィズムの表象の政治が情動的に様式化されているのである。[*27]

NQCのアナクロニズム

ケイリンをはじめ、NQCの作家たちが歴史を書き直すために用いたのがアナクロニズムである。アナクロニズムとは、早く起こった順番から出来事を配置し、記録する年代記（クロノロジー）における間違いであり、出来事の誤配置である。時間を混乱させる技法としてのアナクロニズムは、デレク・ジャーマンや、クリストファー・ミュンチ、ジョン・グレイソン、シェリル・デュニエらの作品にも共通するものである。ジャーマンの『エドワード二世』（一九九一）は、物語的過去に「今」を介入させ、過去の再構築が、いかに「現在」の視点からおこなわれているかを強調し、ミュンチの『僕たちの時間』では、ジョン・レノンとビートルズのマネージャー、ブライアン・エプスタインによる一九六三年のスペイン旅行が想像的に書き直される。デュニエは実在しない人物の自伝を映画にするが、それらにおいて描かれるのは、「ありえた過去」なのである。

アナクロニズムによってエイズを取り上げた作品にジョン・グレイソンの『ゼロ・ペイシェンス』（一九九三）がある。一九八七年に設定された舞台に登場するのは、ふたりの歴史的人物、イギリス出身の探検家で外交官でもあったリチャード・フランシス・バートンと、北米にエイズをもたらしたとされるカナダ出身の客室乗務員「ゼロ号患者」である。トロント自然史博物館でエイズの起源に関する展示の準備をしているバートンは一七四歳。「ゼロ」はすでに死んでいるのだが、亡霊としてこの世に再び戻ってくる。そして、バートンのみが「ゼロ」の姿を見、触れることができるのだ。異なる時間、異なる過去からやってきたふたりの邂逅を描くこの映画のアナクロニズムは、ミュージカルによってその「不まじめさ」や「不適切さ」が強調され、クィアな感性を様式化した「キャンプ」の美学を体現する。[*28]だが、この一見喜劇的なアナクロニズムの根底にあるのは、エイズの起源や感染をめぐる言説と知への強烈な批判である。

「ゼロ」はランディ・シルツが著書『そしてエイズは蔓延した』で「そもそもの始まり」と語ることによって、北米にエイズをもたらし、拡散したゲイ男性と名指しされたガエタン・デュガをモデルにしている。[*29] シルツによれば、ガエタンは、ほかの男性とのセックス歴を自慢げに語る魅力的な伊達者であり、カポジ肉腫と診断されて二年が経っても、健康で「官能的な精気をみなぎらせた」男性であった。[*30] 医師たちの忠告を無視してセックスを諦めなかったがゆえに、エイズを蔓延させた無責任な快楽主義者としてガエタンは記述されたのである。

映画『ゼロ・ペイシェンス』がすでに亡くなっている「ゼロ号患者」を現在に呼び戻すのは、シルツが「ジャーナリズム」の名のもとに、フィクショナルに創造したエイズの起源の物語を脱神話化するためであったが、それは、エイズとゲイ・コミュニティの歴史を書き直すことでもあった。HIV／AIDSと文化戦争を背景として生まれたNQCは、過去を取り戻すだけでなく、「ありえた過去」を含むオルタナティヴな歴史を書いていたのである。

また、ウィルスが体内に侵入し潜伏している時間、HIV感染の有無が判明するまでの時間、エイズとともに生きる時間、予測不可能な死までの時間など、HIV／AIDSは、時間概念と深く結びついている。HIV／AIDSをめぐる経験には、均質的で一方向に進行しない時間が、不規則なリズムで停滞したり、逆行したり、循環したりする時間があるからである。[*31] エイズとともに生きる人々と、その友人や恋人や家族が経験するのは、時間の感覚の変容でもある。アナクロニズムは、エイズをめぐる経験をもとに、クィア理論における時間論や歴史の再考に触発されてNQCが発展させた歴史叙述の方法であったといえる。

ニュー・レズビアン・シネマ――NQCとともに、NQCに抗して

NQCを白人ゲイ男性によるインディー映画の主流化と一括りにすることはできないが、それでも圧倒的に可視化されていたのは、白人のゲイ男性であった。後にNQCの作家たちが「主流映画」に進出するかどうかも、人種とジェンダーによって大きな差異があったことは間違いない。「新しいクィアの波が一巡して戻り、ボーイズたちの映画が到来した」とリッチが語ったように、レズビアンの映画はゲイ男性のそれと同じように可視化されてはいなかった。

レズビアンの映画作家であるプラティバ・パーマーは、NQCを「合衆国の白人ゲイ男性によって生み出された市場性のある集合的商品」とみなしていたし、[*32] 映画批評家のエイミー・トービンに言わせれば、『恍惚』や『ポイズン』、『リヴィング・エンド』といった作品は、もっぱら男性の欲望を描いており、むしろ、クゥエンティン・タランティーノの『レザヴォア・ドッグス』(一九九二)やニック・ゴメスの『重力の法則』(Laws of Gravity, 一九九二)といった「男性ヴァイオレンス映画」にこそ近いものであった。クィアな欲望の語りに形式的かつ性的な侵犯を組み込んだこれらの作品は、その欲望が男性的でしかないがゆえに、「半分だけクィア」だとトービンは語る。[*33]

長い間、多くのレズビアンや有色女性の映画作家にとって、作品が上映され観客の反応を知ることができる唯一の場所は映画祭であった。レズビアン・ゲイ映画祭の重要性を指摘しつつも、パーマーは「こうした映画祭が自分たちの支持者/仲間を優先する白人でゲイの男性と女性によってプログラムが組まれ、支配されており、有色のクィアたちをますます周縁化している」と批判する。[*34]

だが、NQCを初めて論じたエッセイのなかでリッチは、レズビアンと有色女性を含む多様な映像作家に言及しながら、NQCの同時代的な広がりを見据えていた。映画作家やプロデューサーを含めたネットワーク、歴史に対するアプローチ、表象の政治という点から考えるならば、一九九二年から二〇〇〇年までとされる時間的区分や、アメリカ的現象という地政学的区分を越えてNQCの概念は拡張されるべきである。[*35] ケイリン、ヘインズ、ミュンチ、アラキのみがNQCを代表していたのではない。シェリル・デュニエ、ジーン・カルロマスト、ローズ・トローシュ、スー・フレデリックら女性の映像作家たちの作品も、当時のアクティヴィズムやコミュニティへの応答という側面を強くもっており、批判するにせよ、連帯するにせよ、NQCの外部にいることは不可能であった。

『恍惚』、『ポイズン』、『Safe』、『GO Fish』をプロデュースしたクリスティーン・ヴァションを「NQCの最も重要なレズビアン作家」と呼ぶのは映画研究者のパトリシア・ホワイトだが、この時期のレズビアン作家たちは、NQCとともに、それに抗して存在していたのである。[*36]

ここでは、ローズ・トローシュ監督の『GO Fish』を例に、NQCとともに、だが、それに抗してあるレズビアン・シネマについて考えてみたい。『GO Fish』やシェリル・デュニエ監督の『ウォーターメロン・ウーマン』は、レズビアン・メロドラマと「カミングアウト」というそれ以前のレズビアン映画の慣習を打ち破る革新性によって新しいレズビアン・シネマとなった作品であり、レズビアン映画史の「分水嶺」として記憶されるべき作品である。

歴史を変えるために――『GO Fish』はいかにして歴史を書き直すのか?

『GO Fish』はグィネヴィア・ターナー(マックス役でも出演)とローズ・トローシュが書いた脚本をもとに、トローシュが監督した作品である。「レズビアンがストレートの女性に出会って寝るだの寝ないだのといった映画」、「今までの暗くて、深刻で、悲しい結末ばかりのレズビアン映画」に対抗する映画を作りたかったとターナーが述べているように、レズビアン表象に関するステレオタイプを打破し、よりリアルで現代的なレズビアン映画として構想されたのが『GO Fish』であった。日常生活を画面に映し出そうとすること自体が革新的だと思われるほどに、それまでのレズビアン表象は「非日常的」なものが多かったのである。

マックスとイーライというふたりの女性が友人たちの画策によって恋人となるまでを描く『GO Fish』は、むしろふたりを取り囲む友人たち、レズビアン・カルチャーとコミュニティこそが主題だと言っても過言ではない。女たらしだが、男性ともセックスをし、レズビアンと名乗るべきではないと「コミュニティ」から糾弾されるダリアは、レズビアンとは誰か、レズビアンをどのように定義するのかという問題を提起せずにおかない。また黒人の大学教師キアとラティィナ（ラテンアメリカにルーツをもち合衆国に住む女性）の恋人イーヴィとの関係においては、人種の差異のうちに、カソリックの母親や元夫との関係を通して宗教や文化を背景とする異性愛規範との折衝が巧みに織り込まれている。

『GO Fish』のレズビアン・シネマとしての新しさは、レズビアン、あるいはクィアとしての目覚め、戸惑い、アイデンティティの危機やカムアウトを描くのではなく、そうしたアイデンティティ、コミュニティ、サブカルチャーを「すでにあるもの」として描き出したところにある。さらに、キアとイーヴィという登場人物を介して、セクシュアリティと人種の交差が浮き彫りにされ、レズビアンとしてのアイデンティティやコミュニティには、人種という要素がすでに組み込まれていることを示した点も、それまでのレズビアンを描いた映画作品とは大きく異なっていた。

『GO Fish』の形式的な実験性にも注目したい。肌理の粗いざらついたショット。ドキュメンタリー的リアリズムで捉えられる都市の風景とそこに息づいている若いレズビアンたちの日常。物語に直接関与しないモノや動きのイメージの挿入。だが、これらのイメージが早いテンポで交互に現れる実験的なスタイルは、単に「美学的」関心から導き出されたものではない。粒子の荒い白黒の一六ミリフィルムによる質感と、それによって生み出される都市的な簡潔さや鋭利さはカラー・フィルムを買う余裕がないための選択であり、現実の友人や居住空間から生まれる都市的リアリズムでもある。美学的選択とは経済的選択なのだ。

映画の舞台となるシカゴのアパートは、当時トローシュとターナーが実際に住んでいた建物であり、イーライをはじめとする映画の登場人物たちもみなシカゴ近辺に住むトローシュやターナーの友人とその家族たちである。カメラをはじめとする機材はトローシュが勤務する学校から調達され、制作資金もその大部分はトローシュとターナーによる自己負担である。予算が底をついたところで、ふたりが企画書を送りつけたのが『恍惚』のプロデューサー、クリスティーン・ヴァションであり、ヴァションとトム・ケイリンがプロデューサーとして参加することよって撮影の中断を回避し、『GO Fish』はかろうじて完成したのである。[*37]

NQCが合衆国におけるエイズ危機とそれに対応したアクティヴィズムの産物でもあったことは前述した通りである。トム・ケイリンやトッド・ヘインズに加え、トローシュとターナーにとっても、ACT UPは出発点である。だが、それ以上に、エイズ・アクティヴィズムが根底にもっていた表象の政治という点において、『GO Fish』はNQCとともにあったと言える。それは、リプレゼンテーシヨン(representation)という語が持つ二重の意味において、すなわち「表象」であると同時に(政治的な)「代表」をめぐるものとしての「表象の政治」であった。

『GO Fish』もまた、直接的に表現することなく、エイズ危機の痕跡をとどめている。登場人物のひとりであるダリアが表象するのは、性行為の相手によって規定されない性的アイデンティティであり、そこには、エイズが乱交のような「ゲイのライフスタイル」によって引き起こされたのだという見方に対する応答が読み取れる。ダグラス・クリンプは、エイズ危機におけるゲイ・コミュニティの最大の功績を「セーフ・セックスのガイドラインを確立していったこと」と述べ、セーフ・セックスを発明できたのも、セックスを挿入に限定せず、乱交が性の快楽の多様性についての学びの機会であることを知っていたからだと語った。乱交のせいでエイズが蔓延したのではなく、「乱交こそが我々を救うのだ」と。[*38] ダリアは、セーフ・セックスを通じて、エイズ・アクティヴィズムを喚起しつつ、エイズ・アクティヴィズムが強調し続けた性的欲望、アイデンティティ、性的行為の非一貫性を体現する人物なのである。

さらに重要なのは、『GO Fish』がレズビアンとその表象の歴史についての映画だという点である。この作品は大学の授業の場面で幕を開けるのだが、女性学の授業で登場人物のひとりであるキアが、学生たちにレズビアンの名前を尋ねる。それらの名前は、あくまでも学生たちが「レズビアンだと思う」人々の名前であって、事実を検証することが目的なのではない。「イヴ」、「サッフォー」、「ハンナ・ホック」、「リリー・トムリン」、「ホイットニー・ヒューストン」、「メアリー・ルー・レットン」といった名前が挙がると、「レズビアン、あるいはレズビアン気取り」と題された黒板上のリストにキアがそれらを次々書き込んでいく。ひとりの学生が、憶測でレズビアンのリストを作ることの目的を批判的に問いただすのだが、キアの答えはこうだ。「レズビアンの歴史では、証拠が欠けていて、彼女たちの真実が全く見えてこない。レズビアンの人生や関係は紙の上ではほとんど存在しないことになっている。でも、そうしたことを念頭に歴史の意味と力がわかり始めると、歴史を変えたくなってくるじゃない？」

冒頭のこの場面は、レズビアンの歴史に対する関心、およびそれを書くことへの欲望を明示する重要な意味をもっている。レズビアンがいないことにされてきた歴史を変えるための第一歩がこの作品なのだと宣言するかのような最初の場面で、歴史を書き直すことの必要性を唱え、そのプロジェクトを始動させるのは、黒人のレズビアンである。カミングアウトするでもなく、悲劇的な終わりを迎えるでもない、レズビアンのありきたりな日常を描くこの作品は、「証拠」がないとされてきたレズビアンの歴史を書き直すために何が必要なのかを問う。レズビアンの歴史を問うことは、何を歴史的な「証拠」とみなすのかを問うことである、という点は、第2部で詳しく論じる『ウォーターメロン・ウーマン』とも共通する。『GO Fish』は、過去の「証拠」を探し出すのではなく、何が証拠となりうるのかを問い、そこから歴史をやり直そうとするのだ。

この作品は、ジル・ポズナーやスー・フレデリックといった同時代のレズビアン・アーティストや映像作家たちの美学や形式を織り込むことによって、彼女たちの作品と共鳴しながら集合的に歴史を書き直そうと試みる。そして、公的な史料や語りから消去されてきたレズビアンの歴史を書き直す作業は、推測やゴシップといったオルタナティヴな知をヒストリオグラフィーのひとつの方法とみなすこと、そして、集合的な書き直しから始まることを示しているのだ。『ウォーターメロン・ウーマン』とともに、『GO Fish』は、有色の女性たちを含めてレズビアンの歴史を書き直したのである。

註

*1 日本語ではcinemaとfilmの両方を含んだ表現として映画という言葉が用いられるが、本書ではイメージとして具現化される物質的で技術的なメディウムであるfilmを「フィルム」あるいは「(映画)作品」と表記し、装置や制度としての側面を強調し、「映画作品」の存在を可能にする条件としての映画的諸実践を表す場合に「シネマ」を用いる。

*2 Susan Hayward, *Cinema Studies: The Key Concepts* (New York: Routledge, 2002), p. 307.

*3 ジェンダーやセクシュアリティの理論家であり歴史家でもあるデイヴィッド・ハルプリンはクィアを「原理上、その正確な範囲と多様な広がりを前もっては規定できないような可能性の地平」だと記している。デイヴィッド・M・ハルプリン『聖フーコー――ゲイの聖人伝に向けて』村山敏勝訳、太田出版、一九九七年、九二頁。

*4 José Esteban Muñoz, *Cruising Utopia: The Then and There of Queer Futurity* (New York and London: New York University Press, 2009), p. 1, 96.

*5 Martine Beugnet, "Miniature Pleasure: On Watching Film on an iPhone," in *Cinematicity in Media History*, ed., Jefferey Geiger and Karin Littau (Edinburgh: Edinburgh University Press, 2013), pp. 196–210.

*6 Karl Schoonover and Rosalind Galt, *Queer Cinema in the World* (Durham and London: Duke University Press, 2016).

*7 Schoonover and Galt, *Queer Cinema in the World*, p. 93.

*8 社会的実践としての想像については、以下を参照のこと。Yuka Kanno, "Love and Friendship: Queer Imaginations of Japan's Early Girls Culture," in *Mediated Girlhood: New Explorations of Girls' Media Culture*, ed., Mary Celeste Kearney (New York: Peter Lang, 2011).

*9 拙稿「クィア・シネマの歴史――『パンドラの箱』に見る可視性と共時間性」、菅野優香編著『クィア・シネマ・スタディーズ』晃洋書房、二〇二一年、および「クィア・シネマの現在」、岡室美奈子監修、久保豊編著、埋忠美沙・向井優子編『Inside/Out――映像文化とLGBTQ+』早稲田大学坪内博士記念演劇博物館、二〇二〇年。

*10 Homer Dickens, *What a Drag: Men as Women and Women as Men in the Movies* (New York: Quill, 1984); Chris Straayer, "Redressing the 'Natural': The Temporary Transvestite Film," in *Deviant Eyes, Deviant Bodies: Sexual Re-Orientations in Film and Video*, ed., Chris Straayer (New York: Columbia University Press, 1996), pp. 42–78.;

Laura Horak, *Girls Will Be Boys: Cross-Dressed Women, Lesbians, and American Cinema* (New Brunswick, NJ and London: Rutgers University Press, 2016).

*11 B. Ruby Rich, "A Queer Sensation," *The Village Voice*, March 24, 1992. pp. 41–44; "New Queer Cinema," *Sight and Sound* 2:5 (1992): pp. 30–34. 転載時にタイトルが「クィア・センセーション」から「ニュー・クィア・シネマ」へと変更された。

*12 B. Ruby Rich, "After the New Queer Cinema: Intersectionality vs. Fascism," in *The Oxford Handbook of Queer Cinema*, ed., Ronald Gregg and Amy Villarejo (New York: Oxford University Press, 2021), p. 3.

*13 初期のヴィデオ・アクティヴィズムにおけるカルロマストの重要性については、稿を改めて論じる予定である。

*14 Steven C. Dubin, *Arresting Images: Impolitic Art and Uncivil Actions* (New York: Routledge, 1992).

*15 写真家アンドレ・セラーノによる《ピス・クライスト》は、セラーノの尿で満たされた容器にキリスト像を密閉したものを撮影した作品である。全米家族協会の攻撃とそれに同調する共和党議員によって、全米芸術基金からの助成金は撤回された。また、一九八九年にコーコラン美術館で開催予定だった写真家ロバート・メイプルソープの回顧展「パーフェクト・モメント」が館長の判断によって中止された。全米芸術基金から助成を受けていたのは、コーコラン美術館ではなく、回顧展を企画したフィラデルフィア現代美術インスティチュートである。

*16 Jonathan D. Katz, "'The Senators Were Revolted': Homophobia and the Culture Wars," in *Companion to Contemporary Art since 1945*, ed., Amelia Jones (Oxford: Blackwell Publishing, 2006).

*17 Douglas Crimp, *AIDS: Cultural Analysis/Cultural Activism* (Cambridge: MIT Press, 1988); Paula A. Treichler, *How to Have Theory in an Epidemic: Cultural Chronicles of AIDS* (Durham and London: Duke University Press Books, 1999).

*18 マリタ・スターケン『アメリカという記憶——ベトナム戦争、エイズ、記念碑的表象』岩崎稔ほか訳、未來社、二〇〇四年、二七二–二七三頁。

*19 José Arroyo, "Death Desire and Identity: The Political Unconscious of 'New Queer Cinema,'" in *Activating Theory: Lesbian, Gay, Bisexual Politics*, ed., Joseph Bristow and Angelia R. Wilson (London: Lawrence and Wishart, 1993), p. 93. アロヨによるNQCの政治的無意識としてのエイズという議論は、フレドリック・ジェイムソンの議論を踏まえたものであり、それについては以下を参照されたい。フレドリック・ジェイムソン『政治的無

意識——社会的象徴行為としての物語』大橋洋一・木村茂雄・太田耕人訳、平凡社、一九八九年。

*20 Tom Kalin Interview by Sarah Schulman, ACT UP Oral History Project, February 4, 2004, 11.

*21 ケイリン自身の発言。コロンビア大学でのトーク、二〇一八年九月二二日。

*22 バウアーズ対ハードウィック事件とは、ジョージア州のソドミー禁止法違反で起訴されたハードウィックが、この法律の合憲性を争って訴訟を提起したもの。連邦最高裁判所は同性愛者のソドミー行為は憲法修正第一四条で保護される自由に含まれないとし、ジョージア州のソドミー禁止法を合憲とした。だが、二〇〇三年のローレンス対テキサス事件で、ソドミー行為を禁じたテキサス州法が違憲であるとの判断が下され、これによってバウアーズ対ハードウィック事件判決は明示的に覆され、他の州のソドミー禁止法も違憲となることが確実となった。

*23 Christine Vachon, Interview by Sarah Schulman, ACT UP Oral History Project, February 26, 2015.

*24 Harry M. Benshoff, *New Queer Cinema: A Critical Reader*, ed., Michele Aaron (New Brunswick, NJ: Rutgers University Press, 2004), p. 172.

*25 映画史的に見れば、「常軌を逸した」動機から犯行を重ねる恋人たちを描いた作品は少なくないが、例えば『俺たちに明日はない』のボニーとクライドがその犯罪の異常さを異性愛的傾向と結びつけられることはない。

*26 Cindy Patton, "Resistance and the Erotic: Reclaiming History, Setting Strategy as We Face AIDS," *Radical America* 20:6 (1987): pp. 68–78.

*27 Douglas Crimp, *Melancholia and Moralism: Essays on AIDS and Queer Politics* (Cambridge: MIT Press, 2002), p. 64.

*28 スーザン・ソンタグのエッセイによってよく知られるようになった「キャンプ」は、ドラァグのようなゲイ・サブカルチャーと強い結びつきをもつクィアな感性、様式、美学である。キャンプとドラァグに関する先駆的な研究をおこなった人類学者のエスター・ニュートンによれば、キャンプの特質は、不調和、演劇性、ユーモアであり、ホモセクシュアルの状況と戦略に関連したものだと記している。以下を参照のこと。ソンタグ「《キャンプ》についてのノート」、『反解釈』高橋康也訳、ちくま学芸文庫、一九九六年。Esther Newton, *Mother Camp: Female Impersonators in America* (Chicago: University of Chicago Press, 1979); Jack Babuscio, "Camp and the Gay Sensibility," in *Gays in Film*, ed., Richard Dyer (New York: Zoetrope, 1984); *The Politics and Poetics of Camp*, ed., Morris Meyer (London: Routledge, 1994).

＊29 ランディ・シルツ『そしてエイズは蔓延した』上巻、曽田能宗訳、草思社、一九九一年、一七八頁。
＊30 シルツ『そしてエイズは蔓延した』上巻、一八七頁。
＊31 Treichler, *How to Have Theory in an Epidemic.*
＊32 B. Ruby Rich, *New Queer Cinema: The Director's Cut* (Durham and London: Duke University Press, 2013), p. 30. Pratibha Parmar, "Queer Questions: A Response to B. Ruby Rich," in *Women and Film: A Sight and Sound Reader*, ed., Pam Cook and Philip Dodd (London: Scarlet Press, 1993), p. 174.
＊33 Amy Taubin, "Queer Male Cinema and Feminism," in *Women and Film: A Sight and Sound Reader*, ed., Pam Cook and Philip Dodd (London: Scarlet Press, 1993), p. 177.
＊34 Parmar, "Queer Questions," p. 175.
＊35 例えばトマス・ウォーは一九九〇年代のニュー・クィア・シネマを国際的な動きと位置づけ、「インターナショナル・ニュー・クィア・シネマ」と呼ぶ。Thomas Waugh, *The Romance of Transgression in Canada: Queering Sexualities, Nations, Cinemas* (Montreal and Kingston, London, Ithaca: McGill-Queen's University Press, 2006), p. 221.
＊36 Patricia White, *Women's Cinema, World Cinema: Projecting Contemporary Feminisms* (Durham and London: Duke University Press, 2015), n. 18, p. 225. アナット・ピックは一九九〇年代のレズビアン・シネマを「NQCという領域の内部にあると同時にそれを超える」ものであると述べている。Anat Pick, "New Queer Cinema and Lesbian Films," in *New Queer Cinema*, ed., Aaron, p. 104.
＊37 Guinevere Turner and Rose Troche, *GO Fish* (Woodstock, NY: The Overlook Press, 1995), p. 31.
＊38 Crimp, *Melancholia and Moralism*, p. 64.

クィア・シネマを知るために——クィアの理論と歴史

クィア・シネマのもうひとつの背景

ニュー・クィア・シネマ（以下、ＮＱＣ）の出現によって遡及的に見出されることになったクィア・シネマの背景にはエイズ危機とそれに反応したアクティヴィズムがあったことを前章「クィア・シネマの場所」で見てきたが、もうひとつの重要な背景がクィア・スタディーズである。クィア・シネマをよりよく知るために、本章ではクィア・スタディーズがどのように生まれ、何に関心を向けていたのかについて説明しておきたい。

一九九〇年前後に、ジェンダーとセクシュアリティに関する常識やルール、カテゴリーなどを批判的に問い直すために生まれたクィア・スタディーズは、クィアについての理論と歴史の両方を含み、未知の、あるいはオルタナティヴな方法論や分析対象に開かれた研究の一領域である。[*1] クィア・スタディーズは学際的であるとされるが、その学際性は、ある視点や方法がいくつもの分野を横断するだけではなく、新たな研究や分析の対象と言語を見出すという点にこそある。[*2]

クィア理論という「理論」は、これまで、実践や歴史と対比的に語られてきた体系的なものとしての理論や、普遍的でさまざまな事象に応用可能な汎用性をもった理論とは少し異なっているかもしれない。一方、クィアの歴史（queer history）は、存在しないことにされてきた歴史、あるいは無視されたり、誤表象されてきた事象や人々を見出すために、何が歴史とみなされ、何が歴史の「証拠」となるのか、そしてどのように歴史を書くことができるのかという問題について試行錯誤してきた。

クィア・スタディーズで取り上げられてきたいくつかの論点は、まさにNQCの主題そのものである。HIV／エイズ・アクティヴィズムと文化戦争を背景として生まれたNQCは、クィア理論と多くの関心を共有し、それに触発されて発展してきた。映画研究者のミシェル・アーロンは古典的な映画テクストを再読し、その意味を現在によみがえらせるNQCの試みに、クィア理論との重なり合いを見る。[*3]だが、過去のテクストを読み直し、それがもつ意味を今に取り戻すためには、どんな歴史を発掘し、読み直し、取り戻すかだけでなく、「どのようにして」という方法論が問題となる。映画史をクィア化するためには、映画の歴史を誰が誰に向けて語ってきたのか（そして語ってこなかったのか）を問い直し、「ありえた過去」を含むオルタナティヴな映画の歴史が必要となるのだ。[*4]

クィアは、今日、ジェンダーやセクシュアリティ、人種などが交差する地点で生じる欲望、同一化や非同一化、親密性や帰属の問題とともに、アイデンティティやコミュニティについて考え、社会規範や制度に関する「常識」や「当然」を問い直すための概念となった。「不思議な」、「奇妙な」、「独特の」、「とっぴな」、「いかがわしい性質の」といった意味を持ち、やがて「同性愛者」を指すようになった「クィア」が、その意味と用途を大きく変換させるのは一九八〇年代である。HIV／AIDSに関するアクティヴィズムを展開した組織「クィア・ネーション（Queer Nation）」が典型的に示すように、クィアは、ジェンダーやセクシュアリティの規範の外にいる人々が自らを名指す言葉として再発明されたのである。「一人称で使われたときのみクィアは意味をなす」とクィア理論家のイヴ・セジウィックが語り、自分がクィアになることの重要性を美術批評家ダグラス・クリンプが語ったように、自己表象としてのクィアは、それまでのように他者から投げかけられる言葉としてのクィアとは大きく異なるものであった。[*5]

だが、こうして新たに意味づけ直された「クィア」という言葉は、他者化されてきた過去の状況との決別を意味していたのではない。「クィア」は、その語において存在や振る舞いなどが嘲笑され、差別されてきた歴史性を積極的に引き受け、恥や傷、痛みとともに形成されたアイデンティティの意味を考えるために選び取られたのである。[*6] 自分をクィアと名指すことは、主流派に受け入れてもらったり、他人と同じになったりすることではない。自らの差異を認識し、その差異に価値を与えると同時に、差異化し、他者化する視線を見つめ返すことによって反転させる行為であったのだ。

ストーンウォール蜂起[*7]のあとのゲイ・レズビアンによる解放主義的な運動もまた、異性愛社会への同調や迎合を拒絶し、ゲイやレズビアンであることと異性愛者であることの差異を積極的に肯定しようとする運動であったが、「クィア」はLGBTをめぐるアクティヴィズムやコミュニティ内部において生じる規範化の動きに抵抗する側面ももっていた。「ノーマルなるものの制度に抵抗するもの」としての「クィア」の政治性の一端をそこに垣間見ることができるかもしれない。[*8]

「クィア理論」という語自体は、一九九〇年にテレサ・デ・ラウレティスが学術的な概念として提起したものである。なぜデ・ラウレティスは、「クィア理論」を立ち上げる必要があったのだろうか。ジェンダーやセクシュアリティをめぐる区分があまりに細分化されていること、既存の用語が限定的であること、そして、レズビアンとゲイが一括りにされて見えなくなっているものがあること、さらに人種の差異がきちんと考えられていないことが、デ・ラウレティスの挙げた主な理由であった。

それまでジェンダーとセクシュアリティを扱ってきた主要な領域であるフェミニズムとレズビアン／ゲイ・スタディーズはクィア理論にとって必要ではあったものの十分ではなかったのである。とりわけデ・ラウレティスが問題としたのは、レズビアンの固有性と人種の差異であった。レズビアンとゲイ男性との間の「差異」が、そしてレズビアンやゲイのなかの「差異」が認識され論じられていないことをデ・ラウレティスは次のように指摘している。

（女の同性愛を意味する語がなぜ発展してこなかったのかは）現代の「ゲイとレズビアン」言説で表象が失敗し続け、またレズビアニズムの固有性について頑な沈黙があるという徴として、クィア理論が問うべき問題である。[*9]

北米のレズビアンたちが、女性運動への忠誠とゲイ解放運動への忠誠との間で引き裂かれているとデ・ラウレティスが語るとき、そこにはフェミニズムにあったホモフォビア（とりわけレズビアニズムの抑圧、排除）とゲイ解放運動のなかにあった「セクシズム」への批判があった。そして、同性愛をめぐる言説において沈黙させられているもうひとつのものが人種であるという。

自己表象とアイデンティティにおいて人種が作り出す差異は、レズビアンとゲイのセクシュアリティに関する最近の言説の有用性と限界とを検証し、問いなおし、あるいは異議を唱えることの必要性を物語っている。[*10]

フェミニズムとレズビアン／ゲイ・スタディーズを基盤としつつ、その不十分さから立ち上げられた「クィア理論」だが、当時デ・ラウレティスによって指摘されたこれらの問題への反応が十全に展開されるには、「クィア・オブ・カラー批評（有色のクィア批評）」の登場を待たねばならなかった。ロドリック・ファーガソンは文化分析を通じて、人種とセクシュアリティの交差について論じ、ガヤトリ・ゴピナスは「クィア・ディアスポラ批評」によって、反帝国主義、反レイシズムのためにセクシュアリティ研究を地域研究と交差させる必要性を説いた。[*11] 人種とセクシュアリティを理論化するための新しいパラダイムが必要だとするジャスビル・プアが批判したのは、「適切に」クィアな主体と正しくないクィアな身体を振り分けるアメリカの「ホモナショナリズム」であった。9・11後のアメリカ合衆国は、性的多様性を称揚するかたわら、（ネオ）リベラルな帝国主義的想像力によってホモセクシュアリティを取り込む「性的例外主義」を推し進めたが、プアはこの性的例外主義が、ある特定の集団を性化し、人種化し、それによって「テロリストの身体」を構築していると指摘した。[*12]

こうして、ジェンダーとセクシュアリティと人種を扱う理論として、デ・ラウレティスが構想したクィア理論はようやくそれらの交差の分析に取り組み始めることになる。第2部で論じる『ウォーターメロン・ウーマン』はそうした交差性を問う映画であり、NQCがいかにクィア理論と関心を共有していたかを示すものであろう。ちなみに、日本の文脈において人種とジェンダー、セクシュアリティが交差する例が本書の第3部で論じる三池崇史監督作品『BLUES HARP』である。この作品では、やくざ映画というジャンルが抑圧してきた男性同性愛的欲望が「沖縄」を舞台とし、「混血」という人種化された身体を通して露呈されていくのである。[*13]

人種、エスニシティをベースとした社会運動から多くを学び、「マイノリティ」としての抑圧と抵抗を示してきたレズビアン／ゲイ・スタディーズを継承しつつも、主体の批判や解体に関するポスト構造主義やポストモダニズムの議論から大きな影響を受けたクィア・スタディーズは、その出発点から、アイデンティティをめぐる両義性を根底に抱えていた。ジェンダーには本質的な基盤があるという考えに対して、それがパフォーマティヴに構築されていることをジュディス・バトラーは『ジェンダー・トラブル』で理論化したが、ゲイとレズビアンの歴史に関する研究においても、アイデンティティとコミュニティは、ある歴史的条件のもとで生成されることが論じられてきた。[*14] クィア・スタディーズが焦点化したのは、本質的で、一貫性のある、不変のアイデンティティではなく、不安定で偶発的でありさえするアイデンティティのあり方、つねに生成途中で未完のアイデンティティであった。

「クィアであること」よりも、「クィアになること」や「クィア化すること」を重視し、記述しようとする試みの多くは、そうしたアイデンティティ概念を再考した結果である。「原理上、その正確な範囲と多様な広がりを前もっては規定できないような可能性の地平」としてのクィア（デイヴィッド・ハルプリン）は、後にホセ・ムニョスによって展開されるクィア・ユートピアの議論を先取りしていたとさえいえるかもしれない。[*15]今、ここではない世界と時間に別の仕方で存在する欲望としてのクィア、すなわち「希望」としてのクィア概念がそこにはある。

こうしてアイデンティティを再考したクィア理論は「アイデンティティ・ポリティクス」批判の理論として知られることになる。アイデンティティ・ポリティクスは、個人あるいはグループがアイデンティティに基づいて権利、承認、自律性などを求めるものである。そして、人種・エスニシティやジェンダー、セクシュアリティといった特性、あるいは属性を理由に周縁化されてきた人々が、それらをもとに自己を定義し、コミュニティを創り、政治的な声を獲得しようとする政治的態度である。レズビアンやゲイであることを肯定し、それに「自分らしさ」や「プライド」といった感覚をともなわせることは、個人が生きていくためにも、またアクティヴィズムにとっても重要であることは言うまでもない。と同時に、そこにはどうしてもジェンダーやセクシュアリティを本質的なもの、または固定したものとみなす視点が入り込みやすくなる。

アイデンティティ（自己同一性）が「自分自身に関する、ある程度の一貫性を持った感覚」であるとすれば、クィア理論が問いかけたのは、「ある程度」とはどの程度なのか、自分自身の一貫性とはなんなのかであり、また、自分自身に関する感覚は社会的で歴史的な要素と切り離すことのできない、関係的なものであることの再確認だったのではないだろうか。[*16]さらに、アイデンティティの一貫性や統一性には無意識のプロセスが深く関わっており、幻想的な次元が重要であることや、アイデンティティを原因ではなく効果とみなす考え方こそが、クィア理論において練り直されたアイデンティティ概念であった。[*17]

クィアとインターセクショナリティ

言うまでもなく、わたしたちはセクシュアリティとジェンダーというアイデンティティだけで生きているわけではない。ある側面が前景化したかと思えば、後ろに退いたりする重層的なアイデンティティをわたしたちは経験し、生きているのである。物事がうまくいっているときにはアイデンティティはほとんど自覚されないが、問題が起こったとき、あるいは、居心地の悪さや不安感、恥や屈辱の感覚とともにアイデンティティは意識され、必要とされる。[*18]

クィア理論は、アイデンティティを構成するカテゴリーがあまりに限定的であるのはもちろんのこと、そうしたさまざまなアイデンティティが相互に関連し合って作用していることが十分に分析されてこなかったという認識をもって始まった。アイデンティティの交差性は初めから重要な論点のひとつだったのである。アイデンティティを構成する要素の複数性と重層性とを考える分析的枠組みとしてのインターセクショナリティは、アイデンティティの数を積み上げるのではなく、あるアイデンティティと別のアイデンティティとの関係を探り、アイデンティティという概念を複雑化するものである。

「インターセクショナリティ」は、それまでの黒人フェミニストたちの議論を踏まえて、キンバリー・クレンショーが発展させた概念であり、理論である。[*19] クレンショーがこの概念を用いて示したのは、有色の女性に対する暴力において、いかに人種とジェンダーが切り離せないかということであった。[*20] それはレイシズムとセクシズムの交差で生じる有色女性の経験に焦点を当てることから必然的に導き出された概念だったのである。当初、クレンショーはきわめて明白に「ブラック・フェミニスト」としての立場と視点を打ち出していたが、それは、すでに一九七〇年代に交差的な概念の必要性を説いていた黒人フェミニストからなるコンバヒーリバー・コレクティヴ（CRC）をはじめとするブラック・フェミニズムの伝統上に自らの議論を位置づけていたからである。反レイシズムと反セクシズムの結合から生まれたとするコンバヒーリバー・コレクティヴは、やがて、異性愛主義や資本主義による経済的抑圧も視野に入れた「交差的な」差別と抑圧から、女性を含むあらゆる人々が解放されるべきだという主張へたどり着く。

インターセクショナリティの土台となったコンバヒーリバー・コレクティヴのマニフェストが、同時に「アイデンティティ・ポリティクス」を初めて概念化したものである点にも注意したい。そこで彼女たちは「最も深遠で潜在的に最もラディカルなポリティクスは誰かほかの人の抑圧を終わらせるために働きかけるのとは対照的に、自らのアイデンティティから直接くるものだとわたしたちは信じている」と語っていた。[*21] クレンショー自身はアイデンティティ・ポリティクスについて、グループ内部の差異を消去し、それによってグループ同士の間に緊張関係が生み出されると指摘しているが、アイデンティティ・ポリティクスとインターセクショナリティのふたつの要素をすでに同時に含んでいたのがコンバヒーリバー・コレクティヴによるマニフェストであった。[*22]

コンバヒーリバー・コレクティヴおよびクレンショーをもとに、インターセクショナリティをクィア理論に明示的に取り込んだ初期の重要な論考が、キャシー・コーエンの「パンクス、ブルダガー、ウェルフェア・クィーン」である。[*23] レズビアンやゲイが支配的構造や制度にむしろ同化しようとしていることを批判するコーエンは、より対抗的な「クィアの政治」が必要だとする。コーエンにとって、クィアな政治の意義は、セクシュアリティのあり方を流動化し、不安定にすることにある。そして、セクシュアリティというシングル・イシューに抑圧や差別の理由を探るアクティヴィズムは、ＬＧＢＴコミュニティ内外の権力の配分を誤表象し、クィアがもっているより包括的で変革的な強みを限定的なものにしてしまうのだとコーエンは指摘する。新しい「政治的アイデンディティ」のためには、複数の重層的な抑圧が十分に認識されるべきであって、コーエンはそこで「交差的な」分析の必要性を論じている。

現在のわたしたちのポリティクスを最も概略的に述べるならば、人種的、性的、異性愛主義的、階級的抑圧に対する闘いへの積極的な関与であり、主要な抑圧のシステムはインターロッキングであるという事実に基づいて、統合的な分析と実践を発展させることはわたしたちに課された特有の課題である。[*24]

支配的な権力との関係や、その関係をもとにした社会的な位置の複数性を認識することによって、アイデンティティとコミュニティは複雑化されなければならないのだ。こうしてコンバヒーリバー・コレクティヴとクレンショーを経由してアイデンティティ・ポリティクスとインターセクショナリティがクィア理論に再配置される。さまざまなアイデンティティの交差性というよりも、問われるべきは、抑圧や差別の交差性なのである。アイデンティティは不要になったのではない。揺り動かされ、複雑化されることによって、未知の状態へと開かれていくことこそが望ましいのだ。[*25]

クィア理論に明示的に接続されたインターセクショナリティであるが、批判もある。例えば、エリザベス・グロスは、それが構造分析の前提となるような格子状のモデルであり、階級、人種、セックスなどが自律的な構造をもって他の諸構造と外的に結びついているとする。[*26] ジャズビル・プアも、インターセクショナリティの問題は、人種、階級、ジェンダー、セクシュアリティ、国家といった諸要素が分析上、分離可能な点にあるという。[*27]「空間と時間を超えて、アイデンティティを知り、名づけ、安定させることを求める」インターセクショナリティに代わって彼女が求めるのは、直線性、一貫性、永続性に抗して時間、空間、身体を混淆し、散逸させるアサンブラージュである。

グロスやプアにとって、インターセクショナリティは、予め存在し、理解可能なアイデンティティを想定しているとされ、またアイデンティティの諸カテゴリーはある一点で交差するけれども、混じり合うことはないものとみなされているようだ。さらに、プアは、インターセクショナリティが国勢調査や人口統計、人種によるプロファイリング、監視といった国家の規律装置と結託する可能性を危惧する。アイデンティティの実体的効果をパフォーマティヴに生み出す規制的な実践に、インターセクショナリティはむしろ力を与え、補完的な働きをしているのではないかというわけである。

だが、インターセクショナリティは静的な概念ではなく、絶え間なく変容し続けるものである。それは「さまざまな位相で現象している我々の生が、外側の身体だけでなく内面によってもさまざまなものと接触し、時々刻々変状しながら営まれている様態」であると新田啓子は述べる。[*28] そして、個人または集団のアイデンティティに基づいて権利、承認、自律性を求めるアイデンティティ・ポリティクスが、とりわけ黒人や、女性、レズビアンといった周縁化されてきた人々にとってきわめて重要な政治的プロジェクトであり続けてきたことを思い出しておきたい。

本質主義的で、排他的な分離主義であるという批判や、文化的承認に重きを置き過ぎているという批判は、アイデンティティ・ポリティクスが実際には、地域的にも、国家的にも、トランスナショナルに連帯を醸成しながら、文化的承認と経済的再分配の両方を分離することなく要求してきたことを見落としてはいないだろうか。[*29] クィア理論が異性愛規範だけでなく、アイデンティティそれ自体を脱構築しようとするものであったことは疑いようがない。だが、『ウォーターメロン・ウーマン』のように、ジェンダーとセクシュアリティ、人種が分離不能なかたちで連結している作品を読み解くには、交差的なアプローチが必要となってくるのだ。[*30]

ゲイ・レズビアンの歴史とコミュニティをめぐる地理的想像力

レズビアン／ゲイ・スタディーズにおいて、アイデンティティの問題はコミュニティの問題と分かち難く結びついてきた。レズビアンやゲイのアイデンティティの成り立ちを扱う歴史的研究にあっては、アイデンティティの歴史はコミュニティの歴史といっても過言ではない。

歴史家のジョン・デミリオは、合衆国におけるレズビアンとゲイのアイデンティティの出現は、一九世紀後半の産業資本主義への転換という条件によって初めて可能になったという。[*31] 資本主義のもと、性が生殖から切り離されることによって、レズビアンやゲイというアイデンティティが生まれたとするデミリオの研究は、アイデンティティを生得的なものとしてではなく、歴史的に条件づけられたものとみなす構築主義的なものである。資本主義の発展によって、経済的であると同時に感情的な基盤であった家族の重要性が弱まってゆき、それにかわってコミュニティがレズビアンやゲイの新たな帰属の場、親密性の空間となっていったとデミリオは論じる。では、そうしたコミュニティはどのような場所に生じたのだろうか。「次第に仲間と出会う方法を見出したこれらの男性や女性たちは、都市空間を占有し、集団的生を育む組織に通い始めた」と指摘されるように、レズビアンやゲイのコミュニティは「都会」に生まれるとされてきた。[*32]

二〇世紀アメリカにおけるレズビアンの歴史を研究するリリアン・フェダマンにあっても、個人のアイデンティティは、サブカルチャー、そしてコミュニティという集合的なアイデンティティと強く結びついている。そしてデミリオと同様に、コミュニティをめぐる議論の中心には、ロサンジェルス、ニューヨーク、サンフランシスコといった大都会がある。デミリオとフェダマンに共通するのは、第二次世界大戦がレズビアンやゲイの個人的、集合的アイデンティティを強化し、サブカルチャーやコミュニティの発展を促したという認識である。例えば戦争は多くの女性にとって、初めて労働によって賃金を得る機会となったのに加え、異なる階級に属する女性たちが集まって「ひとつの大きな女性社会を形成し、友情の輪を広げるだけでなく、自分以外の女性を真剣な、自立した一人の人間として評価することを学ぶ」機会だったのである。[*33]

こうしたコミュニティが、ロサンジェルス、ニューヨーク、サンフランシスコなどの港町を中心に発展したのは、戦争から船で帰還した人々が故郷に帰ることなくそこに定住し、コミュニティ形成の基盤をつくったからである。[*34] 人口増加によって、匿名性も高まる都会では、レズビアンやゲイたちが血縁家族から自由になり、経済的にも社会的にも独立して生きていくことができるようになる。レズビアンが社会的存在となる歴史的な条件を検討するフェダマンにとって、同性愛とは社会的に構築されたものなのである。[*35]

ラディカル・フェミニズムやその思想的影響から出発したレズビアン・フェミニズムの視点から合衆国におけるレズビアンの歴史を見た場合、そこには明らかに好ましいレズビアン像とそうでないレズビアン像が存在していた。[*36] 後者の代表が、「ブッチ・フェム」と呼ばれるスタイルのジェンダー表現を実践していたレズビアンたちである。労働者階級や有色の女性が多数含まれていた「ブッチ・フェム」は、異性愛的役割や表現を模倣する、十分に政治的ではないレズビアンの実践とみなされ、主流のフェミニストとレズビアン・フェミニストの双方から批判された。[*37]

レズビアンの歴史におけるこうした欠落を埋める試みのひとつが、エリザス・L・ケネディ、マデリン・D・デイヴィスによる『レザーのブーツ、金のスリッパ』であろう。[*38] この本が描き出したのは、一九三〇年代から六〇年代までのニューヨーク州バッファローにおける労働者階級のレズビアンの歴史であったが、そこで焦点化されたのもやはりコミュニティであった。白人や中産階級のレズビアンやゲイの夏の避暑地として知られるチェリー・グローヴの歴史について研究をおこなったエスター・ニュートンにとっても、アイデンティティとコミュニティは分離不能である。[*39] チェリー・グローヴは、単にレズビアンやゲイにとっての休暇先だっただけでなく、そうした人々が自ら管理をおこなった合衆国で最初の町であったが、サンフランシスコが（政治的な意味での）「ゲイの首都」であるなら、チェリー・グローヴは（非政治的な）「夏の首都」であるとニュートンは語る。異性愛規範に侵食された「日常」からの避難所であり、安全な場所であったチェリー・グローヴは、束の間の自由を与えてくれる「コミュニティ」だったのである。

こうしてレズビアンやゲイについての研究において、コミュニティは都会という条件のもとに生まれる共同体やネットワークのようなものとみなされてきた。文化人類学者のゲイル・ルービンは、クィア理論に大きな影響を与えた論考「性を考える」のなかで、田舎から都会への移動、あるいは彼女が呼ぶところの「性的移住」に関してこう述べている。

逸脱的なセクシュアリティは、都市部に比べて小さな町や農村地域ではまれで、一層厳しく監視されている。ゆえに、大都市での生活は若き逸脱者を引きつけ続ける。性的移住によって潜在的なパートナー、友人、仲間が集中的に集まるようになる。それにより、人々はその中に住む大人たちどうしで、親族に似たネットワークを形成することが可能になる。[*40]

ここでも、田舎を脱出した性的マイノリティが移住先で見出す「親族に似たネットワーク」、あるいは家族のかわりとなるコミュニティがあるのはあくまでも都会だとされている。こうした語りは、レズビアンやゲイのアイデンティティを産業化と都市化によって条件づけられたものに限定してしまい、それによって、レズビアンやゲイの歴史は、都会のコミュニティを育み、それに育まれるアイデンティティと、その形成をめぐる歴史となる。では、都会に住むこともなく、「コミュニティ」に関わりをもたない人々の居場所はどこにあるのだろうか。

「ホモセクシュアリティ」が性的アイデンティティとなり、さらにコミュニティの基盤となる際、田舎と都会の関係がシンボリックな重要性をもつことを指摘したのは人類学者のキャス・ウェストンである。[*41]

一九七〇年代から八〇年代にかけて多数のレズビアン、ゲイが大都市へと流入した「ゲイの大移動」にあって、田舎と都会の対比は、レズビアンやゲイのコミュニティをめぐる想像力の中心にあった。「田舎から都会へ」というベクトルをもった語りは、実際にはその境界がきわめて流動的で、往還的である「田舎」と「都会」を、あたかも全く異なるふたつの世界であるかのように描き出してきた。そして、自由と自立、連帯の「都会」に対して、抑圧と監視、孤独の「田舎」を置き、都会のコミュニティを理想化してしまうのである。

そこで、アイデンティティとコミュニティをめぐる地理的想像力を問い直し、都会のコミュニティに帰属していない人々が、いかにクィアな生を実践してきたかに焦点を当てるクィア・ヒストリーが登場してくる。例えば、第二次世界大戦後のミシシッピ州における、(ゲイ男性を中心とした)クィアな歴史を研究するジョン・ハワードは、性の逸脱に不寛容とされる米国南部にあって最も抑圧的な地域とされてきたミシシッピ州でさえも、クィアな関係性や行為は広く存在し、決して稀だったり、不可視であったりしたわけではないという。[*42] 第二次世界大戦直後の合衆国は、同性愛者を激しく差別し、抑圧したが、同時にそれは、クィアな文化が活発化した時代でもあった。ミシシッピもまた、こうした時代の矛盾や逆説を体現していた場所のひとつである。最も抑圧的な地域にあって、最も抑圧的な時代とされる一九五〇年代、ミシシッピでは道路網が整備され、州内あるいは州外への移動の範囲が広がる。また、フィジーク・マガジン[*43]やゲイ・パルプ・フィクションの流通によって、クィアな欲望や親密性が地理的・物理的な制限から解放され始めると、さまざまな要素が混じり合って、クィアな生の可能性が増大していったのである。[*44]

クィア・スタディーズ自体に内在する都会主義を批判する議論もクィア理論のなかから生まれている。クィアの「都会規範（メトロノーマティヴィティ）」を批判したジャック・ハルバシュタムの議論を発展させたスコット・ヘリングの「反都会主義」がその一例である。[*45]「反都会主義」とは、都会批判ではなく、「都会主義（アーバニズム）批判」の言説である。それは、田舎の美化や理想化ではなく、これまでの合衆国の「ゲイ的想像力」を特徴づけてきたアーバニズムを見直すことであり、都市以外に存在しているクィアな生の潜勢力に注意を向ける態度である。反都会主義の名においてヘリングが分析する文化生産や美学的要素は、田舎に対するわたしたちの先入観や偏見を再考するよう促す。クィアな都会性をなすコスモポリタニズム、洗練、教養、上品さ、流行のファッションと対比される「田舎的スタイル（rural stylistics）」は、素朴、粗野、露骨さ、アンチ・ファッション、時代遅れなどを特徴とし、固有の美学的価値をもつものとして位置づけ直される。

文学にも「大都市へ」という地理学的想像力が否応なく入り込んでいることが指摘されているように、現実の生はもちろんのこと、文化、芸術、研究、アクティヴィズムを含めて、クィアをめぐるさまざまな言説や表象における都会の特権性と、地方や田舎の省略や軽視が見直されつつある。[*46]

田舎と都会は、一見すると地理的で空間的な概念である。だが、そこには時間的な要素も含まれている。ある場所を「田舎」とみなすことは、中心としての都会から地理的な距離をもつだけでなく、「進んだ」都会に対して、「遅れた」田舎という時間的な差異——それは文化的で社会的で政治的な差異でもある——をもつ「他者」を想定することだからである。とすれば、クィア都会主義批判には、進歩という時間や歴史のヴィジョンに対する批判が含まれていることになるだろう。進歩的な歴史の語りにおいて、「地政学的クローゼット」(ハワード)として存在してきた田舎にも、すでにクィアな欲望と関係性があったことをこれらのクィア・ヒストリーは教えてくれる。それは、直線的で進歩的な歴史と二元論的な地理的想像力から生まれたアイデンティティとコミュニティの語りを再考し、クィアな生の可能性を再発掘する試みなのである。アン・リーの『ブロークバック・マウンテン』(二〇〇五)やジェーン・カンピオンの『パワー・オブ・ザ・ドッグ』(二〇二一)が描いたのも、そうしたクィアな生の可能性だったのではないだろうか。時間と空間を横断して「わたしたちはあらゆるところにいる」のである。

註

＊1 例えばクィア・スタディーズに関するその優れた入門書のなかで、河口和也は「「クィア理論」ないしは「クィア研究」」と呼ぶことによって、クィア理論とクィア・スタディーズを同じ、あるいは交換可能な研究領域として扱っているが、本書では理論に加えて歴史をクィア・スタディーズの重要な構成要素とする。河口和也『クィア・スタディーズ』岩波書店、二〇〇三年、五二－五三頁。

＊2 Roland Barthes, *Image Music Text,* trans. Stephen Heath (New York: Hill and Wang, 1977), p. 155.

＊3 Michele Aaron, "Introduction," in *New Queer Cinema: A Critical Reader,* ed., Michele Aaron (New Brunswick, NJ: Rutgers University Press, 2004), p. 10.

＊4 クィア化(queering)には、クィアな意味を与えたり、掘り起こしたり、あるいはテクストをクィアなものとして認識するといった複数の様態が含まれうるが、わたしがここで最も関心を持っている「クィア化」は、クィアなものの再意味化を「いかにして」おこなうのかという方法論的な介入である。

＊5 Eve Kosofsky Sedgwick, *Tendencies* (Durham and London: Duke University Press, 1993), p. 9. クリンプのこの言

葉は、アクティヴィストのヴィト・ルッソへの追悼文のなかで述べられたものである。本書第2部「ジュディ・ガーランドを愛するということ」を参照されたい。

*6 ジュディス・バトラーは「クィア」という語がもつ歴史的意味とその再意味化について以下のように述べている。「「クィア」という語は、それが名づける主体を辱めることを目的とする、あるいはむしろ、そうした辱める呼びかけを通じて主体を生産することを目的とする、ひとつの言語的実践として機能してきた。「クィア」はまさしく、その語を告発、病理化、侮辱と結びつける仕方で反復的に援用することを通じて、その力を得ている。それは、同性愛嫌悪的共同体の間に、時間経過の中で社会的な絆を形成するような援用である。呼びかけは過去の呼びかけを反響させ、あたかも時間を超えて唱和するかのように、話し手たちを結びつける」。『問題＝物質となる身体――「セックス」の言説的境界について』佐藤嘉幸監修、竹村和子・越智博美ほか訳、以文社、二〇二一年、三〇九－三一〇頁。

*7 一九六九年に、ニューヨークのゲイ・バー「ストーンウォール・イン」にいたトランスジェンダーやレズビアン、ゲイやドラァグクィーンたちが、警察に対して立ち向かった近代ゲイ解放運動の転換点。

*8 Michael Warner, "introduction," in *Fear of a Queer Planet: Queer Politics and Social Theory*, ed., Michael Warner (Minnesota and London: University of Minnesota Press , 1993), p. xxvi.

*9 Teresa de Lauretis, "Queer Theory: Lesbian and Gay Sexualities; An Introduction," *Differences* 3:2 (1991), pp. iii–xi. 丸括弧は引用者による。この論文の前半部分は以下に翻訳されている。テレサ・デ・ラウレティス「クィア・セオリー――レズビアン／ゲイ・セクシュアリティ」大脇美智子訳、『ユリイカ』二八巻一三号、一九九六年一一月号。

*10 デ・ラウレティス「クィア・セオリー」、七三頁。

*11 Roderick A. Ferguson, *Aberration in Black: Toward a Queer of Color Critique* (Minneapolis: University of Minnesota Press, 2004); Gayatri Gopinath, *Impossible Desires: Queer Diasporas and South Asian Public Culture* (Durham and London: Duke University Press, 2005).

*12 Jasbir K. Puar, *Terrorist Assemblages: Homonationalism in Queer Times* (Durham and London: Duke University Press, 2007).

*13 「沖縄」が人種とセクシュアリティを交差させるクィアな映画表象を引き寄せることについては以下の新城郁夫の

論考を参照されたい。新城郁夫「『八月十五夜の茶屋』論——米軍沖縄統治とクィア・ポリティクス」、四方田犬彦・大嶺沙和編『沖縄映画論』作品社、二〇〇八年。

*14 ジュディス・バトラー『ジェンダー・トラブル——フェミニズムとアイデンティティの撹乱』竹村和子訳、青土社、一九九九年。

*15 デイヴィッド・M・ハルプリン『聖フーコー——ゲイの聖人伝に向けて』村山敏勝訳、太田出版、一九九七年、九二頁。

*16 石田仁『はじめて学ぶLGBT——基礎からトレンドまで』ナツメ社、二〇一九年、九六頁。

*17 例えば、フロイトが論じた無意識的なものやバトラーによるジェンダー・アイデンティティに関する議論、とりわけ『ジェンダー・トラブル』四五–五九頁を参照のこと。

*18 法からの呼びかけという叱責的発話によって構成されると同時に承認される主体を論じたルイ・アルチュセールに依拠しながら、名前を呼ばれることによって主体化＝服従化される「私」についてバトラーが展開した議論を思い出しておきたい。バトラー『問題＝物質となる身体』。

*19 Kimberle Crenshaw, "Mapping the Margins: Intersectionality, Identity Politics, and Violence Against Women of Color," *Stanford Law Review*, 43:6 (1991), pp. 1241–1299.

*20 Women of ColorやQueer of Colorのof colorは「有色人種の」と訳されることも多いが本書では「有色の」で統一する。

*21 "The Combahee River Collective Statement," in *How We Get Free: Black Feminism and the Combahee River Collective*, ed., Keeanga-Yamahtta Taylor (Chicago: Haymarket Books, 2017), pp. 15–27.

*22 Crenshaw, "Mapping the Margin," p. 1242.

*23 Cathy J. Cohen, "Punks, Bulldaggers, and Welfare Queens: The Radical Potential of Queer Politics?" *GLQ* 3:4 (1997): pp. 437–465.

*24 Cohen, "Punks, Bulldaggers, and Welfare Queens," p.441. 引用されているCRCの文章は以下から。*Home Girls: A Black Feminist Anthology*, ed., Barbara Smith (New York: Kitchen Table/Women of Color, 1983), p. 272.

*25 インターセクショナリティについての優れた論考として以下を参照のこと。新田啓子「この「生」から問う——ラディカリズムとしての交差性」、『現代思想』五〇巻五号、二〇二二年五月号、三五–四七頁。清水知子「交差性と

階級概念をめぐる覚書」、『現代思想』五〇巻五号、二〇二二年五月号、一九六－二〇六頁。

＊26 Elizabeth Grosz, *Volatile Bodies: Toward a Corporeal Feminism* (Bloomington: Indiana University Press, 1994), pp. 19–20.

＊27 Puar, *Terrorist Assemblages*, p. 212.

＊28 新田「この「生」から問う」、四五頁。

＊29 インターセクショナリティとアイデンティティ（およびアイデンティティの政治）を論じた章において、パトリシア・ヒル・コリンズとスルマ・ビルゲは、ブラジルにおける黒人女性運動やインドのダリット女性運動、ハートフォード（合衆国）のプエルトリカン・ポリティクスなどの事例を取り上げ、そうした運動がいかに、「アイデンティティの政治」批判への有効な反論となっているかを論じている。パトリシア・ヒル・コリンズ、スルマ・ビルゲ『インターセクショナリティ』下地ローレンス吉孝監訳、小原理乃訳、人文書院、二〇二一年。

＊30 ロドリック・ファーガソンによって概念化されたそうしたアプローチの一例が、有色のクィア批評（クィア・オブ・カラー・クリティーク）である。クィア理論におけるこうした一連の批評的言説は、ＣＲＣやクレンショーのような黒人フェミニズムおよび、グロリア・アンザルデュア、チェリー・モラガといったチカーナのフェミニストたちの仕事を源流としている。より近年の仕事としては以下を参照のこと。José Esteban Muñoz, *Disidentifications: Queers of Color and the Performance of Politics* (Minneapolis and London: University of Minnesota Press, 1999); Roderick A. Ferguson, *Aberrations in Black: Toward a Queer of Color Critique* (Minneapolis and London: University of Minnesota Press, 2003); Gopinath, *Impossible Desires*; Martin F. Manalansan, "Messing up Sex: The Promises and Possibilities of Queer(s) of Color Critiques," *Sexualities* 21:8 (2018): pp. 1287–1290.

＊31 John D’Emilio, *Sexual Politics, Sexual Communities: The Making of a Homosexual Minority in the United States, 1940–1970* (Chicago and London: The University of Chicago Press, 1983); John D’Emilio and Estelle B. Freedman, *Intimate Matters: A History of Sexuality in America* (Chicago and London: The University of Chicago Press, 1988).

＊32 D’Emilio, *Sexual Politics, Sexual Communities*, p. 12.

＊33 リリアン・フェダマン『レズビアンの歴史』富岡明美・原美奈子訳、筑摩書房、一九九六年、一四〇頁。

＊34 フェダマン『レズビアンの歴史』、一四〇－一五一頁。D’Emilio, *Sexual Politics, Sexual Communities*, pp. 22–33.

*35 フェダマン『レズビアンの歴史』、一〇頁。
*36 Adrienne Rich, "Compulsory Heterosexuality and Lesbian Existence," *Signs* 5:4 (1980), pp. 631–660.
*37 「ブッチ・フェム」は、単なる役割分業ではなく、ジェンダー表現に関する自己表象であり、美学であり、何よりもコミュニケーションの様態のひとつであった。冷戦下のアメリカにおけるレズビアン・サブカルチャーで実践されたブッチ・フェムについては、以下を参照のこと。フェダマン『レズビアンの歴史』、Joan Nestle, *A Restricted Country* (San Francisco: Cleis Press, 2003). および、本書第2部「ハイスミス映画のクィアと逸脱」。
*38 Elizabeth Lapovsky Kennedy and Madeline D. Davis, *Boots of Leather, Slippers of Gold: The History of a Lesbian Community*, 20th Anniversary edition (New York and London: Routledge, 1993/2014).
*39 チェリー・グローヴはニューヨーク市から約九〇キロメートル東に位置するファイヤー・アイランドにある町であり、フェリーで二時間程度の距離である。一九三〇年代以降、主にニューヨークで仕事をしていた白人中産階級のレズビアン・ゲイたち、とりわけ多くの演劇人が集まってきたチェリー・グローヴの発展は、ニューヨークからのアクセスの良さという地理的条件に依拠していたことは言うまでもない。Esther Newton, *Cherry Grove, Fire Island: Sixty Years in America's First Gay and Lesbian Town* (Durham and London: Duke University Press, 2014)。
*40 もっともルービンは「田舎で孤立し、不可視化されて」いた非異性愛者が都会に移住することから生じる経済的困難や、サンフランシスコのような都市でそうした人々がホモフォビックな暴力の標的になる現実を看過しない。性的移住によってあらゆる問題が解決するどころか、次々と別の新しい問題が生じていることを指摘することによって、ルービンが都会のコミュニティを美化し、理想化しているわけではないことを付言しておく。ゲイル・ルービン「性を考える――セクシュアリティの政治に関するラディカルな理論のための覚書」河口和也訳、『現代思想』二五巻六号、一九九七年五月臨時増刊号、一二〇–一二二頁。
*41 Kath Weston, *Long Slow Burn: Sexuality and Social Science* (New York and London: Routledge, 1998), p. 9.
*42 John Howard, *Men Like That: A Southern Queer History* (Chicago and London: The University of Chicago Press, 1999).
*43 若く魅力的で筋肉を鍛えた男性の写真を売りにしていた「肉体雑誌」。
*44 ハワードはこうした社会的要因がミシシッピのクィアたちに及ぼした影響を丁寧に検証している。一九五〇年代のパルプ全盛時代、ゲイ・パルプの代表的作家のひとりがミシシッピに住むカール・コーリーであった。イラストレ

ーションなども描いていたコーリーは、自らの作品にミシシッピという地域の固有性を挿入し、非都市部のクィアな生をジャンルにもたらしたという。Howard, *Men Like That*, p. xv.

＊45 Jack Halberstam, *In a Queer Time and place: Transgender Bodies, Subcultural Lives* (New York and London: New York University Press, 2005), p. 36; Scott Herring, *Another Country: Queer Anti-Urbanism* (New York and London: New York University Press, 2010).

＊46 Robert McRuer, *The Queer Renaissance: Contemporary American Literature and the Reinvention of Lesbian and Gay Identities* (New York and London: New York University Press, 1997).

クィア・シネマの可能性——映画の外側へ

「シネマ・フィルム」から「ギャラリー・フィルム」へ

エイズ・アクティヴィズムやクィア・スタディーズが探求し続けてきたのは、クィアな生の可能性であることを本書収録の「クィア・シネマの場所」と「クィア・シネマを知るために」で見てきたが、それらの運動や思想を引き継ぎながら、後にクィア理論の内部から出てきた社会や関係性を否定する立場に抗して、希望や未来性としてのクィアネスを、すなわち「世界と時間の両方に別の仕方で存在する欲望」としてのクィアネスを論じたひとりがホセ・ムニョスである。[*1] ムニョスの考えたクィアネスとは、楽観的で逃避的なユートピアを求めることではなく、「今」と「ここ」を批判しながら、変化を想像し、信じることによって別の世界を創造しようとする試みである。

クィアについてのこうしたユートピア的態度や未来性への志向は、前述した通り、クィア理論初期にも存在していたものである。「クィアが記述するのは、原理上、その正確な範囲と多様な広がりを前もっては規定できないような可能性の地平である」と述べたデイヴィッド・ハルプリンや、クィアを「絶え間ない生成の場」とみなしたクィア理論家のアナマリー・ジャゴーズには、すでにクィアな未来性への思考が潜在していたといえる。[*2] そして、それは「ラディカルな美学とラディカルな政治を融合させようとするユートピア的欲望」によって支えられていた一九七〇年代のフェミニズムから引き継がれ、発展したものでもあった。[*3] クィアに関するこうしたヴィジョンを共有しつつ、クィア・シネマの可能性について考えてみよう。

クィア・シネマが「問い」であるとするならば、それは「クィア」と「シネマ」の両方に向けられている。「クィア」が、ジェンダーやセクシュアリティ、人種とそれらの交差について考えるための視点であり、セクシズム、ホモフォビア、レイシズムの交差に関する社会的分析や文化批評のための方法やスタイルであるとするならば、「シネマ」は、ジェンダーやセクシュアリティ、人種のテクノロジーとして生まれ、発展してきたものである。

ルイ・リュミエールの『赤ん坊の食事』(一八九五)やルイン・フィッツハモンの『ローバーによる救出』(一九〇五)に映し出された父、母、子どもからなる近代的「家族」、ジョージ・S・フレミングとエドウィン・S・ポーターの『ニューヨーク23番通りで何が起こったか』(一九〇一)で描かれた男女のカップル、ジグムンド・ルービン『噴水で会いましょう』(Meet Me at the Fountain, 一九〇四)に登場する異性装の女性、エドウィン・S・ポーターの『トンネルで起こったこと』(What Happened in the Tunnel, 一九〇三)で白人に間違ってキスされる黒人女性、シシー(女性的に振る舞う男性)を描くアリス・ギイ=ブランシェと、ヘンリー・シェンクと、エドワード・ウォーレンによる『アルジー』(Algie, the Miner, 一九一二)とトムボーイ(おてんば娘)を描くエルンスト・ルビッチの『男になったら』(一九一八）などにその例を見ることができるだろう。わたしたちは、映画を通じてジェンダーやセクシュアリティ、人種の規範性や理想を「学び」、内面化してきた。映画はそれらを映し出すだけでなく、強化し、教え込む教育的な役割を担ってきたのである。クィア・シネマの役割のひとつは、そうした規範性や理想を学び捨てること、あるいは学び直すことである。わたしたちが知っているシネマのあり方とは別のシネマのあり方を想像させてくれる「可能性の地平」がクィア・シネマだと考えたい。

とはいえ、クィアと同じように、シネマの概念も変化し続ける。フィルムとヴィデオやテレビとの境界、写真やインスタレーションといったアートとシネマの境界はもはや自明のものではなくなっている。そもそもシネマは、他のジャンルやメディアを横断したり、包摂したり、それと融合したりするトランスメディア性や、メディアと場所（ロケーション）が相互に作用し合い、双方を変容させていくインターメディア性に満ちている。クィア・シネマはそうした性質をより強く浮き彫りにし、拡張していく傾向があるように思われる。[*4]

誕生の瞬間から異性愛やジェンダー規範を強化し、再生産するテクノロジーであったシネマは、そうした規範性を転覆させるチャンスをつねにうかがってもきた。シネマ自体が潜在的に有するそうした転覆可能性を引き出す力がクィア・シネマにはある。「映画性（cinematicity）」という概念を手がかりに、クィアとシネマが互いを触発し合うケースを見てみよう。[*5]

現在最も頻繁にクィア・シネマが接続され、相互に作用し、浸透し合う場のひとつがアートである。ジャンルを横断して多様な映像作品を作り、パフォーマンスやインスタレーションへとその活動の領域を広げていったクィア・シネマの作家には、バーバラ・ハマー、シャンタル・アケルマンをはじめ、セイディ・ベニング、アイザック・ジュリアン、シュー・リー・チェン、ツァイ・ミンリャン、アピチャッポン・ウィーラセタクンなどが含まれる。そもそも性表現が多いうえに、逸脱的で多様な性表現を厭わないクィア・シネマには、一般的な公共性や商業性になじまない作品や、性表現に限らず映画表現の慣習自体に批評的であるような作品も少なくない。クィア・シネマは、一九九〇年代以降増加する（映画研究者のアリソン・バトラーが呼ぶところの）「ギャラリー・フィルム」と並行し、またその一部となって、本来映画上映を目的としていないギャラリーや美術館のような空間で展示・上映される機会が増えていく。

クィア・シネマの作家たちは、映画館で上映されることを想定した「シネマ・フィルム」から「ギャラリー・フィルム」へと移行したり、その間を行き来したりしながら、クィア・シネマの空間を拡張し、また観客の身体的で認知的な受容経験を大きく変容させている。日本でも大木裕之のような作家がまさにシネマとアートの往還をしているが、両者の境界を互いに侵食し、それぞれの輪郭を不安定にしながら、クィア・シネマとアートは接続され、グローバルな現象として展開している。

クィアとパンクと現代アート

日本でクィア・シネマと現代アートが接続された例として「パンク！日常生活の革命」を取り上げてみたい。この展覧会は、パンクの社会的で倫理的な側面を、現代アートの文脈に位置づけることによって再検討する試みであったが、その一部をなしていたのがクィアコアである。クィアコアを通して、パンクのクィアな起源を掘り起こすと同時に、クィア・カルチャーにおけるパンクの役割を再確認させることになったこの展覧会は、パンクとクィア、アートとシネマを接続しながら、クィア・シネマの多様性と可能性とを呈示する機会となった。[*6] 権力に徹底的に抗い、クィアのもつアナーキーな潜勢力を音と映像で示したのがクィアコアだったからである。[*7]

クィアコアとは、一九八五年にトロントでG・B・ジョーンズとブルース・ラ・ブルースがZINE(ジン)の制作とともに開始した「架空の」クィア・パンク・ムーヴメントである。ZINE、音楽、写真、映画、パフォーマンスといった多彩なジャンルやメディアを包摂しながら、北米からその他の地域へと展開していったところにクィアコアの特徴がある。後にパンクが異性愛的男性性を強めていく一方、ゲイ・ムーブメントは保守化し、同化主義的になっていったことに抗するふたりが「でっち上げた」ムーブメント、それがクィアコアであった。

さまざまなジャンルと形式、メディアを巻き込んだクィアコアの多元的な展開の核心にあったのが「シネマ」である。一九七〇年代のフェミニスト映画運動がそうであったように、クィアコアは、文化的かつ政治的なプロジェクトであり、資本主義と高い親和性をもち、保守化し、主流化するゲイ・レズビアンたちを挑発するようなクィア・ムーブメントであった。「パンク!日常生活の革命」展でも紹介されたヨニー・ライザーによるドキュメンタリー映画『クィアコア――革命をパンクする方法』(二〇一七)では、パンク・サブカルチャーとして出発したホモコアがやがてクィアコアへと発展し、文化と政治を交差させるムーブメントになっていく様子が詳細に描かれている。

ZINEを通じてクィアコアをでっち上げたジョーンズとラ・ブルースはトロントを拠点に活動していた映画作家であり、一九八〇年代から九〇年代にかけてのパンクシーンやクィア・アンダーグラウンドをテーマにした映像作品を生み出していた。G・B・ジョーンズの初期作品『トラブルメーカーズ』(The Troublemakers, 一九九〇)や『ヨーヨー・ギャング』(The YoYo Gang, 一九九二)は、ドキュメンタリーとフィクション、実験性と物語性の間を行き来する作品であり、権力と折衝しながら生きる若者たちの「アウトロー」的な生き方をユーモアと愛情を込めて描き出している。スーパー8ミリカメラを手にしたジョーンズが撮影をおこなうのは、自宅、スーパーマケット、路上であり、登場人物は自分と友人たちである。そっけないほど簡潔なイメージと不明瞭な音からなるこの作品は、ジョーンズがいうところの「貧者の美学」によって支えられているのだ。

洗練されていること、品行方正であることを拒否するこれらの作品は、形式的にも連続性や滑らかさに逆らい、クィアな文化のヒエラルキーの「底辺」にいる人物に親密な眼差しで接する。性的欲望やフェティシズムを臆することなく表現しながらも、そこには「マイノリティ性」を徹底的に肯定するラディカルな政治性が息づいている。クィア・コミュニティにあっても周縁化された欲望や身体を表象し、観客の神経を逆撫でするパンクな感性に満ちた映画世界をジョーンズは出現させるのだ。[*8]

ジョーンズとともにクィアコアを創造したブルース・ラ・ブルースもまたセクシュアリティに関する挑発的なテーマという点において、ニュー・クィア・シネマ(以下、NQC)との親和性を感じさせる映像作家である。『ノー・スキン・オフ・マイ・アス』(一九九〇)、『スーパー8½』(一九九四)、『ハスラー・ホワイト』(一九九六)といった作品は、スキンヘッドに対するフェティシズムなど、性的欲望に忠実であり、それらを率直に表現しながらも、親密な関係性への強烈な憧憬が叙情的に描かれるなど、ドキュメンタリー的な真正性と詩的な表現が混淆した両義的なものである。ミニマリズムと詩的な叙情性が融合したラ・ブルースの作品は、トム・ケイリンやグレッグ・アラキといったＮＱＣの男性作家たちの作品を想起させ、実際、映画批評家のトマス・ウォーはラ・ブルースを「一九九〇年代の国際的ニュー・クィア・シネマの重要人物」とみなしている。[*9]

ラ・ブルース自身は、「理論や記号論を学んで学位を取り、お決まりのエイズ・メタファーや「アドヴォケイト」[*10]男が出てくるようなドライでアカデミックなフィルムを作る金持ち息子たちとは共通点などほとんどない」と語るように、政治性や美学という点ではその異質性が強烈に印象づけられる。だが、ラ・ブルースによってＮＱＣの射程は広がり、多様化するのだ。

Ｇ・Ｂ・ジョーンズやブルース・ラ・ブルースによって始められたクィアコアは、映画をつねに含みながらも、中心をもたない、雑多で混沌としたムーブメントであった。ひとつのメディアやジャンル、表現形式に規定されることなく、拡散し続ける運動体であったクィアコアは、境界を撹乱し、脱中心化するクィア・シネマの一側面を体現していたといえる。「ありうること」や「ありうるべきこと」を現実に「存在」させたクィアコアは、まさしくムニョスが述べたような意味で、現在のなかに潜んでいる未来だったのだ。その政治的で文化的な実践を支えていたのは、いまだここにない何かを想像することによって現在の地平を切り開く潜勢力としてのクィアネスだったといえる。

ＢＬの横断性

女性の読者や観客を主なターゲットとして、男性間の欲望や恋愛を描いてきたＢＬは小説、マンガ、アニメなどで発展してきたが、少し遅れてそこに加わったのが映画である。マンガを実写化したり、

（マンガを原作とする）ドラマから映画化されることも少なくない「ＢＬ映画」は、クィアな可能性に満ちたトランスメディアであるように思われる。

ＢＬの横断性はテクストやメディアだけでなく、近年の「タイＢＬ」の爆発的人気に見られるような、流通や受容におけるトランスナショナリティにも見出すことができる。とはいえ、これは今に始まったことではない。日本の少女マンガを出発点とするＢＬは「明治時代にさかのぼるトランスナショナルでトランスカルチュラルな借用とトランスフィギュレーションの地層の上に築かれたものである」とＢＬに関する研究をおこなうジェームズ・ウェルカーは語っている。[*11]つねにすでに国境を横断し、メディアを横断する現象としてのＢＬはクィア・シネマの可能性を拡張するように見えるが、ＢＬのクィアな可能性については議論もある。女性のセクシュアリティ規範を揺るがし、またシスジェンダーや異性愛者ではない人にとって「息がつける場」となりうるＢＬは「二重にクィア」だとウェルカーは述べるが、同じくＢＬ研究者の堀あきこは、その存在をクィアであるかもしれないとしつつも「ＢＬ作品がクィアであるとは必ずしも言い切れない」と留保する。[*12]

クィア理論家のイヴ・セジウィックが語ったように、クィアは一人称で使ってこそ意味をなすとすれば、ＢＬを含め、あるジャンルや表現、内容や形式がクィアであるのか、そうでないのかを決めるのは作者、読者、観客としての「自分」であろう。視点や方法であるとともに、同一化（あるいは非同一化）し、欲望し、表象する自己の実践としてクィアはあるからだ。

クィア・シネマという可能性の地平

本章で言及したクィア・シネマの可能性はきわめて限定的なものである。現代アートやＢＬのほかにも、例えばパフォーマンス、ヴィジュアル・アート、音楽、文学、ゲームといった領域をクィア・シネマはすでに侵食している。そして、それらのメディアにおいて互いに干渉し、折衝していく過程で、クィア・シネマと交差するメディアやジャンルの双方の可能性が拡張されていくのではないだろうか。クィア・シネマは、それ自体が可能性の地平であり、変容し続ける空間である。その意味で、本書の基底をなしているのは、クィア・シネマとは何か、ではなくて、クィア・シネマには何ができるのかという問いであり、それは、シネマという装置にクィアがどのように介入し、互いに変化していくのかを問うことである。クィアとはアイデンティティや理論になるだけでなく、ものの見方や方法論でもある。クィア・シネマはそれ自体が文化批判や社会分析であり、さらには批評行為なのだ。

クィア・シネマにあっては、映画をめぐる諸実践が、アイデンティティとコミュニティとに密接に結びついているが、それを示すのが本書で論じられる「クィア・ＬＧＢＴ映画祭」や、ジュディ・ガーランドのような映画スターを愛する行為である。そうした映画的実践によって、クィアな空間は生み出されてきた。そして、クィアな空間の生産とは、自分（たち）の居場所を作り出すこと、生存の領域を広げ、増やしていくことにほかならない。

クィア・シネマは今、どこにあるのだろうか？　刻々と変化するクィアとシネマの「今、ここ」を捉えることはできるのか。現在、過去、未来の意味をラディカルに問い直してきたクィアを通して考えるならば、「ここ」や「今」は、これまでとは少し違ったものに見えてくるはずである。クィア・シネマの可能性は、可能性という語が一般的に想起させるような未来だけにあるのではない。可能性を語るという行為は、現在への不満と批判を糧としているからである。「今、ここ」が十分ではないという思いが、今とは異なる世界と生への希求こそが、問いとしてのクィア・シネマへ、可能性の地平としてのクィア・シネマへとわたしたちを導くのだ

註

＊1 José Esteban Muñoz, *Cruising Utopia: The Then and There of Queer Futurity* (New York and London: New York University Press, 2009), p. 96.

＊2 デイヴィッド・M・ハルプリン『聖フーコー——ゲイの聖人伝に向けて』村山敏勝訳、太田出版、一九九七年、九二頁。Annamarie Jagose, *Queer Theory: An Introduction* (New York: New York University Press, 1996), p. 131.

＊3 Laura Mulvey, "Introduction: 1970s feminist Film Theory and the Obsolescent Object," in *Feminisms: Diversity, Difference, and Multiplicity in Contemporary Film Cultures*, ed., Laura Mulvey and Anna Backman Rogers (Amsterdam: Amsterdam University Press, 2015).

＊4 「インターメディア性」は翻訳研究などで概念化された後、映画・メディア研究にも応用されたものである。André Gaudreault, *From Plato to Lumiere: Narration and Monstration in Literature and Cinema*, trans. Timothy Barnard (Toronto: University of Toronto Press, 2009): チャールズ・マッサー『エジソンと映画の時代』岩本憲児編・監訳、仁井田千絵・藤田純一訳、森話社、二〇一五年。

＊5 ジェフリー・ガイガーとカリン・リッタウによれば映画性とは、インターメディア性の一要素であり、「多くのアートやエンターテイメント形式、メディアや文化表現に示されているフィルムメイキングに関する光化学的な領域やフィルム上映との密接な関係、あるいはそこからの距離としてあるような映画的痕跡」のことである。*Cinematicity*

＊6 *in Media History*, ed., Jeffrey Geiger and Karin Littau (Edinburgh: Edinburgh University Press, 2013).

「パンク！日常生活の革命」展は、川上幸之介の企画によって、二〇二一年五月一四日から一七日までと、六月一四日から二七日まで倉敷市のエクセリア館を会場に開催された。カール・クラウス、アルフレッド・ジャリ、レトリスム、シチュアシオニスト・インターナショナル、キング・モブ、ブラック・マスク&アップ・アゲインスト・ザ・ウォール・マザー・ファッカーといった前衛芸術運動とともに、クラス、ライオット・ガール、クィアコアといったパンクをドキュメンタリー映像、ZINE、アルバムワークやヴィデオワークを通して検証されるべく構成されている。クィアコアのセクションは、G・B・ジョーンズとブルース・ラ・ブルースがクィアコアを始めるきっかけとなったZINE『J.D.s』および、ヨニー・ライザー監督によるドキュメンタリー映画『クィアコア——革命をパンクする方法』とで構成されているが、ライオット・ガールとクィアコアとの関連性にも注意が払われている。展覧会に合わせて制作された同名のZINEには、アーティストやミュージシャン、ムーブメントの解説とともに、小倉利丸とデヴィッド・グレーバーのエッセイが掲載されており、現代アートとパンクの関係を社会的、政治的な文脈に置こうとするこの展覧会の趣旨を補強するものとなっている。

＊7 近年、とりわけ人類学者によってアナキズムの思想と価値が再考されているが、クィアとアナキズムにも深い繋がりがある。両者の関係については稿を改めて論じたい。

＊8 Currant Nault, "Making a Scene: Queercore Cinema," in *The Oxford Handbook of Queer Cinema*, ed., Ronald Gregg and Amy Villarejo (New York: Oxford University Press, 2021), p. 548.

＊9 Thomas Waugh, *The Romance of Transgression in Canada: Queering Sexualities, Nations, Cinemas* (Montreal and Kingston, London, Ithaca: McGill-Queen's University Press, 2006), p. 221, 229.

＊10 一九六七年に創刊された合衆国で最も歴史のあるLGBT系雑誌。

＊11 ジェームズ・ウェルカー「ボーイズラブ（BL）とそのアジアにおける変容・変貌・変化（トランスフィギュレーション）」佐藤まな訳、ジェームズ・ウェルカー編著『BLが開く扉——変容するアジアのセクシュアリティとジェンダー』青土社、二〇一九年、一五頁。

＊12 ウェルカー「ボーイズラブ（BL）とそのアジアにおける変容・変貌・変化（トランスフィギュレーション）」、一一—一二頁。堀あきこ「はじめに——なぜ、BLは重要な研究対象となっているのか」、堀あきこ・守如子編『BLの教科書』有斐閣、二〇二〇年、iii頁。

第2部

クイア・シネマの再発見

ヒッチコック問題──『レベッカ』と『マーニー』をめぐるフェミニスト／クィア批評

フェミニスト的可能性とクィア性

ヒッチコックは、女性とホモセクシュアルに対して、複雑かつ矛盾する反応を示し続けた作家であった。男性に疑惑を抱く女性、振り回される女性、健気に支える女性、サディスティックにいたぶられ、ときに死においやられる女性を描きつつ、彼女たちを単に美的対象とするだけでなく、その不安、苦痛、恐怖をわたしたち（女性）観客が後味の悪さをもって感知するよう仕向けた。ホモセクシュアリティに関するヒッチコックの反応もまた、女性に対するのと同様、ホモフォビアとホモエロティシズムが奇妙に混じり合う両義的なものであった。そして、ヒッチコック作品にあるジェンダーとセクシュアリティ（そして、フェミニスト的可能性とクィア性）は密接に結びついており、女性の欲望や主体性の問題は、つねにクィアな欲望と関係性へと導かれてきた。

フェミニスト映画理論の出発点のひとつとなった論文「視覚的快楽と物語映画」のなかで、ローラ・マルヴィが、見ることの快楽を操作し、家父長的なイデオロギーへと観客を導くハリウッドの代表として取り上げたのもヒッチコック作品『めまい』（一九五八）、『マーニー』、『裏窓』（一九五四）であった。現在ではその異性愛主義的視点が批判されて久しいレイモン・ベルールによる『鳥』（一九六三）の冒頭の分析は、記号論的アプローチによるテクスト分析でありながらも、やはり、ヒッチコック作品に男性主人公および作家のエディプス・ストーリーを読み解くフェミニスト的含意をもった論文であった。さらに、ドナルド・スポトーやシャーロット・チャンドラーをはじめとする数々の伝記は、ヒッチコックの女優への妄執、ハラスメント、妻アルマ・レヴィルとの関係について明らかにし、「ヒッチコック問題」が、作品にとどまらず作家自身にも関わることである事実を示してきた。それにもかかわらず、いや、こうした矛盾ゆえにフェミニストたちは、ヒッチコック映画に惹きつけられてきたのである。

クィア批評にあってヒッチコックとホモセクシュアリティとの関係がはらむ両義性は、フェミニスト批評のそれに比べ、それほど深刻ではないように見えるかもしれない。英語圏におけるヒッチコック批評の先駆的存在が、後に「ゲイ映画批評家の責任」で、ゲイ・レズビアン映画批評の地平を切り開いたロビン・ウッドであったことに加え、何よりも、ヒッチコック作品における男性性の危機や不安と、犯罪や異常性といった主題がホモセクシュアリティと強い親和性をもっていたからである。[*1] しかし、ここでのホモセクシュアリティは、もっぱら男性のものであり、『ロープ』（一九四八）、『見知らぬ乗客』、『殺人！』（一九三〇）、『疑惑の影』（一九四三）、『サイコ』（一九六〇）の男性登場人物には、ホモセクシュアリティと犯罪と逸脱の結びつきと、さらに、ホモフォビアとホモセクシュアルな欲望の共存とを容易に見出すことができる。

クィア映画批評においてヒッチコックは特権的な作家であるが、D・A・ミラーや、リー・エーデルマンといった男性クィア批評（映画研究者パトリシア・ホワイトが呼ぶところの「アナリティ（肛門愛）批評」）に欠けていた、ジェンダーの要素を考える上では、その後のフェミニストによるクィア批評が大きな役割を果たすことになる。[*2] その意味で、『レベッカ』と『マーニー』は、フェミニズムとクィア批評が交差する格好のテクストであろう。

『レベッカ』――異性愛に動機づけられたレズビアン・テクスト

『レベッカ』の名無しのヒロイン（ジョーン・フォーンテーン）は、前妻レベッカを亡くしたマキシム・ド・ウィンター（ローレンス・オリヴィエ）と出会い結婚するが、美しく洗練された前妻と自分を比較しては、「女性」としての劣等感に苛まれ、さらには、その階級格差を思い知らされている。夫の冷淡さを前妻への断ち難い想いのせいだと思い込んでいたヒロインは、実は夫が不実で傲慢なレベッカを憎んでいたことを知り、立派なド・ウィンター夫人へと変貌していく。だが、女性的成熟という成長譚と、幸せな結婚生活の再生にみられる異性愛主義の肯定は、表向きのものにすぎない。というのも、この映画が一貫して映像と語りの中心に置くのは、レベッカとヒロインの関係だからである。

マキシムに愛されたいヒロインが必死に試みるのは、前妻との同一化である。レベッカの洗練と威厳を身につけることは、夫の欲望を自身に向けさせるための手段であるが、たゆまぬレベッカ化の努力のうちに、レベッカを畏怖していたヒロインは次第に彼女に「取り憑かれ」ていく。同一化の「意図」が、その「効果」に完全に凌駕され、同一化と欲望の区別はもはや判然としなくなる。だが、レベッカのようになればなるほど、ヒロインはマキシムから遠ざかってしまう。そのことに気づいたヒロインは、やがてレベッカのようになることをやめ、その結果マキシムの愛を取り戻していくかのように見える。[*3] ふたりの関係を認めないレベッカの元使用人ダンヴァース夫人（ジュディス・アンダーソン）の放火によってマンダレー（マキシムの屋敷）が炎に包まれる場面で映画はラストを迎える。だが、マキシムが駆けつけ妻と無事に手を取り合って喜ぶのも束の間、カメラは再び屋敷へと舞い戻る。業火のなかで、悠然とベッドに鎮座する「R」と刺繍された白い枕。その枕に火が移り、めらめらと燃え出すショットで終わる『レベッカ』は、そこで冒頭へと回帰する。焼失したはずのマンダレー、レベッカのいる、いやレベッカそのものであるマンダレーへとヒロインが戻ってゆく映画の冒頭へ。「昨晩、またマンダレーに行く夢を見た」という女性の声が聞こえ、頑丈そうな鉄の門が見えてくる。「突然、超自然の力に取り憑かれ、霊となって閉ざされている門をすり抜けた」とこの声が語ると、カメラは閉じられたままの門を通り抜け、滑らかに浮遊しながら木や植物の生い茂る曲がりくねった車道を進んでいく。すると、霧のたちこめる道の先に燃え尽きたはずの屋敷が忽然と姿を現す。「女性ゴシック」のあらゆるモチーフを視覚化したこの場面は、レベッカのもとへと何度も立ち返るヒロインの現在を映し出すのだ。

この映画がレズビアン・テクストとして読まれる理由は、ウッドが（不正確にも）「ヒッチコック映画における唯一のレズビアン・キャラクター」と呼んだダンヴァース夫人の存在のみにあるのではない。[*4] レベッカの下着に頬ずりをするダンヴァース夫人の仕草に凍りつくヒロインは、その仕草に魅入られセクシュアルな欲望を喚起させられるのであり、また、レベッカへの欲望と同一化の間を揺れ動きながら主体性を立ち上げていくからなのだ。そして、幸せな結婚生活を再スタートさせたはずの現在にあっても、ヒロインはレベッカに取り憑かれており、彼女のもとへと回帰し続けることをこの映画ははっきりと示しているからなのである。

『マーニー』の選択

『レベッカ』とならんで、フェミニズムとクィア批評が重なり合う地点に位置する作品が『マーニー』である。主人公のマーニー（ティッピー・ヘドレン）は盗癖と虚言癖があり、男性恐怖症で、赤い色を見ると発作を起こすというさまざまな問題を抱えた女性である。にもかかわらず、マーク（ショーン・コネリー）は自分の会社の面接にやってきたマーニーを即座に雇い入れ、そして妻にする。結婚する気などさらさらなく、自分を放っておいてほしいと懇願するマーニーに対し、自分には「法的にも道徳的にも責任がある」とマークは説く。犯罪を見逃してくれるだけでなく、会社の金を盗まれても、その補填までしてくれる優しくて頼り甲斐のある男がマークなのだ。金と地位と権力をもつ彼には、彼女との結婚を決定する自由があるけれども、マーニーには、一方的な結婚宣言を拒絶する自由もない。マークの自由と責任感は、富と力と自信をもつ男と、泥棒で嘘つきで病気で一文無しの女マーニーとの圧倒的に非対称的な関係に裏打ちされている。「誰かが君の面倒をみて、助けてやらないといけない」という気高い奉仕の精神は、視点を変えれば、ひとりの女性を社会的にも（出かける夫を見送る際には、頬へのキスという公的パフォーマンスを要求し）、物理的にも（「君が離れていると考えるだけでガマンならない」からすぐに結婚したい）、性的にも（船中のレイプ）所有し、支配する意志にほかならない。

母子家庭の「絶望的な貧しさ」について語るマーニーは、盗んだお金をすべて母親につぎ込み、窃盗罪で刑務所に入れられる寸前である。彼女にとってマークとの結婚は、自分の身を守ってくれる（という幻想を与える）社会制度である。そして、自分を貧困と刑務所から守ってくれるはずの制度に、マーニーは逆に閉じ込められてしまう。囲い込みとしての結婚を象徴するのが、ハネムーンの船室であり、そこで起こるレイプは『マーニー』をめぐる最大の論争となった場面である。決して手を触れないという約束を破り、激しく拒否するマーニーの衣服をはぎ取ったマークは、直後にそれを恥じるかのように、自らのガウンをマーニーの肩にかけ、「優しく」彼女を抱きしめる。無表情に、虚空を見つめたまま横たわり、人形のように全く無反応のマーニーに対するこの行為を、レイプでないとするのは到底不可能である。

ニューヨークで開催されたヒッチコック生誕一〇〇年記念シンポジウムで、脚本を書いたジェイ・プレッソン・アレンは、そうした見方を心理的にナイーブなものだと退け、多くの女性がレイプにファンタジーを抱いており、ヴィクター・フレミング監督の『風と共に去りぬ』（一九三九）を引き合いに出して「クラーク・ゲーブルはスカーレットをレイプしたが、それについては誰も文句を言わない」と語った。[*5] 映画研究者のスーザン・ホワイトはふたつのレイプ・シーンには「それを楽しむスカーレットとそうではないマーニー」という差異があると反論したが、ホワイトの反論も的を得ているとは言い難い。性的なファンタジーと現実の性的快楽は同じではないし、レイプという経験を楽しむことと、楽しんでいるように見えること、楽しんでいるふりをすることも、同じではないからだ。参加者のひとりであったウッドはアレンを擁護し、このシーンをレイプと見るのはあまりに単純であり「あなたの脚本はもっと曖昧なものだと思う。わたしの読みによれば、マーニーは自分がレイプされていることを知っているけれども、マークは自分がマーニーをレイプしていることを知らない」と語った。こうしたやりとりを皮肉って、フェミニズム映画理論家のタニア・モドゥレスキーは述べている。「現実には、レイプであるにもかかわらず、自分はレイプしているのではないと思いこむ男性がいかに多いかを考えても、この「コミュニケーションの失敗」がレイプという行為を軽減できると考えるのは困難だ」と。[*6]

わたし自身の関心は、このシーンに表現されているのがレイプであるかどうかではなく（そもそも、議論の余地などあるだろうか?）、このシーンをレイプとみなさないことが可能になる文脈にある。ヒッチコックによる「女性登場人物への情熱的な同一化と、ゲイの登場人物へのより問題含みで両義的な部分的同一化」にジェンダー規範への反発を読み取り、ゲイ批評家としてだけでなく、フェミニスト的視点からもヒッチコック批評を実践してきたウッドが、なぜレイプについてこのように語りえたのか。

失敗作とされた『マーニー』を断固として擁護する意図を持って書かれた批評文のなかで、ウッドはレイプの場面をこう評する。「すべてのヒッチコック作品において、これほど圧倒的に美しいシーンはない。そしてこの美は、単に表現のなめらかさからくるのではなく、その根底にある道徳的複雑さの意識からくるのだ」。[*7] レイプを代理表象する船窓から見える海のショットを「この道徳的で感情的な複雑さが、人間関係の美と悲劇的ペーソスの感覚を観客に与える」と語るウッドは、このシーンを、性的優しさの感覚という意味において、映画がなしえた最も純粋なセックスの描写のひとつであると賞賛する。「わたしたちが目にしているのは実際レイプなのだが、男にとってそれは優しさと、孤独と、責任の表現であり、女にとっては、その後自殺未遂を図らざるをえないようなあまりに惨めな経験である。わたしたちの受容は、その両方の人物の反応を共有することによって決まってくる」。死にたくなるほど悲惨な経験と引き換えにされる優しさと孤独と責任感の美しさ[*8]とは一体どのようなものなのだろうか。「映画における醜さ、あるいは美しさは文脈の問題である」とウッドは書く。この場面における美しさの文脈である「道徳的複雑さ」とは、マーニーに対する責任感や優しさと、性的衝動（あるいは欲望）との葛藤から生じるものであるらしいが、そんなものは誰もが経験しうるきわめてシンプルで日常的な折衝であり、映画的にもなんら特筆すべき点のない凡庸なテーマである。そこに「道徳的複雑さ」を見出すことができるのは、あらゆる面でマーニーにはない特権を享受するマークという男性主体に同一化し、その「道徳的」葛藤を共有することによってのみである。

　形式と内容が不可分に結びついたところに出現するのが美学であることを考えれば、『マーニー』の形式的実践もまた映画の内容と深く関わっている。バックドロップ（背景に吊るされた幕）として描かれた巨大な船や、赤いフィルター、バック・プロジェクション（映像が投影されたスクリーンの前で俳優に演じさせる特殊効果撮影技術）などに関する悪名高い技術的失敗は、そのほとんどがマーニーの心的様態に関連しており、その意味で、『マーニー』の美学とは、マークとの同一化ではなく、彼女の不安や恐怖を感知することによって意味をなしうる美の経験である。

　この映画が巧妙にあばき立てるマークの道徳的欺瞞や、マーニーによる異性愛的関係性や結婚という社会制度への抵抗に加え、『マーニー』のクィアネスがきわだつ重要な要素は、ほかの女性登場人物（母親とリル）との関係である。「わたしたちには男なんか必要ないの、ママ。わたしとママとふたりだけで十分うまくやっていける」と語るマーニーは、母親が世話をする近所の少女にまで激しく嫉妬するような排他的で特別な愛情を母親に注ぎ込む。精神分析ごっこによってマークは、マーニーの盗癖と母親に対する過剰な愛着の原因を子ども時代のトラウマに見出すが、呼び起こされた過去の記録は、マーニーの母親に対する愛情を増大させはするもののそれを「正常」なものへと低減させはしない。今後、母娘関係にどのような変化が訪れるのかはわからないままである。

リル（マークの亡妻の妹）とマーニーとの間の愛憎半ばする奇妙な関係はどうだろうか。原作となったウィンストン・グラハムの小説では、リルはテリーというゲイ男性であり、マークとの関係に嫉妬してマーニーを警察に密告する人物であった。映画では、義兄を慕う策略家の異性愛者のように見えるリルだが、同時にマーニーを性化する視線のもち主である点は注目に値する（「あのおいしそうな女（dish）は誰？」）。マーニーが愛馬フォリオを安楽死させる場面でのリルの役割や、悪夢にうなされるマーニーをなだめる態度や行動は、マーニーをライバル視すると同時に庇護し、彼女の苦痛を和らげもする両義的な人物であることを示している。

そもそも、この映画でマーニーのセクシュアリティを示唆するものはなにもなく、わたしたちはマーニーが異性愛者なのか、そうでないのかはわからないはずである。そして、わからないときにはとりあえず異性愛者とみなすのが、異性愛規範の効果なのである。男たちに交換されることを拒み、独身で仕事をするマーニーの自律性、衝動的にやってしまう金庫破りのために、アイデンティティを偽らなければならないマーニーをレズビアンとしてコード化された人物として読むことは十分可能である。実際、ブロンド美女をはじめとするマーニーの変幻自在な「フェム」の姿にロバート・コーバーは、冷戦時代のレズビアニズムを読む。[*9] 精神分析によって生まれてきたヒッチコックのレズビアンたちを、より歴史的な文脈に位置づけて補強するコーバーによれば、冷戦時代には、異性愛者と見分けのつかない「フェム」のレズビアンこそが、社会と国家にとって真の脅威とみなされたのである。不安定で、不可視で、複数のアイデンティティをもつマーニーは、冷戦時代のレズビアニズムを強力に喚起する形象となる。映画のラストで選択を迫られたマーニーの決断とは次のようなものだ。「刑務所には行きたくないの。むしろあなたと一緒にいるほうがいいわ（I don't want to go to jail, Mark. I'd rather go with you）」

『レベッカ』も、そして『マーニー』も、家父長的かつ異性愛主義的な関係と制度の恐怖と苦痛を十全に表現し、映画において最後に提示される異性愛的解決がきわめて一時的で不安定なものであることを露呈させる。いつになったらヒロインはレベッカを忘れることができるのか？　マキシムは自立した妻を愛することができるのか？　マーニーの窃盗症は治癒するのか？（そもそもマーニー自身はそれを望んでいるのか？）　マーニーはいつになったらマークとセックスができるようになるのか？（そもそもできるようになりたいのか？）　こうした問いに答えることなく、わたしたちにえもいわれぬ後味の悪さを残すヒッチコックの映画、それが『レベッカ』と『マーニー』なのである。

註

＊1　Robin Wood, "Responsibilities of a Gay Film Critic," *Film Comment* 14:1 (1978), pp. 12–17.

＊2　Patricia White, "Hitchcock and Hom(m)osexuality," in *Hitchcock: Past and Future*, ed., Richard Allen and Sam Ishii-Gonzales (London and New York: Routledge, 2004), pp. 211–227.

＊3　この女性版エディプス物語はタニア・モドゥレスキーによって議論された。タニア・モドゥレスキー『知りすぎた

女たち——ヒッチコック映画とフェミニズム』加藤幹郎・中田元子・西谷拓哉訳、青土社、一九九二年。

＊4 『レベッカ』のレズビアニズムとクィア性に関する議論は以下を参照されたい。Patricia White, *Uninvited: Classical Hollywood Cinema and Lesbian Representability* (Bloomington: Indiana University Press, 1999); Rhona J. Berenstein, "'I'm Not the Sort of Person Men Merry': Monsters, Queers and Hitchcock's *Rebecca*," *cineAction* 29 (1992), pp. 82–96; "Adaptation, Censorship, and Audiences of Questionable Type: Lesbian Sightings in *Rebecca* (1940) and *The Uninvited* (1944)," *Cinema Journal* 37:3 (1998), pp. 16–37; David Greven, *Intimate Violence: Hitchcock, Sex, and Queer Theory* (Oxford: Oxford University Press, 2017).

＊5 "An Interview with Jay Presson Allen," by Richard Allen, *Hitchcock Annual* 9 (2000–2001): pp. 3–22. 途中で解雇された脚本家のエヴァン・ハンターは、初めからレイプ・シーンを書くことに反対していたと自分と、それに固執するヒッチコックとの意見の相違が解雇の理由であると述べている。またヒッチコックが「レイプされる瞬間、ティッピー・ヘドレンの顔を大写しにするんだ」と身振りを交えて語ったことや、後に脚本家として起用されたアレンが、「あのシーンは映画を作る目的そのものだったのに」とハンターに語ったことも自伝には記されている。Evan Hunter, *Me and Hitch* (London: Faber, 1997).

＊6 Tania Modleski, "Suspicion: Collusion and Resistance in the Work of Hitchcock's Female Collaborators," in *A Companion to Alfred Hitchcock*, ed. Thomas Leitch and Leland Poague (West Sussex, UK: Malden, MA Blackwell, 2011), p. 178.

＊7 Robin Wood, *Hitchcock's Films Revisited* (New York: Columbia University Press, 2002), p. 188. 傍点は引用者による。

＊8 Wood, *Hitchcock's Films Revisited*, p. 189. 傍点は引用者による。

＊9 Robert J. Corber, *Cold War Femme: Lesbianism, National Identity, and Hollywood Cinema* (Durham and London: Duke University Press, 2011).

ハイスミス映画のクィアと逸脱——冷戦下のホモセクシュアリティ

はじめに

クィアというものが、ジェンダーやセクシュアリティに関する規範を炙り出し、またその規範の作られ方や複合的な作用の仕方を問い直す視点や思考に深く関連したものであるとするならば、クィアと法には多くの重なり合いがある。

立法機関によって定立される制定法や、判例によって構成される狭義の法があるのと同時に、それらが含まれる広義の法がある。わたしたちが法という名のもとに、あるいは法との関連において理解している社会通念や習慣、常識、原則やルールであり、日常生活を取り囲んでいる社会規範としての法である。そして、この法を「その起源や歴史性を問うことなく、〈わたしたち〉がある物事に対して適用する規則・規範」[*1]であり、社会関係を律する根本的な原則と考えるならば、異性愛規範を筆頭に、クィア理論・批評が対象としてきたさまざまな規範とその複合的な作用は、まさに「法」ともいえるものである。

映画は、欲望や同一化を促しながら、ジェンダーやセクシュアリティを表象するだけでなく、それらの現実を構築する文化装置、そしてテクノロジーとして機能してきた。こうした映画の力を早くから見抜き、十全に活用してきたのが「ハリウッド」と呼ばれるアメリカ合衆国の映画産業である。ハリウッドで模索され確立されたさまざまな技法は、古典的な映画形式として日本をはじめとするさまざまな国の映画産業にも大きな影響を与えてきた。そして、ハリウッド映画が合衆国の内外にもたらしたものは、映画技法の規範性であるだけでなく、ジェンダーやセクシュアリティの規範性でもあった。だが、映画はこうした規範からこぼれ落ちるもの、逸脱するものをも、つねに構成的な外部として含み込んできた。映画のなかには、ジェンダーやセクシュアリティに関する既存の枠組みをさまざまに強化する働きと、それに抗う表象や、新しいイメージや語りを生み出す力が共存しているのだ。

とすれば、ジェンダーやセクシュアリティを規制する社会規範としての法は映画という装置を通してどのように表象されうるのだろうか。また、映画を通してわたしたちは法や道徳、逸脱をどのように理解しうるのだろうか。ここでは、パトリシア・ハイスミスの小説を原作とする二本の映画が冷戦を背景にして、クィアと法、社会的逸脱をどのように関連づけるかを考察してみたい。

最初に取り上げるのは、アルフレッド・ヒッチコックによる一九五一年の映画『見知らぬ乗客』である。ヒッチコック作品には、『見知らぬ乗客』をはじめとして、『レベッカ』、『ロープ』、『マーニー』のように、クィア映画として、あるいは、クィアという観点から論じられる映画が少なくない。同時にヒッチコックには、ミソジニー（女性嫌悪）とホモフォビア（同性愛嫌悪）を示唆する多くの作品があり、それらはフェミニスト映画理論にとって多くの論点を提供してきたように、クィア映画批評にとっても矛盾をはらんだ問題を突きつけてきた。次いで、トッド・ヘインズによる二〇一五年の映画『キャロル』を取り上げる。

差異と同一性

映画『見知らぬ乗客』は、ガイとブルーノというふたりの男の出会いに端を発する交換殺人（未遂）についての話である。有名なテニス・プレーヤーのガイ・ヘインズ（ファーリー・グレンジャー）は、妻のミリアム（ケイシー・ロジャース）と離婚し、新しい恋人で上院議員の娘アン（ルース・ローマン）と再婚したいと望んでいる。スポーツ選手としてのキャリアに飽き足らないガイは、ほかの男性の子どもを妊娠しているミリアムを捨て、アンと一緒になることで、政界に進出しようと目論んでいる。裕福な家の息子ブルーノ（ロバート・ウォーカー）は、母親のスネをかじりながら安逸な日々を送っているが、お金を自由にさせてくれず自分を蔑んでいる父親に憎しみを抱いている。列車に同乗したことをきっかけに知り合いになるふたりだが、ブルーノがガイに対し、交換殺人を持ちかけるところから、この映画は加速していく。

現在では、「クィアの古典[*2]」とされる『見知らぬ乗客』だが、この映画のクィアネスは、登場人物にのみ見出されるようなわかりやすくて限定的なものではない。それは、読みの前に明示的に存在するような何かではなく、あくまでも読みによって構築されるクィアネスである。『ロープ』の脚本を担当したアーサー・ローレンツは、「『見知らぬ乗客』におけるふたりの男の間のホモセクシュアリティは、台本にはないけれども、確かにそこにある[*3]」と語っていたが、本章で論じようとするクィアネスは、映画という装置がさまざまに生み出す効果としてのクィアネスでもある。これまでも登場人物のブルーノは、男性同性愛者のステレオタイプ化されたイメージをなぞるような「ゲイ」として読まれてきた。[*4]だが、ブルーノをゲイとして読むだけでは十分とはいえない。『見知らぬ乗客』にあっては、さまざまな位相に存在する逸脱や非規範性が重層的に折り重なって生じる効果としてのクィアネスを読む必要があるからである。

まずはジェンダー化によって生み出される差異の表象を見てみよう。優雅に足を組むその仕草、サテンのきらびやかな部屋着に身を包み、母親に爪の手入れをしてもらうブルーノは、その身体性に関わる多くの要素が女性化されている。それとは対照的に、スポーツ選手のガイは、質素な服装に、誠実そうで寡黙な「男性的」男性として表象される。身体、ファッション、母親との親密さなどブルーノのホモセクシュアリティは、ジェンダー化だけでなくガイとの差異によっても示唆される。ガイは、不実な妻と別れて、アンという美しく聡明な恋人と再婚することを望む異性愛者として位置づけられている。だが、有力な政治家の娘であるアンとの再婚は、女性を愛する男性の欲望よりも、政界進出を企てるガイの野心を露呈させることになり、異性愛者としてのポジションをきわめて不安定なものにする。加えて、交換殺人の進展におけるガイの徹底的な受動性はある意味女性化されており、ブルーノの女性性を対比的に構築するはずのガイの異性愛的男性性は、あまりに脆弱なものである。さらに、映画の冒頭に立ち戻ってみるならば、ガイとブルーノは差異化されつつも、その同一性が強調されていることがわかる。

ふたりは、まず歩行する「足」として映画に導き入れられる。ワシントンD.C.にある議会議事堂をロングショットで捉えた冒頭の場面で、一台のタクシーがユニオン駅の入り口に止まると、二色の派手なブローグシューズとストライプのズボンがローアングルのカメラで捉えられる。ポーターに先導されたこの足が動き出すと、場面が切り替わり、同じ構図と同じカメラポジションで、特色のないウールのズボンと、同じように地味で飾り気のない靴がタクシーから降りてくるところが映し出される。ここからは、二足の靴とその移動がクロスカッティングで交互に現れる。登場人物のアイデンティティが明らかにされる以前に、この映画はふたりの男性の同一性を視覚的リズムとパターンとによって提示する。ガイにしつこくつきまとうブルーノは、やがて「不吉な分身」として、ガイの影となるのだ。

こうして、足と歩行のみによって表象されてきた登場人物が、列車に乗り込む。ブローグシューズの男が、まず先に席に着くと、もうひとりがその向かいに座る。そのとき、後者の足のつま先が、前者の足のつま先にコツンと触れる。自らの身体の一部で、他者の身体の同一部分に触れるという行為によってガイはふたりの関係をスタートさせる。

見知らぬ乗客であったふたりは、やがてブルーノの車室へと移動し、ラム・ステーキを食べ、スコッチを飲みながら、少しずつ、だが確実に親密になってゆく。ブルーノが「交換殺人」の提案をするのはこのときである。「完璧な殺人」の可能性について熱狂的に語り出し、誰しもが潜在的に殺人者であるとうそぶくブルーノと、「殺人は違法行為だ」ときまじめに応答するガイとのやりとりに、法と逸脱というテーマが浮かび上がる。反社会性を体現するかのようなブルーノとそれに抵抗するガイ。だが、この場面では、ガイのブルーノに対する欲望を読み取ることができるだろう。というのも、映画のなかでブルーノとの関係を招き寄せ、ライターを置き忘れることによって、その関係性を継続させるのもガイだからである。

ハイスミスの原作と映画の大きな違いのひとつは、「交換殺人」の成立に関するものである。原作では、ガイがブルーノの父親を銃で殺害するが、映画で殺人を遂行するのはブルーノのみである。映画のなかでブルーノの有罪性は、早くから視覚化されている。列車での出会いの場面を見てみよう。初めは対面していたふたりだが、やがて会話が始まると、ブルーノはガイの隣に移動し顔を覗き込むようにしながら、距離を縮めていく。画面左から入ってくる光がブラインドを通して、ブルーノの顔の上に、線状の影を刻み込むがガイには全くその影が見られない。

次に、ミリアムを殺害したブルーノがガイの帰宅を待ち伏せしている場面である。アンの住む家に入って行こうとするガイの名を暗闇から呼ぶ声が聞こえるが、そこには誰の姿もない。カメラが映し出すのは、街灯に浮かび上がる門の格子だけである。声の方向にガイが歩き出すと、突如門の脇に立つブルーノが視覚化される。親しげにガイの名を呼びながらブルーノは、鉄格子の後ろに移動する。画面の左半分は格子とその背後にいるブルーノ、右半分は、何にも遮られていないガイの姿で二分割されている。ミリアムの殺害を告げ、プレゼントと称して彼女のかけていた眼鏡を持ち帰るブルーノと驚愕しながらその報告を聞くガイをカメラはクロースアップで捉える。「君が望んだことだ。列車で計画を立てただろう?」と詰め寄るブルーノの顔にはまたしてもくっきりと線が刻まれているのだが、このときになってようやくガイの顔にも影が浮かび上がってくる。この影を振り切るかのように動き出すガイと、ブルーノとは門を挟んで対面する姿勢になるが、ショットの切り返しによって、どちらが格子の前にいて、どちらが後ろにいるのかもはや明らかではない。次の瞬間、ガイは、ブルーノの隣に、格子の向こう側へと移行する。鉄格子の向こうにふたり並んでいる画面は、ブルーノとガイが「同様に」有罪であることを視覚的に表象するのだ。

冷戦とラベンダーの恐怖

『カイエ・デュ・シネマ』の批評家たちによる作家主義からフェミニスト精神分析まで、ヒッチコック研究は、豊かな理論的かつ批評的成果を生み出してきたが、その一方で、ヒッチコック作品を歴史化する作業はこれまであまり熱心におこなわれてこなかった。数少ない例外のひとりが、合衆国における政治史、とりわけゲイやレズビアンをめぐる歴史を参照しながらヒッチコック作品の精神分析的読解をおこなうロバート・コーバーである。[*5] 精神分析と歴史を対立させることなく、男性同性愛者の主体形成における同一化のメカニズム自体を条件づける歴史的要因に着目するコーバーは、『見知らぬ乗客』の重要な歴史的背景を、「ラベンダー・スケア」と呼ばれる冷戦時代の同性愛者狩りであるとする。[*6]

一九五〇年二月、ウェストヴァージニア州でおこなった演説のなかで、共和党上院議員ジョセフ・マッカーシーは、二〇五人もの共産党主義者が国務省で働いていると述べ、後に、「マッカーシズム」として知られることになる共産党員（あるいは共産党支持者）への攻撃、排斥を開始した。これに反論した外交官ジョン・ペウリフォィは、国務省における共産党主義者の存在を否定したが、その一方で、「セキュリティ・リスク」とみなされた職員が解雇され、そのなかに、九一人の同性愛者が含まれていたことを発表したのである。

第二次世界大戦後の合衆国では、セクシュアリティに対する認識や価値観が大きく揺れていた。[*7] 冷戦下にあって、共産主義者が糾弾された「赤狩り」に比べ、同時期に進行していた「同性愛者狩り」はあまり知られていないが、ときの共和党党首ガイ・G・ガブリエルソンが「共産主義者と同じくらい危険なのは、近年、政府内を侵食しつつある性倒錯者たちだ」と述べたように、同性愛者と共産主義者は国家にとって同じくらい脅威であるとみなされていたのである。[*8] あるいは、一九五〇年には、共産主義者よりもむしろ同性愛者のほうが国家安全保証にとって脅威であると考えられていたほどに、同性愛者は危険視され、迫害されていたのである。[*9]

『見知らぬ乗客』がとりわけガイを通じて醸成するパラノイアは、同性愛に対する防衛としての精神分析的な機制であるだけでなく、一九五〇年代のアメリカを支配していた歴史的かつ政治的な機制として読むことができる。例えば、この映画が背景とし、ガイとブルーノの出会いの場となったワシントンD.C.は、ネブラスカ州選出の共和党議員A・L・ミラーによれば「ホモセクシュアル・サブカルチャーのメッカ」であった。政府機関に潜入した同性愛者は、たとえ同性愛狩りで職場を追われたとしても、また別の場所へ移って同類とネットワーキングするというのである。実際、ワシントンD.C.では、一九五〇年代前半に、おとり捜査官がゲイ男性を誘惑し、セックスをもちかけるという方法で、毎年一〇〇〇人以上もの逮捕者を出していたという。[*10]

なぜ同性愛者が、国家安全保障上の問題となるのだろうか。「性的倒錯者」としての同性愛者は、社会的秩序を乱すだけでなく、精神的にも不安定で、道徳観念に乏しく、また「ゆすりの標的にされがちなので、国家機密漏洩リスクが高い」人々であるというのがその大きな理由である。このように同性愛者が国家安全を脅かす存在として浮上してくる要因のひとつが一九四八年と一九五三年に発表されたアルフレッド・キンゼイによるアメリカ人の性行動に関する調査報告書である。[*11] 調査対象となった男性のうち五〇パーセントが同性に惹かれたことがあり、三七パーセントが一度はオーガズムにいたる同性愛行為を経験しているという結果は、衝撃をもって迎えられた。さらに、同性愛の経験をもつ人々があらゆる年齢層、社会階級、職業、場所に存在するという発見は、「逸脱」とされる同性愛が実はアメリカ社会にあまねく存在していること、そして、セクシュアリティの不確かさや流動性を証明することになった。調査をおこなったキンゼイまでもが、そうした調査結果を発表したことで、非難され、危険人物とみなされたほどである。「異常性」や「女性性」によって強力に喚起されるブルーノのホモセクシュアリティと異なり、そのダブルとして視覚的に構築されるガイのホモセクシュアリティはより間接的で屈折したかたちで表現されている。異性愛者と見分けのつかないガイのホモセクシュアリティは、その不可視性ゆえに国家にとっては、より潜在的な脅威となる。ガイが体現するのはホモセクシュアリティの不可視性とその遍在なのだ。

ヒッチコック版の『見知らぬ乗客』は、原作から多くの変更をおこなっているが、とりわけ重要なのが、ワシントンD.C.への舞台の変更である。オープニングクレジットでは、ユニオン駅のアーチ状の入り口を通して、強い存在感を放つ議事堂のドームが見える。また、アンと一緒にいるガイをブルーノがつけまわすナショナル・ギャラリー・オブ・アートや、ブルーノの存在を遠くから認めるトーマス・ジェファーソン記念館の階段など、この映画には、合衆国の首都であるワシントンD.C.を象徴する建物がきわめて効果的に視覚化されている。

一九五〇年代前半、ホモセクシュアリティや同性愛は「倒錯」や「不道徳」の名において間接的に表現されていたが、ハイスミスの小説、そしてヒッチコックの映画『見知らぬ乗客』は、冷戦下のアメリカにおけるラベンダーの恐怖をアレゴリーとして表現したテクストとして読むことができるだろう。あるテクストが二重化される際に起こる「態度であり、技法であり、受容であり、手続き[*12]」であるようなアレゴリーの構造において、ひとつのテクストは別のテクストを通して読まれ、あるイメージに別の意味が加えられる。たまたま同じ列車に乗り合わせたふたりの男性が「交換殺人」をめぐって互いに深く関与してゆく『見知らぬ乗客』から浮かび上がってくるもうひとつのテクストとは、一九五〇年代のアメリカにおける「ラベンダーの恐怖」なのだ。

この映画において、ブルーノが示唆するホモセクシュアリティは、殺人に快楽を覚えるような社会的逸脱と関連づけられており、規範的なセクシュアリティからの逸脱は、最終的には法によって罰せられることを印象づけるように見える。だが、健康的で飾り気がなく、不実な妻との別れを望む誠実な異性愛者というガイの体現する「アメリカ的」な男性こそが、異性愛者としてパスする同性愛者であり、その不可視性こそが国家の安全保障にとって脅威とみなされたことは前述の通りである。ふたりの歩行によって作り出される視覚的相同性や、クロスカットによって構築されるふたりの行動の一致など、フレーミングから編集にいたる映画的な技法を最大限に動員してこの作品は、ブルーノとガイの同一性を強調し、一九五〇年代のアメリカにおける「ラベンダーの恐怖」をアレゴリカルに表象する。『見知らぬ乗客』におけるガイの有罪性は、視覚的に示唆されはするものの、語りの水準において、彼は法によって罰せられることのない存在である。ブルーノの死もまた、法の裁きによるものではない。

ブルーノとガイの足元が交互に映し出される映画の冒頭で、ふたりがユニオン駅へと入っていく瞬間、画面の右側に駅員らしき人物が映し出される。駅に入ってゆく人々を監視している男は、空気のようにそこに突っ立っているだけである。だが、この名もない男の存在こそ、この映画における究極のアレゴリー、すなわち法としてのアレゴリーなのではないだろうか。駅の職員とおぼしきこの男は、ホモセクシュアリティを見分けることも、それを駆除することもできず、ただそこに立っているだけである。『見知らぬ乗客』は、ふたりの男性の出会いに端を発する交換殺人の失敗についての物語を語りながら、法を逃れる社会的逸脱者としての男性同性愛者を表現する。ブルーノとガイの同一性を示唆することによって、冷戦下における「ラベンダーの恐怖」の核心がホモセクシュアリティの不可視性と遍在性にあることを指し示す「ダブル・テクスト」としてこの映画はあるのだ。

レズビアニズムという犯罪──『ザ・プライス・オブ・ソルト』

第二次世界大戦後のアメリカ合衆国におけるホモセクシュアルな欲望を、女性同性愛者の側から描いたのが、ハイスミスの長編第二作となる『ザ・プライス・オブ・ソルト』である。長編第一作にあたる『見知らぬ乗客』を書き終えたハイスミスが、この小説の着想を得たのは、一九四八年末、ニューヨークに住んでいたころのことであったという。[*13] 当時、ハイスミスはコミック誌のためにストーリーを書いていたが、生活が苦しかったため百貨店ブルーミングデールズのおもちゃ売り場で短期の仕事を得る。そのときの出来事を題材に書き上げたのが後に『キャロル』と改題されることになる『ザ・プライス・オブ・ソルト』であった。ハッピーエンドで終わる数少ないレズビアン小説のひとつに数えられる『ザ・プライス・オブ・ソルト』であるが、この結末は、エージェントの助言に従ってハイスミスが変更したものであり、ハイスミスにとっては、実際には起こらなかったことの修復的な再演だったといえる。

一九五二年に出版されたこの小説をハイスミスは「クレア・モーガン」という名前で書いている。レズビアン小説作家というレッテルを避けるためであったとハイスミスは述べているが、レズビアンを「異常者」とみなす精神分析的言説が浸透し、同性愛者狩りが進行していた当時の歴史的状況にあっては、レズビアン・パルプなどで女性同性愛をテーマに小説を書いていた多くの女性作家たちも複数のペンネームを使い分けていた。この時期、ハイスミスは、エヴァ・クラインという精神分析家のもとで治療を開始しており、小説の執筆中も、自らの同性愛をなんとか治癒しようと苦しんでいた（ちなみに、ブルーミングデールズで短期の仕事を始めた理由も、精神分析による治療の費用を捻出するためであったという）。[*14]『ザ・プライス・オブ・ソルト』の作者であると同定されることを長年にわたって恐れていたハイスミスは、この小説をつねに過小評価し、自分が作者であることが露見するのを恐れていた。[*15]『ザ・プライス・オブ・ソルト』が『キャロル』となり、ハイスミスが作者として公に名乗り出る決心をしたのは、執筆から四〇年が経過した一九九〇年のことであり、レズビアンであることとの葛藤はハイスミスに生涯つきまとっていたといえる。

『ザ・プライス・オブ・ソルト』は、犯罪小説作家あるいはミステリー作家として知られるハイスミスが書いたもののうち、唯一殺人や死が起こらない小説ともいわれ、ときに、もっともハイスミスらしくないと評されもする作品である。[*16]だが、この小説にあって、犯罪行為を構成するのは、同性愛であり、同性愛的欲望なのである。文学者のテリー・キャッスルが指摘するように、この小説でレズビアニズムは「典型的なハイスミスのスリラー小説において殺人、ストーキング、恐喝、盗視や他の犯罪に関する比喩が果たしている役割と同じく、目の眩む、不安に満ちた、プロットを駆動させるような役割[*17]」を果たしているからである。

『ザ・プライス・オブ・ソルト』映画化のニュースを、多くのハイスミス・ファン（とりわけレズビアンの読者たち）は、大きな期待と不安をもって受け止めたはずである。『見知らぬ乗客』から「トム・リプリー」シリーズにいたるまで、ハイスミス作品は映画との親和性がきわめて高いが、『ザ・プライス・オブ・ソルト』は、レズビアン読者が、長らくその映画化を熱望してきた作品であった。監督のトッド・ヘインズは、ゲイとして、一九九〇年代からセクシュアリティをテーマにした数々の実験的映像作品を制作してきた作家である。ニュー・クィア・シネマの旗手として頭角を現した後、より大きな規模の予算の作品を手がける「メジャー」監督となったが、女性のセクシュアリティをメロドラマや女性映画への愛着とともにテーマ化し続けてきた。プロデューサーのクリスティーン・ヴァション、脚本のフィリス・ナジィ、キャロルの親友アビーを演じる女優のサラ・ポールソンなど、レズビアンであることを公にしている人々との協働作業に加え、レズビアンを観客として位置付けるその「呼びかけ」（アドレス）にこそこの映画のレズビアニズムはある。その意味で『キャロル』は、普遍的な恋愛映画などではなく、まぎれもないレズビアン映画なのである。その強度によって時間を遮断してしまうような「視線」の交換、未知の欲望をめぐる不安と困惑、妻や母親からの離脱にみる欲望の肯定など、この映画は徹底的にレズビアン的視線と欲望に貫かれている。「視点や演出といった形式的要素によって、レズビアンに固有のファンタジーを設定し、観客がこのファンタジーを共有するよう働きかける[*18]」この映画は、明らかにレズビアン映画としての固有性をもっているのだ。キャロルとテレーズの関係に投影される母

―娘の近親姦的関係性や、年上の能動的レズビアンによる若く無垢な少女の誘惑といったテーマにいたるまで、レズビアン映画表象の歴史をなぞるかのような『キャロル』は、レズビアン・ロマンスの系譜に連なる作品だといえる。

マッカーシズムとレズビアン・サブカルチャー

原作ではほとんど触れられていないが、映画版『キャロル』において前景化されるのは、一九五〇年代冷戦下のアメリカにおけるレズビアンをめぐる歴史的状況である。ヒッチコックの『見知らぬ乗客』が、ワシントンD.C.に設定を変え、その政治的含意を強調したように、『キャロル』もまた現在からの批評的な眼差しをもって、マッカーシー時代のアメリカにおけるレズビアニズムを歴史化する。制作と受容、アメリカの歴史と映画の歴史といったさまざまな位相において重層的にレズビアニズムを刻印するのがこの映画なのだ。

例えば、映画が始まってすぐ、テレーズ(ルーニー・マーラ)がおもちゃ売り場で準備をしているのと同時に、開店を告げる館内放送が聞こえてくる場面がある。小説では一切触れられることのない「アイゼンハワー大統領」に言及するその館内放送は、この映画の背景に冷戦があり、「赤の恐怖」と「ラベンダーの恐怖」があることを即座に喚起する。一九五三年には、アイゼンハワーによる大統領令一〇四五〇によってトゥルーマンの連邦政府職員忠誠審査令はさらに拡大され、政治的忠誠のみならず、より広範な性格と適性とが雇用の条件に含み入れられることになる。『キャロル』が描き出すのは、アメリカの歴史上初めて「性的倒錯者」として同性愛者が連邦政府から締め出される事態が進行していた時代のアメリカの姿なのである。

小説には登場しない「非米活動委員会」がさらにその歴史的状況を強調する。テレーズがバーを出て帰途につく際、「非米活動委員会は承知なのか?」と絡まれる場面である。下院の常任委員会のひとつであったこの委員会が、同性愛者を含む「非アメリカ的」活動(An-American Activities)に従事する者たちを取り締まる主要機関であったことはいうまでもない。だが、「非米活動委員会」という言葉がテレーズに向かって発せられるのが、キャロル(ケイト・ブランシェット)との関係が始まるはるか以前のことである点は示唆的である。また、テレーズとの関係を暴露されたキャロルが心理療法に通わされるなど、当時の精神医学の言説によるレズビアニズムの病理化が作品のなかに取り込まれているのである。

その一方で、同性愛者への過酷な迫害だけが、当時の同性愛者を取り巻く状況ではなかったこともこの映画は描いている。例えば、キャロルのプレゼントを買いにテレーズが立ち寄るレコード・ショップにいる、ブッチ・フェムのカップルを見てみよう。一九五〇年代は、若いレズビアンや労働者階級のレズビアンたちの間に、ブッチ・フェムと呼ばれるスタイルが一般化した時代である[*19]。それは、単なる役割分担ではなく、男性性や女性性というジェンダー表現に関する自己表象のひとつのかたちであり、美学であり、ふたりの女性の間で交わされるコミュニケーションでもある。同性愛者が迫害されたこの時代にあって「ブッチ/フェム役割に徹することによってレズビアンは、自分たちは共通の文化の一員だと感ずることができた」のだとフェダマンは語る[*20]。テレーズがブッチ・フェムのカップルに遭遇して浮かべる戸惑いの表情は、階級化されたレズビアニズムの自己様式化と公的な場での可視性への欲求に対する彼女の両義的な感情を表現しているのではないだろうか。キャリー・ブラウンスタイン演じるジュヌヴィエーヴがテレーズに向ける視線とスタイルもまた、ニューヨークにおけるグリニッジ・ヴィレッジ的レズビアン・サブカルチャーの存在を物語るものだ。

同性愛者への迫害が日に日に強まっていく政治的状況、レズビアニズムの病理化と治療、ブッチ・フェムといった文化実践などを幾重にも織り込んだ『キャロル』は、一九五〇年代アメリカにおけるレズビアンをめぐるさまざまな位相を現在の視点から炙り出していく。そうした現在からの視点は、ときに挿入される物語世界の人物とは関係のない視点から撮られたショットによって見事に具現化されている。少し離れた地点から、映画のなりゆきを眺める奇妙な視点の存在は、批評的な距離をもって『キャロル』を歴史化する現在を示しているのではないだろうか。

おわりに

一九九〇年前後に登場したクィア理論は、短期間のうちにいくつもの「転回」(ターン)を経てきた。ジェンダーとセクシュアリティそのものを議論の核に据えてきた萌芽期から、クィアを時間性や歴史性の問題として捉える時間論的転回、そしてレオ・ベルサーニの反社会的、反関係的なセクシュアリティ理論に端を発する「反社会性」そして「クィアな否定性」に関する理論的展開などが、それである。反社会性、反関係性、否定性としてのクィアネスについて論じるレオ・ベルサーニ、リー・エーデルマンらの精神分析と美学に依拠した「アンチ」プロジェクトは、アメリカ社会の現実とどれだけ接点があるのかという批判を招いてもきた。ホセ・ムニョスが的確に指摘するように、反関係論的展開は、あたかもその関係性への抵抗が、人種やジェンダーがセクシュアリティととり結ぶ関係性への抵抗であるかのような側面を強くもっており、ベルサーニやエーデルマンの著作においては、セクシュアリティが至高の存在として、その純粋性を高度な抽象性のなかに保っているように見える。[*21] ジャック・ハルバシュタムもまた、反関係性の、あるいは否定性のアーカイヴが、ゲイかつ男性中心主義的なきわめて限定的なアーカイヴであることを批判し、もうひとつの異なる否定性の系譜を代表する作家のひとりにパトリシア・ハイスミスを位置づける。[*22] ゲイ男性的アーカイヴが、倦怠や退屈、無関心といった情動的反応によって特徴づけられるのに対し、ハイスミスが属するのは、怒りや、不躾さ、悪意や、率直さなどを特徴とする不規則的で粗暴なアーカイヴである。だが、実際には『見知らぬ乗客』、『キャロル』といったハイスミスの小説に見られる否定性は、家族主義批判や、子どもの形象に投影された未来主義批判に近いものであるようにも見える。さらに、それらの作品に横溢するミソジニーや他の作品に散見される人種主義的偏見はむしろハイスミス作品とゲイ男性的アーカイヴとの強い近親性を感じさせるものである。ハイスミスを原作とする映画にあって、一見、社会的逸脱は規制され、管理されているように見える。だが、そこに描かれているのは、逸脱する主体を規制、禁止しつつ、産出する法が、究極的にはその主体の逸脱を見逃し、取り逃がす事態であり、法の失敗ともいえるものである。社会的逸脱者としての性的逸脱者を描き出すことによって法の失敗を描く『見知らぬ乗客』と『キャロル』には、そうした意味での、反社会性と否定性のクィアネスを読み取ることができるのではないだろうか。

註

＊1 岡野八代『法の政治学――法と政治とフェミニズム』青土社、二〇〇二年。

＊2 Jonathan Goldberg, *Strangers on a Train* (Vancouver : Arsenal Pulp Press, 2012).

＊3 Vito Russo, *The Celluloid Closet: Homosexuality in the Movies* (New York: Harper & Row, 1981), p. 94.

＊4 例えば批評家のロビン・ウッドは、『見知らぬ乗客』、『殺人！』、『ロープ』、『疑惑の影』といったゲイが登場するとされるヒッチコック作品を論じ、次のように述べている。「だが、実際のところ、ヒッチコックにおけるゲイの登場人物とは誰のことなのか。しばしば性急にそう主張されるよりも、ゲイだと断定することはかなり困難なことのようにわたしには思われる。先に述べたように、ゲイだとの主張は、その多くがホモセクシュアルに関する異性愛主義的神話に依拠しているのだ。問題をきわめて複雑にしているのは、一九六〇年代になるまで、ハリウッド映画におけるホモセクシュアルの存在を公的に認めることさえ不可能であったという事情である。その結果、ホモセクシュアリティは、控えめにコード化されなければならず、大胆にそれをコード化してしまったとしても、周知のように曖昧さと、不確実性を生み出していたのである」Robin Wood, *Hitchcock's Films Revisited* (New York: Columbia University Press, 2002), pp. 345–346.

＊5 Robert J. Corber, "Hitchcock's Washington: Spectatorship, Ideology, and the 'Homosexual Menace,' in *Strangers on a Train*...," *Hitchcock's America*, ed., Jonathan Freedman and Richard Millington (Oxford: Oxford University Press, 1999), pp. 99–121.

＊6 David K. Johnson, *The Lavender Scare: The Cold War Persecution of Gays and Lesbians in the Federal Government* (Chicag: The University of Chicago Press, 2004); Shibusawa Naoko, "The Lavender Scare and Empire: Rethinking Cold War Antigay Politics," *Diplomatic History* 36:4 (2012), pp. 723–752.

＊7 例えば、ゲイル・ルービンは「一九五〇年代に、アメリカ合衆国ではセクシュアリティの編成が大きく変化した」と述べている。ゲイル・ルービン「性を考える――セクシュアリティの政治に関するラディカルな理論のための覚書」河口和也訳、『現代思想』二五巻六号、一九九七年五月臨時増刊号、九六頁。

＊8 リリアン・フェダマン『レスビアンの歴史』富岡明美・原美奈子訳、筑摩書房、一九九六年、一六四頁。

＊9 Johnson, *The Lavender Scare*.

＊10 Jennifer Terry, *An American Obsession: Science, Medicine, and Homosexuality in Modern Society* (Chicago: The

University of Chicago Press, 1999), p. 348.

*11 John D'Emilio and Estelle B. Freedman, *Intimate Matters: A History of Sexuality in America* (Chicago: The University of Chicago Press, 2012); Johnson, *The Lavender Scare*, p. 56; Terry, *An American Obsession*.

*12 Craig Owens, *Beyond Recognition: Representation, Power, and Culture* (Berkeley, Los Angeles, and London: University of California Press, 1992), p. 53.

*13 パトリシア・ハイスミス「あとがき」、『キャロル』柿沼瑛子訳、河出書房新社、二〇一六年、四二二頁。

*14 Andrew Wilson, *Beautiful Shadow: A Life of Patricia Highsmith* (New York: Bloomsbury, 2003).

*15 Joan Schenkar, *The Talented Miss Highsmith: The Secret Life and Serious Art of Patricia Highsmith* (New York: St. Martin's Press, 2009).

*16 一九六七年の『ヴェネツィアで消えた男』においては、厳密にいえば殺人が起こらないものの、女性登場人物は自殺する。『殺人者の烙印』でも直接的な殺人は起こらないものの、自殺を教唆する行動および人物が描かれている。

*17 Terry Castle, "Love on the Run," *Bookforum*, June/July/Aug 2016. (http://www.bookforum.com/inprint/023_02/16051). 二〇二三年三月一日アクセス。

*18 Patricia White, "Sketchy Lesbians: *Carol* as History and Fantasy," *Film Quarterly* 69:2 (2015), p. 11.

*19 中流、上流階級で比較的高い年齢層のレズビアンは、こうしたスタイルを好まず、女性同士の関係を可視化することに抵抗があったとされる。そうした女性たちはより広い世界と交友関係のなかで行動しなければならず、「レズビアン・サブカルチャーの外で、その習慣や規則に縛られることなく自由に暮らすことができ、特に自分をレズビアンだと断定する必要もあまりなかった」からだとフェダマンは述べている（フェダマン『レズビアンの歴史』二〇八頁）。もっとも、同性愛者狩りが猛威を振るう時代に、仕事をもっていた女性たちの多くが、レズビアンであることが露見するのを恐れたのは当然であろう。レズビアン・バーを中心に一九五〇年代、六〇年代に展開されたブッチ・フェム・カルチャーについてはフェダマンのほかにもジョアン・ネッスル、ケネディとデイヴィス、エスタ・ニュートンらによる豊かな歴史的記述の実践がある。Joan Nestle, *A restricted country* (San Francisco: Cleis Press, 2003); Elizabeth Lapovsky Kennedy and Madeline D. Davis, *Boots of Leather, Slippers of Gold: The History of a Lesbian Community* (New York and London: Routledge, 1993/2014); Esther Newton, *My Butch Career: A Memoir* (Durham and London: Duke University Press, 2018).

＊20　フェダマン『レスビアンの歴史』、一九六頁。

＊21　José Esteban Muñoz, "Thinking beyond Antirelationality and Antiutopianism in Queer Critique," *PMLA* 121:3 (2006), pp. 825–826.

＊22　Jack Halberstam, "The Politics of Negativity in Recent Queer Theory," *PMLA* 121:3 (2006), pp. 823–824.

ヘプバーンの脆弱さと自由──『ローマの休日』から『噂の二人』へ

──「わたしたちのスター」──反一九五〇年代的ヘプバーン

マリリン・モンロー、ジェーン・ラッセル、ラナ・ターナー、エヴァ・ガードナー、エリザベス・テイラー。肉感的でグラマラスな女優スター全盛期の一九五〇年代にあって、グレース・ケリーとともに異彩を放っていたのが、オードリー・ヘプバーンである。

スコットランドの詩人で小説家のアリソン・フェルは、一九五〇年代の少女期を振り返って「フェミニニティ（女性性／女性らしさ）を目指すことは、エヴェレスト山に登るのを想像するようなものだった」と語っている。そして、砂時計のようなからだの女優たちのなかで、「ヘプバーンだけが望みをくれた」のだと。[*1] アメリカに生まれ育った俳優のエリザベス・ウィルソンは、大きな胸の谷間の豊かな肉体を持つ女優たちのようにはとうていなれそうになかったし、かといって、ヘプバーンのようになれるわけでもないのだけれど、と前置きしながら言う。「少なくとも彼女は、別のあり方を示してくれた」。[*2] フェミニスト批評家のモリー・ハスケルにいわせれば、ヘプバーンを「わたしたちのスター」ならしめたのは、その「男ウケしない魅力」であった。[*3]

過剰に性化された女性性に抵抗するヘプバーンの反五〇年代的身体を特徴づけるのは、少年性や未成熟さである。実際、当時の雑誌や映画評を見てみると、少年らしさを意味する言葉（「boyish」、「gamine」、「tomboy」）が頻出するし、監督のジョージ・キューカーは、『パリの恋人』（一九五七）でフレッド・アステアがそう歌ったように、ヘプバーンを主演に『ピーター・パン』の映画化を計画していたほどである。男性的なのではなく、あくまでも少年のような女性性こそが、ヘプバーンのスター性であり、この少年のような少女を支持していたのは、なんといっても女性たちであった。[*4]

『ローマの休日』は、まさしくそんな少年のような少女の冒険譚である。パンプスをぬいでこっそりふくらはぎを掻いてみたり、ネグリジェではなくパジャマを着たくてしょうがないおてんば娘の王女アンは、夜中に寝室を抜け出し、ローマの街へと繰り出す。長い髪をバッサリ切ってショートカットにしたアンは視覚的にも少年と化する。新聞記者ジョー（グレゴリー・ペック）とのキスシーンでは、まるでネクタイをした男装の少女のようだ。スクーターを乗り回し、乱闘で酒瓶を振り回し、海に飛び込む王女の許されぬ恋とは、おてんば娘が一日だけ手にすることのできた自由の分け前なのである。

『パリの恋人』のヘプバーンは、フレッド・アステア演じるディック・エブリーから木のようにやせっぽっちとからかわれ、その名もまさしく少年風のジョーを演じる。地味な古本屋の店番からモデルへと変身するその過程でも、少年のようなヘプバーンが顔を出す。パリのカフェで、ポニーテールに髪をキリッと詰め、黒のパンツ、タートルネック、ローファーという飾り気のないいでたちで、勢いよくボヘミアン・ダンスを踊り出すあの場面である。「自分の国では、男性が女性をダンスに誘うのが流儀なんでね」というエブリーを「あら、石器時代のひとなのね」と皮肉るジョー。「ここでは自由に物事を考えるの。女性が男性と踊りたかったら、女性がそう言うわ」。男性をダンスに誘ったことがあるのかとエブリーに聞かれれば、答えはこうだ。「そろそろわかったほうがいいんじゃない？　ダンスっていうのは、表現や解放のひとつのかたちなのよ。形式的だったり、キュートだったりする必要なんてない。わたしも、なんだか、自分を表現したくなってきたわ」

赤い電球がぼんやりと光を放つ暗い地下で、白いソックスが動き回っている。コミカルで大げさで、それでいてしなやかな躍動感に溢れるこのダンスシーンは、ヘプバーンの個性と身体性が見事に凝縮された映画最大の見せ場であり、稀代のダンサー・アステアの、あるいはアステアとヘプバーンによるいかなるダンス・ナンバーをも凌駕する圧倒的な存在感を放つ。ところが最後には、「自由に考えようとする」反抗的な娘がなぜか父親ほども年の離れたエブリーと恋に落ち、ウェディングドレスのハッピーエンドを迎えてしまうのだ。

このパターンは、『パリの恋人』（アステアとヘプバーンの年齢差は三〇歳）に限った話ではない。『ローマの休日』のグレゴリー・ペックとは一三歳差だが、『麗しのサブリナ』（一九五四）のハンフリー・ボガートとの年齢差は三〇歳、『戦争と平和』（一九五六）のヘンリー・フォンダとは二四歳、『昼下りの情事』（一九五七）のゲイリー・クーパーが二八歳、『シャレード』（一九六三）のケーリー・グラントが二五歳（役の年齢ではなく、すべて俳優の実年齢の差）。年の離れた男性スターとヘプバーンの組み合わせは、自分はどれだけ老いても女性は若いほうが好きな男性幻想の産物なのだろうか。それとも、脱性化されたヘプバーンはいつまでも「父の娘」でいなければならないのか。

例えば、『麗しのサブリナ』でボガートが演じるのは、富豪ララビー家の長男で、実直さだけが取り柄のライナスである。サブリナ（ヘプバーン）が最初に恋に落ちるのは、社交的なプレーボーイの次男デイヴィッド（ウィリアム・ホールデン）なのだが、映画の冒頭、木に登って華やかなパーティーを盗み見たり、豪奢な室内テニスコートで女性とシャンパンを飲むデイヴィッドを窓から覗き込んだりするサブリナの行為からは、彼女のデイヴィッドに対する欲望が、彼を取り巻く生活や環境への欲望でもあることがわかる。欲望の対象が、デイヴィッドからライナスへと移行することは、ララビー家の運転手の娘であるサブリナにとって、上昇移動を意味している。ララビー家の跡取り息子であるライナスは、弟よりはるかに有能で信用もあるやり手のビジネスマンなのだ。もちろん、サブリナは、そんなことを意図的に計画する野心家ではない。彼女は、どんなに階級の階段を上ろうとも、自分が最初に属していた世界の住人との絆を決して失わない心優しい娘なのだ。サブリナがより良い生活や快適な生活を夢見ることはいけないことなのだろうか？

『昼下りの情事』で探偵の娘アリアンヌを演じるヘプバーンが恋に落ちるのは、世界中に恋人をもつ億万長者フラナガン（ゲイリー・クーパー）である。「おやせさん」のアリアンヌを気に入り、ちょっかいをかけてみたりするフラナガンだが、一年後パリに戻ってみると、彼女のことなど全く覚えていない。『麗しのサブリナ』と同じように、先に恋に落ちてしまうのはヘプバーンのほうである。そして、『麗しのサブリナ』と同じように、彼女が恋しているのは、フラナガンその人なのか、それとも世界中を旅して暮らし、一流ホテルで優雅な時間を過ごすこの老紳士が体現する世界なのかははっきりとしない。この映画でも、富は教養と洗練、さらには自由へと結びついており、フラナガンへの欲望と社会的上昇への欲望が重ね合わされているからだ。

語りのレベルで考えるならば、たしかに『パリの恋人』、『麗しのサブリナ』、『昼下りの情事』における年の差カップルは、若き女性に富や社会的地位を約束するかもしれない。だが、ロラン・バルトが「出来事」と呼んだ、あのヘプバーンの顔に刻印された固有の実在性は、それ以上のものを映画にもたらしている。ヘプバーンの恋人を演じたフレッド・アステア、ハンフリー・ボガート、ゲイリー・クーパーはそれぞれに、アメリカの理想の男性性を体現するスターであった。洗練された紳士で天上のダンサーであるアステア、フィルム・ノワールやギャング映画のニヒルなヒーローとしてのボギー、「気が遠くなるほど美しい」といわれた寡黙な美男子クーパー。だが、彼らは最盛期をとおに過ぎ、その栄光に包まれたスターダムが過去のものになりつつあるスターでもあった。ビリー・ワイルダーは『麗しのサブリナ』でヘプバーンと一緒のボガートをクロースアップで撮ることを極力避け、その必要があるときには、ボガートを背後から、ヘプバーンを正面から捉えた（室内テニスコートでふたりが踊る場面を思い出してほしい）。離れた位置からふたりの抱擁をロングショットで捉えるラストは、ハリウッド式ハッピーエンディングの掟破りである。『パリの恋人』で、ヘプバーンの若さと比較されることを恐れ、そのロマンスに信憑性がないことを危惧していたアステアは、撮影現場で苛立ちを隠さず、ヘプバーンやスタッフにあたりちらし、ダンスシーンでは何度もダメ出しをして、彼女を叱責（しっせき）したという。[*5]『昼下りの情事』のビリー・ワイルダーが、クーパーの老いが目立たぬよう凝らした工夫には、ミディアムショットやロングショットの多用はもちろんのこと、カーテン越しのショットや、抱擁時には背後からクーパーを捉えるカメラの動きが含まれる。数少ないクロースアップでも、暗い影に覆われたその顔はほとんど見えないほどだ。ラストのラブシーンは、そうしたさまざまな工夫の集大成である。

オードリー・ヘプバーンは、気品と洗練とともに、脆さと繊細さを合わせもったスターであった。とりわけ彼女が一九五〇年代に演じたのは、その大胆で、ユーモアに溢れた、溌剌とした明るさと表裏一体の不安、臆病さ、内気さを抱えた若き女性たちである（眉間にしわを寄せて顔をかすかにしかめるあの表情を思い出してほしい）。ヘプバーンの脆さや傷つきやすさは、「落ち目の」大スターたちの老いを残酷に引き出すのではなく、その焦燥感や弱さを繊細に引き出し、彼らが過去に体現してきた男性性とは全く異なる種類の男性性の表現を可能にしたのである。『シャレード』で共演した年長のケーリー・グラントと一緒に仕事をする喜びについて彼女はこう語った。「彼はとても傷つきやすく、そしてわたしの傷つきやすさにも気づいていた。それがわたしたちの共通点だった」[*6]。ヘプバーンは老いゆく男性スターに自らの脆弱さを見出していた。そして、彼らの脆弱さに自ら脆弱さを重ね、互いに寄り添っていたのが、反一九五〇年代的な「わたしたちのスター」、ヘプバーンだったのである。

『噂の二人』――悲劇のレズビアン映画を読み直す

ヘプバーンが体現した少年的な少女性は、そのファッションと深く結びついていた。ボーイッシュとエレガンスの共存するヘプバーンに固有の「ルック」は、『麗しのサブリナ』以降に始まるフランスのデザイナー、ユベール・ド・ジバンシィとの友情と協働作業から生み出されたことはよく知られている。だが、ファッション・アイコンであるヘプバーンが、ファッションに頼ることなく主演した映画、それがウィリアム・ワイラー監督作品『噂の二人』である。[*7]

リリアン・ヘルマンの戯曲『子供の時間』を原作とするこの映画は、学生時代からの親友であるカレン・ライト（ヘプバーン）とマーサ・ドビー（シャーリー・マクレーン）がふたりで営む寄宿舎が舞台である。経営がなんとか軌道に乗りはじめた矢先、子どものウソによって、ふたりは恋人同士であるという噂が広まる。寄宿舎からは子どもの姿が消え、カレンは恋人との婚約を解消し、マーサは自死してしまうこの映画は、その後数多く生まれる悲劇のレズビアン映画表象の原型ともいわれる。[*8] ワイラーの伝記作家は、「「ライト」な女優であり、コメディエンヌであったヘプバーンとマクレーンをこの映画の「ヘヴィな」役にキャスティングすることによって、ワイラーはプロットのもつメロドラマティックな傾向を緩和した」と述べているが、マクレーンとともにヘプバーンのパフォーマンスはいつもの軽妙さからは程遠い重みのあるものであった。[*9]

一見、この映画でレズビアニズムの負荷を負っているのはマーサだけである。カレンのボーイフレンドに嫉妬し、子どもの言ったことは真実なのだと告白し、最後に自らの命を絶ってしまうのはたしかにマーサである。だが、カレンに対する欲望を認めた後にふたりの未来を諦めてしまうマーサから、カレンへと焦点を移してみれば、この映画は悲劇のレズビアン映画であるどころか、未来のレズビアン的可能性をもった映画であることがわかる。

婚約者のジョー（ジェームズ・ガーナー）が自分たちの関係を疑っていたことを知ったカレンは、彼と別れ、一緒に旅立とうとマーサを誘う。噂になってしまった自分たちにはもう行き場がないのだから、ジョーのもとへ帰れと促すマーサにカレンはこう語る。「同じ罪を宣告された人はこれまでにたくさんいるわ」。自らその「罪」を選択した人たちと自分たちの間には大きな違いがあると反論するマーサがカレンに告白するのはそのときである。自分はみんなが言っているような意味で、あなたを愛しているのだと。そして、一七歳で知り合ってからずっとそうしてあなたを愛してきたのだと。

だが、マーサの告白に対して、カレンは過去に迫害されたレズビアンを引き合いに出しながら、自分たちの「罪」など何も新しいものではないと言い放つ。それはカレンが過去のレズビアンと連帯し、同一化する「レズビアン的瞬間」である。「わたしもあなたを愛している」と語るカレンの愛は、マーサのレズビアン的欲望からくる愛とは異なっているかもしれない。だが映画のなかで、カレンはふたつの愛をあえて区別しない。マーサの愛と自分の愛の違いについて詮索せず、彼女の愛を受け入れるカレンは、どんなに隣人たちから疎外され、迫害され、孤立しようとも、一貫した態度で、マーサとともに生きていこうとする。（ホモフォビックな）自己嫌悪と罪悪感に打ちひしがれるマーサを拒絶するのがカレンであり、ふたりで生きていく未来に対する強固な意志と自信をもったこの人物をヘプバーンは静かに演じる。

「わたしはどこかへ行って、やり直すつもり」、と一人称で語るカレンの言葉は、それが自分自身の選択であることを示している。そして、少し間をおいて、マーサにこう尋ねるのだ。「一緒に来てくれない？」と。「わたし」自身が生きていくために、カレンはマーサを必要としているのだ。マーサのほうは、ふたりで生きていく未来など到底想像することができない。カレンとジョーとの関係に嫉妬していた自分から、一七歳でカレンと出会った自分へと、すなわち、現在から過去に遡ってゆくことによって、マーサは自らのレズビアン的欲望と主体性をひたすら回顧的に構築する。そして、未来にその居場所を見出せないマーサは、現在に終止符を打つという選択をする。

映画のラストで、棺に向かって「あなたがいなくて本当に寂しい」と語りかけたカレンは、マーサの年老いた叔母を車まで送っていったあと、元恋人や葬儀に集まってきた人々には一顧だにせず、胸を張って歩き去ってゆく。ここで、同じくウィリアム・ワイラーが監督した『ローマの休日』を思い出してもらいたい。夜中に宮殿を抜け出したヘプバーンは、自ら決断し、実行した脱走によって獲得した自由を満喫する。だが、最後に王女は、祖国への義務と忠誠を選択し、その自由を手放してしまうのだ。『噂の二人』のヘプバーンは違う。王女のように悲しみを押し殺した笑顔を振りまくこともなく、堂々と上を向き、真正面をぐっと見据えて大股で歩いてゆく。規範や慣習に殉じることなく、自らの自由を選択し、自らの生を生きていく女性として。そこにわたしたちは、マーサの死が象徴する悲劇のレズビアンではなく、ホモフォビアに屈せず、愛する女性との未来を想像したひとりの女性の抵抗を見る。それは、『ローマの休日』でつかみ損ねた自由を取り戻そうとするヘプバーンの姿である。

註

＊1 Allison Hell, “Rebel with a Cause,” in *Truth, Dare or Promise: Girls Growing UP in the Fifties*, ed., Liz Heron (London:Vergo, 1985), pp. 18–19.

＊2 Elizabeth Wilson, “Audrey Hepburn: Fashion, Film, and the 50s,” in *Women and Film: A Sight and Sound Reader*, ed., Pam Cook and Philip Dodd (London: Scarlet Press, 1993), p. 36.

＊3 さらにハスケルは友人が語ったという興味深いエピソードを紹介している。それによれば、陸軍の駐屯地で『サブリナ』が上映された際、兵士たちには、ヘプバーンよりも「曲線美のマーサ・ハイヤー（次男デイヴィッドの婚約者役）のほうが人気であった」という。Molly Haskell, “Our Faire Lady,” *Film Comment* 27:2 (1991), p. 10.

*4 一九五〇年代、六〇年代にイギリスで育ったヘプバーンのファンたちにインタビュー調査をおこない、そのスターダムが彼女たちにとってどのような意味をもっていたのかを分析した研究によっても同様の指摘がなされている。Rachel Moseley, *Growing Up with Audrey Hepburn* (Manchester and New York: Manchester University Press, 2002). 本書には邦訳がある。レイチェル・モーズリー『オードリーの魅力をさぐる——真の女性らしさとは』黒川由美、東京書籍、二〇〇五年。

*5 Donald Spoto, *Enchantment: The Life of Audrey Hepburn* (New York: Harmony Books, 2006), p. 145.

*6 Spoto, *Enchantment*, p. 227. モリー・ハスケルもまた、官能的な女性とのペアでは滑稽に見えたであろうかつての大スターたちが、ヘプバーンによって、映画のキャラクターとしても、そしてまた下り坂のスターとしてもロマンティックに救ってもらえたのだと述べている。Haskell, "Our Faire Lady," p. 14.

*7 『噂の二人』は、一九三四年から始まった自主検閲制度であるプロダクション・コード（あるいはヘイズ・コード）で最後まで残っていた（実質的にはホモセクシュアリティを指す）「性的倒錯」のルールを緩和させるのに大きな役割を果たした。ヘイズ・コードへの製作者側の反発と映画製作配給業者協会（後のＭＰＡＡ）との攻防については以下を参照されたい。Vito Russo, *The Celluloid Closet: Homosexuality in the Movies* (New York: Harper & Row, 1981).

*8 ウィリアム・ワイラーはヘルマン原作の『子供の時間』を二度映画化しているが、一作目『この三人』（一九三六）では、レズビアニズムがほとんど描かれていない。『噂の二人』では（その名を語ることなく）レズビアニズムを取り上げているものの、マクレーンは、ヘイズ・コードにひっかかることを恐れたワイラーが最終的にレズビアニズムをより直接的に描写したシーンのいくつかをカットしてしまったと非難している。これに抗議してマクレーンはワイラーに直談判したが、とりあってもらえなかったという。ちなみに、ヘプバーンも自分の意見に賛同していたとマクレーンはインタビューに答えている。Russo, *The Celluloid Closet*, p. 140.

*9 Michael A. Anderegg, *William Wyler* (Boston: Twayne Publishers, 1979), p. 53.

ジュディ・ガーランドを愛するということ――キャンプ、ドラァグ、フェミニズム

集合的アイデンティティの中心

地下鉄の全車両に貼られたハート形をしたレインボー・カラーのステッカー。消防署や警察署にはためくレインボー・フラッグ。ニューヨーク公共図書館での「愛と抵抗」展とドラァグ・パフォーマンス。二〇一九年のニューヨークには、ストーンウォール蜂起五〇周年を記念するイベントやデモンストレーションが溢れていた。

ストーンウォール蜂起とは、一九六九年六月二七日（二八日の未明）、ゲイ・バーに集まっていたトランスジェンダー、ゲイ、レズビアン、ドラァグクィーンを含む客が、度重なる警察の嫌がらせをもはや受け入れないことを示して、怒りを爆発させた、近代ゲイ解放運動のターニングポイントとされる出来事である。彼女たちは、この蜂起の舞台となったゲイ・バー「ストーンウォール・イン」に籠城し、応援にかけつけてきた仲間たちとともに三日間にわたって警察に応戦したのであった。世界各地でLGBTプライド・パレードが六月に開催されるのも、この出来事に敬意を表し、連帯の意思を示して

のことである。もっとも、ストーンウォール蜂起はゲイ解放運動の出発点だったわけではなく、それ以前からさまざまなかたちでアクティヴィストが積み重ねてきた解放運動のうねりが最大限に可視化された瞬間にすぎない。

ストーンウォール蜂起がなぜ一九六九年の六月二七日に起こったかについては諸説あるが、LGBTコミュニティで広く流布し、語り継がれてきた話によれば、その原因はジュディ・ガーランドにある。幼い頃から舞台に立ち、一三歳でMGM（メトロ・ゴールドウィン・メイヤー）の女優となったガーランドがロンドンの住居で催眠薬の過剰摂取によりその生涯を閉じたのは一九六九年六月二二日のことである。四七歳であった。六月二六日から二七日にかけてニューヨーク市内でおこなわれた葬儀に参列した二万二〇〇〇人のなかには、ガーランドを心から愛し、その死を痛切に悼んだゲイ男性たちが多数含まれていた。ストーンウォール蜂起がガーランドの死によって引き起こされたとする話にたしかな証拠などあるはずもなく、現在、ガーランド＝ストーンウォール蜂起説は伝説だということになっている。だが、蜂起の背後にガーランドの存在があると語り継がれてきたことこそが、クィア・コミュニティとガーランドとの深い関係を象徴しているのである。それが事実かどうかではなく、蜂起の起源として語り継がれるガーランドこそが重要なのだ。

「ゲイ・アイコン」としてガーランドほど愛されてきたスターはいない。メイ・ウェストも、ジョン・クロフォードも、ベティ・デイヴィスも、バーバラ・ストライサンドも、ベッド・ミドラーも、シェールも、マドンナもそれぞれに固有のアピールをもつゲイ・アイコンだが、それでもやはりガーランドの存在は特別である。映画だけでなく、一九六一年、ニューヨークのカーネギー・ホールをはじめ、ロンドン、アムステルダム、コペンハーゲンといった都市でのコンサートでもゲイ観客がこぞって押しかけたことは複数の伝記が伝えるところだが、ガーランド自身、ゲイ・ファンについては十分に認識しており、自伝的な遺作『愛と歌の日々』(一九六三)では「わたしが死ぬときには、ファグ(ゲイを示すスラング)たちがファイアー・アイランド(ゲイに人気のリゾート地)で「虹の彼方に」を歌いながら半旗を掲げるのが目に見えるわ」(丸括弧は引用者による)と語っていたくらいである。

公演開始時間を大幅に過ぎてようやく姿を現したかと思えば、立っていることもままならず、歌もろくすっぽ覚えていないような落ちぶれたスターを、それでもゲイ観客は熱狂的に愛し、応援した。薬物とアルコールに依存しながら働き続け、仕事をしくじるばかりか、恋愛にも結婚にもしくじり続けたガーランドだが、どんなにどん底に落ちても、ガーランドは何度も何度もカムバックした。傷つきやすく、孤独で、いつも不安に苛まれつつも、傲慢で自己破壊的なこのスターのサバイバルに同一化したゲイ男性も少なくなかっただろう。一九五〇年代、六〇年代にガーランドへの愛を公にすることは、大きなリスクをともなうカミングアウト同然の行為であったが、ガーランドへの過剰な愛着はゲイ・コミュニティを創造する原動力であった。一九六〇年、ノッティンガムでガーランドのコンサートに行ったゲイ男性は、映画研究者リチャード・ダイアーへの手紙のなかでこう書いている。「熱気、生気、そしてわたしの経験したことのない感情のコミュニティがあったが、それは当時おそらくどこにも見つけられないようなものだった。まるで、ガーランドを見るためにわたしたちが集まってきたことで、一時的ではあっても、公的な場でゲイであることを許されたような気がした」[*1]。ゲイ・サブカルチャーとコミュニティがガーランドをゲイ・アイコンとして作り出しただけではなく、ガーランドがそれらを作り出したのだ。だからこそ、ゲイの文化や歴史を研究するデイヴィッド・ハルプリンはこう問うのだ。「男性ホモセクシュアリティが、セックスよりもむしろ文化のことであり、（ゲイ男性のジュディ・ガーランドへの愛によって象徴されるような）文化実践によって含意される感覚、感情、複雑な情動の組み合わせに関するものだとしたら?」[*2]。ゲイという個人的なアイデンティティが、集合的なアイデンティティへと、あるいはコミュニティへと接続される契機を作ったひとりがガーランドだった。

ゲイ・アイコンとしてのガーランドを語るうえで欠かせないのがドラァグとキャンプである。ドラァグはジェンダー（とその役割）を衣装、メーキャップ、言動などによって演じることであり、男性による女性のパフォーマンスもあれば（ドラァグクィーン）、女性による男性のパフォーマンス（ドラァグキング）もあり、ときに女性が女性を演じる（バイオクィーン）こともある。ゲイ・サブカルチャーで生まれ、発展してきたこの文化実践は、ときにジェンダーを誇張することによってパフォーマーと役割の距離を強調する。キャンプは、批評家のスーザン・ソンタグによる一九六四年のエッセイで広く知られるようになったが、やはりゲイ・サブカルチャーと深い繋がりをもち、表層性や誇張、演劇性を特徴とする美学、スタイル、感性を意味する概念である。[*3]『アウトレイジャス！』（Outrageous!, 一九七七）から現代のリアリティ番組『ル・ポールのドラァグ・レース』にいたるまで、ガーランドはドラァグの象徴的存在であり続けてきた。ホモセクシュアルであることの恥や葛藤をベースに、家父長制的な家族関係の不条理を揶揄するキャンプは、不調和と演劇性、ユーモアとアイロニーによって特徴づけられるクィア・カルチャーの美学であり、生き延びるための戦略でもある。女性性を誇張して演じるそのスタイルは、女性嫌悪であるとキャロル＝アン・タイラーやエレイン・ショーウォルターといったフェミニストたちによって批判されてもきた。もっともタイラーやショーウォルターが参照しているのは、主流映画における女装やドラァグクィーンの表象のみであり、実際のゲイ・サブカルチャーにおけるドラァグやキャンプが十分に参照されているとは言い難い。もちろん、女性を演じることが女性的なものへの敬意であるとは限らない。だが、少なくとも、クィアな美学や戦略としてのドラァグは、単に女性をからかうためのものではなく、女性性を演じることによって、ジェンダーの非本質性や、女性性と「女性身体」の乖離を暴く効果をもっている。喜劇的かつ過剰に演じられる女性性は、前ストーンウォール期のゲイ・サブカルチャーにおいて、クローゼット（性的指向や性自認を公にしていない状態を指す言葉）と女性化されたゲイのスティグマをあえて自己表象することによって、それらをコントロールする試みであった。

身体／ジェンダー規範に囲われて

たしかにドラァグやキャンプ（そしてキャンプとしてのドラァグ）はゲイ・サブカルチャーと強い結びつきをもち、その社会的可視性を劇的に表現してきた。だが、アイロニーとユーモアをもってジェンダーの構築性をパフォーマティヴに演じて見せるキャンプは、ジェンダーやセクシュアリティの規範性に関するフェミニスト批評ともなりうる。[*4]

長いキャリアを通じてガーランドは、自らの身体と葛藤し続けたスターであった。シャーリー・テンプルの代役として主演した『オズの魔法使』（一九三九）で大ブレイクしたガーランドであったが、MGMの実質上の最高権力者ルイス・B・メイヤーには「せむしっ子」や「ふとっちょ」と呼ばれ、その容姿をあげつらわれた。ＭＧＭの幹部や宣伝部も彼女の顔かたちはスターにふさわしくないと考え、メーキャップと撮影技術によって「スターらしい」外観を与えようと躍起になった。体重の増えやすかったガーランドに過酷なダイエットを命じ、長期間・長時間の撮影でハイな状態を維持するために、撮影所の複数の医師によってベンゼドリンやセコナールをはじめとするさまざまな薬が大量に処方された。こうしたハリウッド式ダイエット法を強制されたのは、ガーランドだけでなく、ほかの「太りやすい」女優も同様であったが、ガーランドの被ったダメージはことさら大きく、薬物とは生涯縁を切ることがなかった。スタジオによってコントロールされ続けたガーランドの身体は、やがて自身によってもコントロール不能になった。女性スターの規範にそぐわないガーランドの身体をめぐる苦闘は、たとえスターでなくても、ジェンダー規範に苦しんだり、違和感をもったことのある多くの女性にとってはなじみ深いものではないだろうか。ガーランドは彼女を取り囲んでいた世界の女性規範と何度も衝突し、「失敗」を繰り返した。

ＭＧＭ時代、その歌声を除いては、どこにでもいる普通の少女としてスターになったガーランドも、やがて子役から脱皮しなければならなくなった。ラナ・ターナーのようになりたいと望んだガーランドだったが、ターナーの体現するハリウッド的女性の理想像、あるいは「グラマー」とは明らかに異質な存在であった。だが、その異質性、反規範性こそがガーランドのボードヴィリアン（喜劇俳優）的身体とそのパフォーマンスを最高に輝かしいものにしたのである。『イースター・パレード』（一九四八）で、ボサボサの髪に無精髭、歯の欠けた浮浪者を生き生きと演じるガーランドは、同じ浮浪者役にもかかわらず気品と優雅さを捨て切れないフレッド・アステアと好対照をなしている。『踊る海賊』（一九四八）で、伝説の海賊マココに憧れる娘を演じたガーランドは、精彩を欠いたそれまでの状態からラストの場面で一変する。ジーン・ケリーとともに道化師に扮し、歌って踊るガーランドが体現する喜劇性は圧巻である。女性性を前景化させる必要のないこうした役柄において、ガーランドがその身体と表情によって醸し出す楽しさや喜び、ユーモアの感覚は、オフ・スクリーンの苦悩と反比例するかのように増幅された。

実際、ガーランドがゲイ・アイコンとなった理由にアンドロジニー（両性具有、中性性）を挙げる論者は少なくない。例えば、ダイアーは、ジェンダーとセクシュアリティの強調と消去というふたつの異なるやり方でガーランドが体現するアンドロジニーこそがゲイ男性にアピールする要素のひとつであるという。[*5] ジェンダーやセクシュアリティが強調されているのは、『イースター・パレード』や『サマー・ストック』（一九五〇）で黒のジャケット、タイツを身につけソフト帽を斜めに被って「ミスター・モノトニー」や「ゲット・ハッピー」のナンバーを披露するガーランドであり、消去されるのは、道化師や浮浪者を演じるガーランドだ。ただし、『スター誕生』（一九五四）での新聞売りの少年役などもそうだが、彼女のジェンダーやセクシュアリティは完全に消去されているのではない。アステアやケリーとの組み合わせによって男女一対のペアとなり、加えて口紅などのメーキャップによっても女性であることが示唆されているため、ジェンダーは決して不可視化されることはない。ガーランドのボードヴィリアン的身体性が垣間見せるのは、女性性の対極を演じることの可能性であり、ジェンダーの反転と境界の撹乱の可能性である。

ミソジニーとホモフォビアを超えて

ガーランドがゲイ・アイコンとなった理由とされるアンドロジニーやキャンプは、ゲイ男性だけでなく女性観客やレズビアン観客を惹きつける要素でもある。当時のハリウッド的女優規範から逸脱する身体とパフォーマンスによるアンドロジニーはフェミニスト・キャンプなのだ。そして、レズビアン観客を生成する要因としてのキャンプは、グレタ・ガルボ、キャサリン・ヘプバーン、マレーネ・ディートリッヒといったスターのパフォーマンスが歴史的に証明してきた通りである。伝記やその他の証言が伝えるガーランド自身のバイセクシュアリティだけでなく、彼女が表象する少年らしさやジェンダーの境界撹乱性がレズビアンのアイデンティティ形成に与える影響や、女性観客のうちに呼び起こす同一化と欲望の分かち難い結びつきを考えるならば、ガーランドのあり方は、レズビアン・キャンプと呼ぶのにふわさしい。とすれば、ミュージカルを「ゲイ男性によってゲイ男性のために作られたゲイ男性のテクスト」とみなすがきりにおいて可能になるガーランドのキャンプという読みは、女性やレズビアンを含めて再考されなければならない。[*6] ゲイとレズビアンのサブカルチャーはそれぞれ固有の形式や実践があり、ゲイ男性とレズビアン女性は（ときに重なり合いながら）それぞれ固有の観客層をなしている。だが、その断絶をことさら強調することで見えなくなることもある。例えば、ドラァグにはゲイ男性のミソジニーが存在すると一部のフェミニストが批判してきたのは先述した通りである。だが、同時に、ホモフォビアとミソジニーの結託を指摘してきたのも同じくフェミニストたちであった。クィア・コミュニティの「ジュディ主義（Judyism）」を支えるのは、そうしたアンチ・ホモフォビアとフェミニズムの連帯なのである。[*7]

ストーンウォール蜂起五〇周年を迎えた二〇一九年、美術批評家のダグラス・クリンプが亡くなった。ポストモダン批評を先導しただけでなく、ACT UPなどで活動するエイズ・アクティヴィストでもあったクリンプは、自らのゲイネスを批評活動と密接に結びつけ、アートとアクティヴィズムに線引きすることを断固として拒否し、HIV/AIDSという問題にアートで介入し続けた。そのクリンプが書いた「オネエさん、そのとおり！（Right On, Girlfriend!）」は、レズビアン・ゲイ映画研究の古典『セルロイド・クローゼット』の著者ヴィト・ルッソがエイズで亡くなったときの追悼文である。クリンプは、このエッセイをルッソのジュディ・ガーランドに対する愛について言及することで締め括る。「映画学者、大の映画ファン、クィア、アクティヴィスト、友人としてのヴィトの思い出にわたしたちが本気で敬意を払おうとするならば、これだけは忘れないでおこう。ヴィトがジュディを愛していたことを。そして、彼女への同一化がヴィトをクィアにしたのであって、ジュディをクィアにしたのではないということを」[*8]。クィアとして、クィア映画の研究に携わるわたしがいつも立ち戻るのは、クリンプのこの言葉である。

註

＊1　Richard Dyer, *Heavenly Bodies: Film Stars and Society* (London: McMillan, 1987), p. 145.
＊2　David M. Halperin, *How To Be Gay* (Cambridge, Mass: Belknap Press of Harvard University Press, 2014), p. 66.
＊3　ドラァグとキャンプについての初期の重要な論考には以下のものがある。Esther Newton, *Mother Camp: Female*

Impersonators in America (Chicago: The University of Chicago Press, 1972); Jack Babuscio, "Camp and the Gay Sensibility," in *Gays and Film*, ed., Richard Dyer (London: BFI, 1977); Andrew Ross, "Use of Camp," *Yale Journal of Criticism* 2:2 (1988); スーザン・ソンタグ「《キャンプ》についてのノート」、『反解釈』高橋康也訳、ちくま学芸文庫、一九九六年。

*4 フェミニスト・キャンプ論としては以下を参照されたい。Pamela Robertson, *Guilty Pleasures: Feminist Camp from Mae West to Madonna* (Durham and London: Duke University Press, 1996).

*5 Dyer, *Heavenly Bodies*, pp. 168–177.

*6 Jane Feuer, *The Hollywood Musical* (Bloomington: University of Indiana Press, 1993), p. 140. 同様にダイアーも、「ジュディ・ガーランドはレズビアン・サブカルチャーにおいてとりわけ重要な人物ではない」と述べている(Dyer, *Heavenly Bodies*, p. 142). レズビアン・アイコンあるいはレズビアン・キャンプとしてガーランドを論じる可能性を示唆するものとしては以下を参照されたい。Andrea Weiss, *Vampires and Violets: Lesbians in the Cinema* (London: Jonathan Cape, 1992); Ann Pellegrini, "Unnatural Affinities," Me and Judy at the Lesbian Bar," *Camera Obscura* 65, 22:2 (2007), pp. 127–132.

*7 ミソジニーとホモフォビアの関連について述べ、フェミニズムとゲイ・ポリティクスの共闘の可能性を模索したものとして以下を参照されたい。イヴ・K・セジウィック『男同士の絆——イギリス文学とホモソーシャルな欲望』上原早苗・亀澤美由紀訳、名古屋大学出版会、二〇〇一年。Craig Owens, "Outlaw: Gay Men in Feminism," in *Men in Feminism*, ed., Alice Jardine and Paul Smith (New York and London: Methuen, 1987), pp. 219–232.

*8 Douglas Crimp, "Right On, Girlfriend!" in *Fear of a Queer Planet: Queer Politics and Social Theory*, ed., Michael Warner (Minneapolis: University of Minnesota Press, 1993), p. 318. 以下の邦訳を参考に筆者が訳出した。ダグラス・クリンプ「オネエさん、そのとおり!」河口和也訳、『ユリイカ』二八巻一三号、一九九六年一一月号、二二六頁。

時間の映画——グザヴィエ・ドランのスローモーション

前進する時間に抗って

グザヴィエ・ドランの映画は時間の映画である。

もちろん、映画とはそもそも時間や運動と深く結びついた媒体であり、表象の形式である。最初期の映画理論ともいうべき一九一一年発表の『第七芸術宣言』において、リッチョット・カニュードが、映画を時間芸術（音楽、詩、舞踏）と空間芸術（建築、彫刻、絵画）とが統合された第七芸術であると定義したことを考えれば、時間の映画などという言い方には、目新しさもなければ、独自性もないと思われるかもしれない。だが、映画を時間の芸術とするとき、そこで想定されていたのは、何よりもまず、一定の方向に向かって進む流れとしての時間であり、また、始まりと終わりによって境界を定められた時間であった。多くの物語映画において、そうした時間的側面を体現するのは原因と結果というロジックであろう。運動をともなった表象の装置としての映画を考えてみても、そこには時間性が色濃く刻まれている。

ドランのすべての映画作品には、それがドランの手によるものであることがひと目でわかる特徴的なスタイル、まさしく「署名スタイル（signature style）」と呼ぶのにふさわしい固有の様式を見出すことができる。そして、ドランの署名スタイルはほぼ例外なく時間に関係したものである。

劇作家として成功した次男ルイ（ギャスパー・ウリエル）の一二年ぶりの帰郷をめぐる作品『たかが世界の終わり』（二〇一六）もまた、そのイメージや語りの構造において真のテーマが時間であることを示している。「一番の問題は、わたしたちが時間を恐れているっていうこと。あなたのくれる時間ね」と母親が息子に語りかけるとき、この恐怖の対象となる時間、ルイのみが差し出すことのできる時間とは、失われた一二年という歳月であるばかりでなく、ルイの不意の出現が家族に引き起こす困惑、歓喜、怒りの瞬間のことである。だが、最も時間を恐れてしかるべきなのはルイ本人である。彼が家族に会いに行くのは、自分には死が迫っており、残された時間がわずかしかないことを伝えるためだからである。

視覚化されない電話越しの相手に「そのこと」を伝えたのかを問われ、まだ着いて一時間しか経っていないのだからと言い訳し、腕時計をチラチラ見ながら時間と格闘するルイは、結局最後まで「そのこと」を家族に話すことができない。弟の突然の出現に苛立つ兄のアントワーヌ（ヴァンサン・カッセル）は、一二年ぶりの帰省にもかかわらず、ルイを追い立てるように空港に送っていくと言い張るのだが、それはあたかも、ルイの告白を避けることによって、すなわち、彼に残された時間を知ることを拒むことによって、弟に残された人生の時間を引き伸ばそうとしているかのようである。アントワーヌの妻のカトリーヌ（マリオン・コティヤール）は幻視者のごとくルイに尋ねる。「あとどのくらい？」と。彼に残された時間がわずかであることを彼女はすでに知っているのだ。

息子を愛し息子に愛されるというドラン映画に通底する母親像を具現するマルティーヌ（ナタリー・バイ）はどうだろうか。時間に怯える彼女もまた、ルイに残された時間がわずかであることを直感しており、息子が「もう戻らないつもり」でいることを知っている。家族への義務から解放され自由になりたい長男のアントワーヌの力になれるのはルイだけであり、アントワーヌはルイからの「許可」を求めているのだと語る母親に対し、自らの「家父長的責任」をルイは否定する。家を仕切るのに年齢は関係ないというマルティーヌだが、息子と抱擁し合った直後にルイの顔を見つめる彼女は、そこに「パパと同じ眼」を見出す。兄や妹の背中を押してやることを、勇気を与えてやることを要求するマルティーヌがルイに期待するのは、本人の言葉とは裏腹に父親的役割なのである。「夫と瓜ふたつ」の長女について語るカトリーヌといい、この映画の母親たちは、まるでクィア理論家のジャック・ハルバシュタムが論じた「世代的時間」を生きているかのようだ。[*1] だが、マルティーヌにとって、ルイは世代を繋ぐ存在としての息子であるよりも、むしろ夫の分身、いや夫そのものである。あるいは、『マイ・マザー』（二〇〇九）や『Mommy／マミー』（二〇一四）同様に、そこには明らかに近親姦的な愛情の発露が見出されよう。

ルイが生きるのは、世代的時間でも家族的時間でもない、複数の時間である。帰郷した彼が昔自分の部屋があった半地下の場所へ行き、埃を被ったマットレスの匂いをかいだ瞬間、画面はルイがそこに住んでいたころの場面に切り替わる。だが、このフラッシュバック「風」の場面は、セックスやドラッグの体験に彩られた無軌道な青春時代でも、また「初恋」や「初体験」と呼べるような甘い青春の思い出でもない。ただその記憶の中心に、ピエールという少年がおり、明け方になって窓から出てゆく彼が、顔を正面に向けたまま後ろ向きに遠ざかってゆく姿があるだけだ。フラッシュバックではなくフラッシュバック「風」と書いたのは、こうした場面が、過去に起こった出来事の再現であるかどうかは、ドラン映画にあっては定かではないからだ。『マイ・マザー』や『Mommy／マミー』の最後の場面を思い起こしてもらいたい。それらは、事後的に修正された経験や想像である可能性が十分にあり、しかも、そうであったであろう（未来完了形の）未来であることさえ示唆されているのだから。[*2]

ところで、このフラッシュバック風の場面が、ポップなトーンの音楽とともに、スローモーションで描かれる点に注意したい。ドランが偏愛するスローモーションとは、彼の映画的時間を支える中心的な技法であり、デビュー作から『マティアス＆マキシム』（二〇一九）にいたるまで一貫して用いられているものだ。

例えば、『マイ・マザー』のオープニング直後に、ドラン演じる主人公ユベールとその母親（アンヌ・ドルヴァル）が朝食を食べている場面を見てみよう。オレンジを頬張り、汁が滴っている口元と、舌を出して唇を舐め回す様子が大写しになる。それを横目で見る息子から、今度はバターかクリームチーズのようなものをたっぷり塗りたくったパンを食べている母親のクロースアップへと繋がれるのだが、この朝食の場面は、すべてスローモーションである。こうした時間の操作がわたしたち観客に強いるのは、母親の口元や食べ方の細部をじっくりと観察し、それによってユベールの苛立ちを共有すること、「愛してはいるが、彼女の息子にだけはなれない」と自撮りのヴィデオに向かって語るユベールのアンビヴァレント（両価値的）な気持ちを理解することであろう。こんな「品のない」食べ方をする母親には、あなたたちだって耐えられないでしょう？とドランは問いかけるのだ。実際、この親子は言い争いの絶えない毎日を送っている。そんな息子をもてあます母親に全寮制の高校へと送られ、ますます彼女への恨みを募らせるユベールだが、最終的に高校を飛び出した彼の向かう先は、子ども時代を過ごした家である。

映画のラストで、景色を眺めている息子のそばに座った母親がその肩に手をまわし、ふたりが手を取り合うその瞬間に、今度はフラッシュバックではなく、ホームヴィデオ「風」に撮影された場面が挿入される。そこにあるのは幸せな子ども時代のイメージであり、微笑みを絶やさない母の姿である。初めてこのラストを見たときには、ノスタルジックで退行的な終わり方に落胆したのだが、何度か見直すうちに、それが幸福な子ども時代へと逆行するイメージなどではないような気がしてきた。ここでドランがおこなったことは、映画という媒体に内在すると同時に、映画の物語を強力に支配してきた時間的な不可逆性への挑戦だったのではないかと思えてきたのである。愛と憎しみが両価値的に存在しつつも、憎しみや葛藤が前景化している「現在」から、失われた幸せな過去へと逆戻りしているのではなく、ドランは前に進むという映画と物語の時間の様態をひっくり返そうとしたのではなかったろうか。さらにこのホームヴィデオ風の場面は、実際に撮影されたイメージを装っているが、やはり「事後的に」修正された場面なのではないかという気がしてならない。このホームヴィデオ風の映像は、手持ちカメラによるガタガタした揺れや、画面の荒さとともに、物語世界の時間とシンクロしない固有のリズムとテンポで成り立っているからである。

スローモーションと計測不可能な時間

『Mommy／マミー』もまた母と息子の過剰な愛情（と憎しみ）、そして母親に捨てられることへの不安と恐怖を描いているが、この映画の始まりにあるのは、陽の光を浴びながら庭の木になっているリンゴに手を伸ばすダイアン（アンヌ・ドルヴァル）をスローモーションで捉えたイメージである。だが、そこに見出される穏やかで満ち足りた表情は、施設から引き取った息子スティーヴ（アントワーヌ・オリヴィエ・ピロン）との波乱万丈な生活であっという間に掻き消されてしまう。スティーヴとの生活は、歓びと苦しみの振れ幅がとてつもなく大きい。母親を愛しすぎるほど愛するスティーヴだが、暴力的になるときには手がつけられなくなるのだ。

こうした不安定なふたりの生活に入ってくるのが、向かいに住んでいる謎めいた女性カイラ（スザンヌ・クレマン）である。一時的な吃音症で教師を休職中のカイラは、スティーヴの勉強を見てやるようになり、ダイアンとも親しい関係を築き始める。カイラには夫と娘がいるものの、そちらの家族生活はほとんど映画で描かれず、スティーヴは、ダイアンとカイラというふたりの女性によって育てられていて、この三人こそが家族であることを『Mommy／マミー』は示唆している。

だが、生活に困窮し、スティーヴにも手を焼くダイアンは、息子を再び施設に入れる決意をする。ピクニックを装い、ふたりはスティーヴを連れ出すのだが、湖畔でじゃれ合うカイラと息子を見つめるダイアンにゆっくりカメラがズームしていくとき、全く別のシークエンスがそこで始まる。ぼやけた輪郭のなかから立ち現れてくるのは、卒業式のためのガウンを着て角帽を被ったスティーヴの姿である。パーティーらしき場面が続き、次いで、土砂降りの雨のなか、郵便配達夫がもってきた手紙を受け取ったスティーヴが、ダイアンを呼ぶと歓喜のあまり叫び出す彼女が見える。次にわたしたちの前に現れるイメージはこの映画に未登場の若い男性であるが、ダイアンとのやりとりからそれが成長したスティーヴであることがわかる。彼は家を出て自分の生活を始めるところなのだ。次いで登場するのが赤ん坊であり、その小さな手を握っているダイアンの胸元には「Mommy」のネックレスが光っている。最後の場面はスティーヴのウェディングであり、幸せそうにはしゃぐダイアンとカイラが見える。だが、次第にイメージの輪郭が溶け出し、カメラの焦点が合ったり合わなくなったりを繰り返しているうちに、それまで加速するように鳴っていた音楽がテンポを落とし始め、車の助手席にいる「現在」のスティーヴの声が聞こえてくる。

物語世界に突如として現れた一連の場面は、あたかもダイアンの夢想であるかのように見える。そこでは出来事が順番に配列されておらず、時間が伸び縮みしている。赤ちゃんのスティーヴをあやすダイアンがつけているネックレスは、施設から出たばかりのスティーヴがプレゼントしたものである。過去と現在とダイアンの夢見る未来が共存するそうした複数の時間を映画の平面に展開したのが、湖畔の場面から助手席にいるスティーヴの場面の間に挟まれた一連のシークエンスである。そして、その錯綜した時間性を表現するためにドランが選ぶのはやはりスローモーションなのだ。

時間を引き伸ばす技法を用いて、『Mommy／マミー』は反直進的で、因果関係によって支配されない複数の時間を出現させる。さらに、この場面でのスローモーションは、一見メロドラマを思わせるその感傷的な音楽とダイアンの幻想を思わせる映像のトーンにもかかわらず、映画的時間の操作という点において、ドランのスローモーションとしては最もラディカルなものであろう。ところがここで映画は終わらない。物語世界の現在では、スティーヴは新しい施設に収容され、カイラは夫の仕事の都合で引っ越してしまう。まるで家族の崩壊である。だが、最後の最後にもうひとつのスローモーションが始まる。拘束衣を脱がされているスティーヴが看護人たちの手を振りほどき、正面のドアに向かって走り始めるのだ。映画は彼がドアの向こうに行けるかどうかを明らかにしないまま終わりを告げるのだが、ここで示唆される未来は、『Mommy／マミー』にある複数の時間のひとつにすぎない。

『わたしはロランス』(二〇一二)もまた、映画の時間性を問う「時間の映画」である。冒頭の映像は、暗い部屋にかかった白いレースのカーテンが風に揺れる様子をスローモーションで捉えたところから始まる。カメラがゆっくりと引いてゆき、大きなマットレスが置かれた部屋のショットへと繋がれる。ここでもあとずさっていくカメラは、次に横移動しながらカーテン越しにキッチンを映し出し、最後に画面の手前に縦の移動をすると、ドアが閉まり、ひとりの女性が部屋を出てゆくところでこのシークエンスは終了する。薄暗い部屋から外へ出たカメラは、何かを凝視している人物たちの表情と眼差しをクローズアップで次々と捉えてゆくのだが、そこで煙の立ち上る路上を歩いている女性の姿がぼんやりと浮かび上がってくる。静かに驚いている人々の表情がはっきり見えるのとは対照的に、この女性は後ろ姿しか見せることがない。一瞬振り向きかけるも、髪に隠された横顔の一部しかわたしたちには見えず、彼女は再び煙に包まれて帰ってゆく。このスローモーションが終わると、先ほどのキッチンへと場面は戻るのだが、今度は、トランクス姿の男性がそこにいる。

冒頭で繋がれていく一連のショットは、その速度を落とすことによって、わたしたちに部屋の様子を注意深く見るよう促すのだが、それぞれの部屋に人の住む気配はあっても、人間の姿はない。突如として出現する女性のイメージは、日常に彼女が存在していないことを強調するかのようである。再びキッチンに戻ってきたカメラが捉えるトランクス姿の男性と冷蔵庫を開ける男性の日常における存在感とは対照的に、謎の女性は、その顔さえ見えず、わたしたちは彼女について何も知ることができない。女性登場人について何かを教えてくれるかわりに、この映画はリアクションショットによって文字通り、彼女に対する人々の反応を、その強く執拗な視線を通して描き出す。その意味で『わたしはロランス』の冒頭は、性別不合やトランスジェンダーの問題が本人を置き去りにして、周囲の反応として焦点化される状況についての批評的映像となっているのではないだろうか。

時間を遡り、女性に移行する前のロランス（メルヴィル・プポー）へと映画は戻ってゆくのだが、自らの性別不合について恋人のフレッド（スザンヌ・クレマン）に打ち明ける瞬間は視覚化されず、後に交わされるふたりの会話において、ロランスは自身の体に対する違和感と嫌悪感とを表明する。だが、この映画がそれをより効果的に観客に伝えるのはスローモーションという方法を通してなのである。

ロランスが学校で講義をしている場面を見てみよう。ヘアブラシで髪を掻き上げる学生の動作とその音、無意識に髪の毛をいじりながらノートをとる学生の様子、ロランスを見つめている学生の視線との遭遇などがスローモーションによって映し出されていくのだが、そこで表現されているのは鋭敏化した知覚である。ロランスの焦燥感や苦痛が、事物や人間に対する研ぎ澄まされた感覚を通してわたしたち観客に伝えられるのだ。わたしたちもまた、汗がにじんだロランスのうなじを注視するよう仕向けられるのであり、ドランの映画にあっては、スローモーションがこうした強い情動的効果を生み出しているのである。時間がその速度を落とし、引き伸ばされることによって、身体や物質に対する知覚を鋭敏なものにしなければならないこの映画では、ロランスの性別不合はそうした情動的効果によってより強力に感知されるものとなる。

映画のラストで、ロランスとフレッドが初めて出会う場面が挿入される。『マイ・マザー』同様、この映像もまた幸福な過去の回想や、円環する時間の表象として読まれるべきではないのだ。そうした感傷を装いつつ、もはや恋人同士ではないふたりの現在と、出会ったばかりの過去が、ほかの時間と一緒に共存している映画、映画的時間の存在論に挑戦するのがこの映画なのだから。『たかが世界の終わり』で、息子が不在の一二年という時間が、長かったのかどうかさえわからないという母親の言葉は、ドランの映画を見るわたしたちの経験を言い当てたものである。それは、一方向に直進することのない混乱した時間からなる映画なのである。

註

＊1 Jack Halberstam, *In a Queer Time and Place: Transgender Bodies, Subcultural Lives* (New York and London: New York University Press, 2005).

＊2 フロイトが心的時間性を説明するために用いた「事後性」の概念は、主体の経験や印象、記憶痕跡が事後的に修正され、新たな意味やある心的効果を付与するとされる。ジャン・ラプランシュ、J－B・ポンタリス『精神分析用語辞典』村上仁監訳、みすず書房、一九七七年。

最愛の夫——ヴァルダの「ドゥミ映画」を読む

ヴァルダによるジャック・ドゥミ

「自分が撮りたいのは周囲の人間」と語るアニエス・ヴァルダが、実際に最も愛着をもって繰り返し撮り続けた人間は、夫で映画作家のジャック・ドゥミと子どもたちであった。幼いころからヴァルダ作品の常連であった娘のロザリーは映画衣装デザイナーとなり、息子のマチューもまた俳優、監督となり、ふたりとも映画世界の住人となった。ドゥミはといえば、映画の登場人物にとどまらず、その人生と作品自体が幾度もヴァルダの映画の主題となった。『ジャック・ドゥミの少年期』（一九九一）、『25年目のロシュフォールの恋人たち』（一九九三）、『ジャック・ドゥミの世界』（L'univers de Jacques Demy, 一九九五）といった作品は、ヴァルダが直接ドゥミを主題として撮ったものであるが、そこに『カンフー・マスター！』（一九八七）と『アニエスの浜辺』（二〇〇八）をつけ加えて、「ドゥミ映画」と呼んでみたい。[*1]ドゥミ映画は、人生と仕事、私と公が分かち難く結びつくヴァルダの映画世界そのものであった。

そんなドゥミがエイズ関連疾患で亡くなったのは一九九〇年一〇月のことである。夫のセクシュアリティ（とその一部である性的指向）についてヴァルダは沈黙を守り続け、直接的に言及したことはなかった。ドゥミ映画には、一見すると類稀な映画人としてのドゥミ、良き夫、良き父としてのドゥミしかいない。クィア映画作家としてのドゥミの再評価が進行するにつれ、ヴァルダによるそうした一面的なドゥミの表象は批判もされてきた。だが、ヴァルダは多分に理想化されているとはいえ、自身にとってのドゥミを描き続けた。夫がもつ別の側面について妻はどこまで知りうるのだろうか。ヴァルダを語る際、陳腐なまでに繰り返される「最愛の夫ドゥミ」や「おしどり夫婦」という言葉は、もちろんヴァルダ自身が作り上げてきたイメージに呼応するものでもあるが、そもそも、良き夫・良き父であることと性的指向が同性へと向かうことはなんら矛盾しない。実際、ヴァルダにとって、ドゥミは最愛の良き夫であったのだろうと思う。現実にヴァルダがどう感じ、葛藤し、夫のセクシュアリティと折り合いをつけていったのかは知る由もないが、ドゥミ映画を通じて、彼女が本当に自分に都合のよいドゥミ像を描き続けたのかどうかを本章で考えてみたい。

ドゥミのセクシュアリティ

「本人の意思を尊重するために」という理由からドゥミのセクシュアリティやほかの人間との親密な関係性には口をつぐんできたヴァルダが、エイズに初めて言及した作品が『アニエスの浜辺』である。このときヴァルダは八〇歳で、ドゥミが亡くなってすでに一八年が経過していた。「突然、ジャックが不治の病にかかった」と語るヴァルダの声に続いて、風に揺れる自宅の植物、猫に邪魔されながら執筆するドゥミ、浜辺で寝そべり正面を見据えるドゥミ、スタッフや友人たちのショットが次々と繋がれる。

ようやく画面に姿を現したヴァルダが静かに語り始める。「ジャックは自分が死んでいくことを知っていて、エイズが不治の病であることも知っていた。悪化しかありえないことを彼もわたしたちも知っていた。でも誰もその話をしなかった。自ら口にしないジャックを尊重した一種の思いやりある沈黙だった」のだと。「彼の語らぬ意思を受け入れた」とロザリーが言えば、マチューもまた「彼が沈黙を選んだのだから、わたしたちもそうしたのだ。八九年当時、エイズは「恥ずべき病」という偏見もあった」という。そして、この病は「タブーだった」とヴァルダの声が語る。ドゥミの病をめぐる沈黙について語るその場面で、家族は視覚的に沈黙する。ドゥミの死の原因について口にする家族の歯切れは悪く、本人の意思を尊重したというのも、いささか言い訳がましく聞こえる。

いうまでもなく、エイズはＨＩＶ感染によって引き起こされるものであるが、ウィルスそのものと性的指向に直接的関係があるわけではなく、異性愛者も、同性愛者も、両性愛者も無性愛者もひとしく感染しうる。従ってエイズ関連の疾患自体はドゥミのセクシュアリティについて何かを指し示すわけではない。だが、ヴァルダも、ロザリーも、マチューも、エイズという単語を口にしながらも、ドゥミがバイセクシュアル、あるいはゲイであったことを否定しはしない。彼の性的指向について語らないこの家族は、その沈黙においてドゥミのセクシュアリティについて語っているのだ。ドゥミのエイズもまた映画の一部だと語るマチューは、まるでヴァルダの分身のようである。ヴァルダにとって、人生と仕事はひと続きのものであり、本人や家族が二〇〇八年になるまで言及を避け続けたものの、エイズはやはり映画の重要な要素であった。

左の薬指に指輪をしたドゥミがヴァルダの肩に腕をまわしている写真、浜辺や美術館に一緒に出かけたときの写真に重ねて、「ふたりで年をとっていけたらいい、お互いを見出したことがうれしかった」と語るヴァルダの声を、「突然、ジャックが不治の病にかかった」の一言が遮断する。「仲睦まじく」肩を寄せ合う映像と、ふたりの愛について語るヴァルダの声を断ち切るドゥミのエイズ。短いカットを繋ぐリズム感のある編集のうちに、ドゥミのセクシュアリティが炙り出される。ヴァルダはこの上なく映画的な技法を用いて、「最愛の夫」のセクシュアリティとそれを含めた人生を、映画の一部にしてしまった。それはドゥミのセクシュアリティとそれに対する自らの反応を、より映画的に語る行為であった。

『25年目のロシュフォールの恋人たち』を思い出そう。ドゥミによる『ロシュフォールの恋人たち』(一九六七)が製作されて二五年目のロシュフォールでおこなわれた記念式典の様子をヴァルダが撮影した作品である。二五年前の撮影時の映像を随所に挿入するかたちで構成されるこのドキュメンタリーを、ヴァルダは作中で「ファミリー・フィルム」と呼ぶ。そして、この家族映画において、ヴァルダは夫が醸し出すクィアネスの痕跡をはっきりと刻み込む。撮影中の夫にカメラを向け、そこにある「静けさ」や「夢みがちな微笑み」をヴァルダは言語化するが、画面に現れるドゥミのイメージはクィアネスに満ちている。双子を演じたカトリーヌ・ドヌーヴとフランソワーズ・ドルレアックに演技の指示をするときのドゥミの振る舞い、作曲家アンディ役のジーン・ケリーを前にしたときのドゥミの表情、音楽を担当したミシェル・ルグランと語らうドゥミ。セクシュアリティは本来、目に見えないものであるにもかかわらず、自己を表象するドゥミの感性とスタイルからは、エロティックな欲望や同一化、親密性の残余としてのクィアネスが立ち昇ってくる。ドゥミのセクシュアリティを、直接的に言葉で語ることなく、それでも鮮明に映像化したのがヴァルダであった。

エイズの表象

ヴァルダの映画群にあって、エイズが基底をなしているもうひとつの作品が『カンフー・マスター!』である。四〇歳のマリー゠ジェーンが、娘の同級生で一四歳のジュリアンと恋に落ちるのだが、テレビゲームに夢中で、二六も歳の離れた少年に惹かれていくマリー゠ジェーンを演じるのがジェーン・バーキンとあれば、そんな物語もさほど荒唐無稽には思えないかもしれない。それは、実人生と映画の物語が融合するヴァルダ固有のスタイルの効果にほかならない。バーキンの実際の娘、両親、妹、兄が「娘、両親、妹、兄として」出演し、英国にある実家も「実家として」登場するこの映画は、彼女の人生と「スキャンダル」を素材としてフルに活用し、フィクションとドキュメンタリーの境界を曖昧にするいかにもヴァルダらしい試みに見える。バーキンはバーキンとしてバーキンを演じているのだ。

ジュリアンを演じたのはヴァルダの息子で撮影当時一四歳のマチュー・ドゥミである。小柄で童顔の、だがヴァルダの面影を色濃く残したこの少年とマリー゠ジェーンとの恋愛を、母性愛や若さへの憧憬、あるいは母親への思慕と解釈することは、この作品の「非常識な」面白さを半減させる規範的な身振りとなるだろう。露骨な性的描写がないとはいえ、ふたりの関係は十分にエロティックなものとして表現されており、それを親子関係へと読み替えることは、とりわけ、マリー゠ジェーンのジュリアンに対する欲望を、さらには、ヴァルダが長年にわたってこだわり続けてきた女性の欲望や主体性の映画的表象の試みを否定することになる。

周囲に引き離されて、ふたりの関係はあっけなく終わりを告げるのだが、自分に夢中だった「足が長くてオッパイの貧弱なおかみさん」との情事を友だちに自慢するジュリアンと、決して読まれることのない手紙を出し続けるマリー＝ジェーンの反応は対照的である。年上の女性との恋愛が「勲章」となる少年に対し、彼女は周りから非難されるだけでなく、「自然に反する醜い女」と自己批判する。映画が始めに示唆する「新しい愛」の可能性はすぐに閉じられ、「タブー」に変わるのだが、この作品にあるもうひとつの「タブー」、それがSIDA（エイズ）である。

『カンフー・マスター！』において、エイズに関する発話とイメージはいつも唐突に現れ、物語に有機的に関連づけられることもなく、あっという間に消える。映画が始まって間もなく、ひとりの少年が唐突に口にする「S、I、D、A、ある友だちの思い出に」という台詞。校庭でたむろする少年たちのひとりが揶揄するベルギー人のエイズ恐怖症と、それを咎めた友人に向けて発する「ペデ（ホモ）」という言葉。パリの街中に貼ってあるポスターにある「エイズに直面する異性愛者」の文字とマスク越しにキスをする男女のイラスト。家族が団欒しながら見るテレビのエイズ特集。「愛のために死ぬ覚悟はできている？」と問いかけながら、エイズの啓発チラシを配る活動家の女性。そのチラシを丸めて瓶に詰め、海に流すジュリアン。エイズに関する発話とイメージが、作品に充満している。それはどこにいても決して消えることのない何か、この作品の登場人物たちが、さらには作品自体が「ともに生きている」何かである。

『カンフー・マスター！』は、マリー＝ジェーンとジュリアンの未来のなき、不可能な愛を倫理的に断罪することなく「新しい愛」の可能性のひとつとして提示したが、同時に社会的には許容されないものであることも明示する。社会が「反自然」とみなすこの「タブー」は、まさにエイズと重なるのだ。物語を駆動させるふたりの愛が、実際には、執拗に現れてくるエイズの代補であったという気がしてならない。

ドゥミがエイズを発症し、もう長くは生きられないことをヴァルダが語り出すまでに『カンフー・マスター！』から二〇年以上の歳月が経っている。この映画が撮影されていた時期、ドゥミがＨＩＶに感染していたのかどうかはわからない。だが、ヴァルダは彼女なりのやり方で、ドゥミのセクシュアリティについて映画的に語っていたのだ。そうでなければ、なぜ、ジュリアンの友人が口にするエイズ恐怖症はベルギー人なのか？[*2]「Ｓ、Ｉ、Ｄ、Ａ、ある友だちの思い出に」の「ある友だち」とは誰なのか？　エイズが異性愛の問題でもあるのはなぜか？　『アニエスの浜辺』のはるか以前に、ヴァルダはエイズについて語り、ドゥミのセクシュアリティや彼との関係について映画的に表現していたのだ。それは、人生と仕事、公と私がひとつになった世界を作り続けたヴァルダにとって必然的なことであった。

ヴァルダによる「夫婦」の肖像

ドゥミ映画に限らずとも、私的な自己と映画作家としての自己が融解するヴァルダの映画世界を特徴づけるのは、夫婦と家族という主題である。フェミニスト映画作家と目されてきたヴァルダを論じるには、いささかふさわしくないように思われるかもしれないが、その長いキャリアにあって、ヴァルダが多様な形式を通して繰り返し描いた夫婦と家族は、まさに、公と私、人生と仕事を分離することの拒否と深く関わるものであった。

その一例が『ダゲール街の人々』（一九七五）である。この作品は、ヴァルダ自身が住むパリ一四区にあるダゲール街で生活する人々についてのドキュメンタリーである。彼女の眼となり身体となるカメラは、香水屋の夫婦を皮切りに、パン屋、精肉店、美容・理容室、アコーディオン屋や金物屋を営む人々を、端正に、だが限りない愛情をこめて活写し、一九七〇年代パリの下町の「なんということもない日常」をこの上もなく魅力的に開示する。この作品のスタイルは、ヴァルダが三歳になる息子マチューの面倒を見るために、自宅から持ち出した電源ケーブルが届く範囲の九〇メートル以内の範囲で撮影するという私的な条件から生まれたものだという。撮影のための電気ケーブルをヴァルダは「へその緒」と呼ぶ。ヴァルダの「生活」と「私的なこと」が作品の方法論と美学を規定しているのだ。

被写体となる「ダゲール街の人々」の多くは夫婦で商売を営んでおり、そこでもまた、生活と仕事の分離は不可能である。夫婦の仕事は日常生活であり、また日常生活は仕事なのである。映画の冒頭に登場する香水屋「シャルドン・ブルー」は、まさに仕事と生活が溶解した空間そのものであり、夫婦は文字通りそこで「生きている」。店のドアに縁取られ正面を向いたふたりのショットは、ヴァルダにとって最大の関心事である夫婦の関係性と生活そのものを捉えた肖像であろう。

長編デビュー作『ラ・ポワント・クールト』(一九五五)からすでに、ヴァルダの関心の中心は夫婦と家族であった。彼女が幼少期を過ごした南仏の漁港セットで一九五四年に撮影されたこの作品は、ふたりの役者を除いて、すべて地元の漁師たちとその家族によって演じられており、ドキュメンタリーとフィクションの境界を無効化するというきわめてヴァルダ的な方法によって作られている。ふたりの役者、フィリップ・ノワレとシルビア・モンフォールが演じているのは、離婚の危機にある夫婦なのだが、その関係が破綻する理由もよくわからないままに、わたしたち観客は夫婦の不安的な関係を見続けることになる。

『幸福』（一九六五）もまた、ある夫婦の消滅と新たな夫婦の誕生についての映画であった。妻を愛しつつ、別の女性も愛するようなモノガミー（一夫一婦制）規範の外部にいる夫を、ここでもヴァルダは倫理的に非難することなく描き出してゆく。

「秘密は夫婦を強くする。その内容は誰にもわからない」と『ラ・ポワント・クールト』の妻は語ったが、そこにはヴァルダが一貫して追い続けた夫婦という問いに対する彼女の答えがすでに予兆のように現れている。映画作家としての自分と、妻（そして母）としての自分という分割を拒絶し、人生と仕事、私と公とがひとつである映画世界において、ヴァルダはドゥミという「最愛の夫」と出会い、ともに生きたのである。

註
＊1　本章執筆後に「ドゥミ・フィルム」を副題にもつ英語論文があることを知った。内容的にはほぼ重ならないが、以下に記しておく。Adrian Danks, "Living cinema: The 'Demy Films' of Agnès Varda," *Studies in Documentary Film* 4:2 (2010), pp. 159–172.
＊2　ヴァルダはベルギーのブリュッセル出身であり、『アニエスの浜辺』では両親と過ごしたベルギー時代の思い出が詳細に語られている。

話者の遍在——『ニューヨーク、ジャクソンハイツへようこそ』における移民／クィアのコミュニティ

ジャクソンハイツの住民の約六〇パーセントが、アメリカ合衆国の外で生まれ、アジア、南アメリカ、その他の地域からの料理と文化をもたらしてきた。そしてジャクソンハイツは、ニューヨーク市内で最大のＬＧＢＴＱ＋コミュニティの本拠地であり、アクティヴなナイトライフ・シーンの中心である。

——ニューヨーク市の公式ウェブサイト[*1]

ワイズマンの「型」破り

多くの「型」によって、映画制作と映画作家としてのあり方を厳しくコントロールしてきた人物とされるフレデリック・ワイズマン。「四無い主義」と称されるテロップ／字幕、ナレーション、音楽、インタビューの不在。録音技師、カメラ担当とアシスタントの三人からなるクルーによる撮影はおよそ一ヵ月から三ヵ月間。撮影後は、ワイズマンが一年間かけて編集作業をおこなう。撮影や編集のスタイル、方法だけではない。ロングショットで映画が始まり、町、建物、人へと近づいていくカメラ。主題

とは直接関係なさそうなトランジションのためのショットの挿入。全く例外がないわけではないにせよ、これまでワイズマンが制作してきた四〇本以上の作品には、一貫性をもって維持されてきた「型」のようなものがあるが、作品のタイトルも、そのひとつである。

インスティチューション（制度、施設）に対する関心がワイズマンの主題をかたちづくってきたことはよく知られている。それは、組織や構造をもち、しばしば物理的な建物をともなって具現化される総体である。そして、インスティチューションに対するワイズマンの関心＝主題は、作品のタイトルによってきわめて明白に表現されてきた。制度でもあり施設でもあるような名前をタイトルにもつ『高校』（一九六八）、『病院』（一九七〇）、『ストア』（一九八三）、『競馬場』（一九八五）、『ボクシング・ジム』（二〇一〇）といった作品には、ある場所と時間で撮影されたものでありながら、その固有性を固有性にとどめることなく、「一般性」へと昇華させようとする作家の強い意志が垣間見える。

インスティチューションの要素を含み、ときにそれと重なり合うもうひとつのワイズマン的主題が「場所」であろう。ワイズマンによる「場所のドキュメンタリー」は、「インスティチューションのドキュメンタリー」よりも具体的な輪郭をもって立ち現れる。『パナマ運河地帯』（一九七七）、『セントラル・パーク』（一九八九）、『アスペン』（一九九一）、『メイン州ベルファスト』（一九九九）といった作品のタイトルには、場所の固有性がはっきりと刻まれているが、ワイズマン自身の言い方に従えば、「場所」の中心にあるのは「地理的に規定されたコミュニティ」なのである。

本章が取り上げる『ニューヨーク、ジャクソンハイツへようこそ』は、クィーンズ区にあるジャクソンハイツという「ネイバーフッド」を描くドキュメンタリーである。原題は*In Jackson Heights*、直訳すれば「ジャクソンハイツで」である。ワイズマンのフィルモグラフィを眺めていると、このタイトルの奇妙なおさまりの悪さに気づく。ジャクソンハイツという地名の前におかれた「で（in）」という前置詞のせいである。これまで関心＝主題を透明な簡潔さで表現してきた「型」を崩す、余剰としての「で」とはなんなのか。[*2] なぜ、「ジャクソンハイツ」ではなく「ジャクソンハイツで」なのか。本章の出発点はそこにある。

フリオ・リベラのいた場所

『ニューヨーク、ジャクソンハイツへようこそ』（以下、『ジャクソンハイツで』）はいつものように、街の風景を俯瞰するロングショットから始まる。次いで、歩行者の目線でカメラが捉えるのは街の雑踏とそこにいる人々である。交差点や食料品店の前で会話する住民と、路上で商売をする露天商の顔ぶれや商品は、このネイバーフッドの人種的多様性を体現する被写体である。扇風機が首を振る狭い部屋で説教を聞いているイスラム教徒の男性たちがカットアウェイで次々と捉えられたあと、たったひとりで礼拝をおこなう男性が映し出される。そして、七八番通りと三七番街の交差点に掲げられた「フリオ・リベラ・コーナー」の標識の前でカメラが数秒間停止する。

繋ぎのショットとして挿入されたかのようにしか見えないこの標識に記された名前は、一九九〇年七月二日にジャクソンハイツで殺された青年のものだ。当時二九歳であったリベラは、「ゲイとホームレスを近所から一掃したい」と語ったスキンヘッドの白人三人組に近くの校庭へと連れ込まれ、ハンマーとナイフで殺害された。プエルトリコ系でゲイバー勤めをしていたリベラに対するヘイトクライムは、まさに人種とセクシュアリティ、階級の交差するところで起こった事件である。リベラの死は、クィーンズでホモフォビアに抗議するためのデモを促し、それによって複数のクィア・コミュニティが組織されるきっかけとなった。アクティヴィズムとコミュニティが活性化されたのは、リベラの死という大きな代償を払ってのことである。[*3]

この作品で、「フリオ」という名前を最初に口にするのがダニー・ドロムである。ゲイであることを公言しているニューヨーク市議のひとりであるドロムは、ジャクソンハイツのクィア・コミュニティの求心力であるだけでなく、複数のコミュニティを繋ぐ結節点のような存在として描かれる。学校教師時代にカムアウトし、教育を通じたアクティヴィズムを実践してきたドロムは、政治家となってからもクィア・アクティヴィズムを継続してきた。リベラの死は、ドロムをして「クィーンズ・プライド・ハウス」の創設を促すことになる。

『ジャクソンハイツで』は、他の作品同様に、ワイズマンの「定型」をなぞっていく。ヴォイスオーヴァーも、テロップも、インタビューもなく、歴史的再演や、撮り直しもない。厳密な方法論に従って作られた作品は、明確で一貫した語りの構造も統一性もクライマックスもなく、一定の見方を押し付けることを避け、その解釈を観客にゆだねるものであるとされる。「私のドキュメンタリー映画を作る方法とは、映画を見る観客と映画の中の出来事との間に垣根を作らないこと」と語るワイズマンだが、映画のなかの出来事自体は、あくまでも彼の主観によって選択され、観察されたうえで、物語として構成されたものである。[*4]

喋ること

ワイズマンは、自身の関心が個人としての人間にあるのではなく、人間の集積として構造化され、社会化されたインスティチューションにあると語ってきたが、『ジャクソンハイツで』では、個人の固有性が浮かび上がってくる。固有性を特徴づけるのは「饒舌さ」だ。登場人物の多くは、喋りたがっており、また、一度喋り出したら、とどまるところを知らず喋り続ける。その刺激的な論考「話者の消滅――フレデリック・ワイズマンの位置」のなかで、鈴木一誌はいくつもの「無い」を乗算させて、ワイズマンが話者を廃棄してしまったことを論じている。[*5]『臨死』（一九八九）におけるナレーションや字幕の不在は、話者の痕跡を消し去り、それによって観客は「誰が語っているのか」を知らないまま、断片化されたシーンの数々にひたすらつきあってゆかなければならないのだと鈴木は述べている。

『ジャクソンハイツで』は、登場人物が饒舌に語る映画、話者が遍在する映画である。礼拝所の導師、ユダヤ文化センターで今後のミーティングについて意見をぶつけ合うＬＧＢＴシニア・グループのメンバー、再開発で立ち退きを迫られつつある商店主たち、トランスジェンダー・コミュニティのメンバー、「メイク・ザ・ロード（移民と労働者のための権利団体）」で移民の経験を共有し、労働条件の改善について語り合う地元住民、トランスジェンダー差別の実情とその対抗策を練る中南米出身のトランス女性たち、タクシー運転手養成講座の講師、ユダヤ文化センターで集う高齢女性たちなど、画面には話者が溢れ、話し声が満ちている。

作品のなかに決して姿を現さず、また介入もしない「観察者」を自負するワイズマンは、撮影における中立性と客観性について次のように語っている。

キャメラは現実を変えないとわたしが主張する理由は、われわれ人間のほとんどが、突然別人のように振る舞えるほど演技能力にはたけていないということだ。もし、突然キャメラが現れ、自分が撮られたくないのであったら、嫌がるようすをしたり、歩き去ったり、「撮らないで」と言ったりするはずだ。（中略）人びとが自分のおかれている状況に対して「適切だ」と思う行動を取るさまをキャメラで捉える、それがまさしくドキュメンタリー作家としてのわたしが求めているものだ。[*6]

こうして、自分の映画をさまざまな場所と状況における「ふつうの行動」についての記録であるとするワイズマンだが、『ジャクソンハイツで』における「喋る」行為は、やはりカメラによって変化した現実であるように思われる。撮影クルーによって、話すよう鼓舞され、生き生きと語り出すジャクソンハイツの人々が、単にカメラの被写体となって虚栄心やナルシシズムを満たしているというのではない。そうではなくて、話者たちは自分がそこで話す必要があると感じているから話すのだ。それは「適切」であるよりも、「必要性」に迫られての行為であり、カメラあるいはクルーの存在が、証人となって自分たちの「話」を聞くべくそこにいて、「話者」となる後押しをするがゆえの行為なのではないだろうか。

そんな話者のひとりであるメキシコ出身のセリアは、この作品中最も長いモノローグの時間を与えられ、彼女やその家族が国境を越えた経緯について一〇分近くにわたり喋り続ける。同じ内容が繰り返されたり、話が筋から脱線したりしながら、不規則なリズムで自信なさげに語るその口ぶりは、自信に溢れて滔々と語り続ける商店主やコミュニティ・オーガナイザー、LGBTグループの高齢ゲイといった男性たちの「喋り」とは対照的である。店から追い出されたトランス女性もまたデモを率い、あるいは「メイク・ザ・ロード」の集会で差別に抗議し、自らの経験を語るが、それも「適切」だからではなく、彼女がその「必要性」を確信しているからである。カメラは、これまで文字通り「声」を奪われてきた人々に対して、「声」を出して自らを「可視化」するよう促すのであり、そうすることによって、観察しているはずの現実に介入する。

「ジャクソンハイツで」

断片的なシーンが繋がれていくこの作品は、撮影当時のジャクソンハイツの多様性を横断的に描いているが、一見すると同時代的でしかないひとや出来事の配置は、実は歴史とも交差している。あくまでも潜勢力としてある歴史が、突如水平線とぶつかって顔を出すかのようだ。例えば、ユダヤ文化センターでおこなわれているLGBTシニア・グループの会合（といっても圧倒的に男性が多く、女性はふたりしかいない）では、同じクィーンズ地区内のほかの場所への移転案が検討されている。エレベーターの有無や、交通の便といった物理的な条件に加え、ジャクソンハイツはゲイであることを理由に若者が殺された場所であること、LGBTコミュニティの権利擁護の「ハブ」として長い歴史があること、多くのことが始まった場所であるといった「ここにとどまるべき理由」の数々が歴史に関わるものであることは注目に値する。

プライド・ハウスや、クィーンズ・プライド・パレードの歴史は、さらなる過去へ、すなわち、ブロードウェイで仕事をしていたクィアたちが、マンハッタンから集団移住してきた一九二〇年代へと繋がっている。[*7] そして、参加者たちは、シナゴーグ（ユダヤ教の会堂）でもある「ユダヤ文化センター」をジャクソンハイツというコミュニティに欠かせぬものとして支援しようとする。メンバーたちは、ジェンダー、セクシュアリティ、人種、エスニシティ、宗教に関係なく多くのグループに門戸を開いているこのセンターを、コミュニティの場として維持しようとするが、それは性的マイノリティのコミュニティと宗教的コミュニティが、このネイバーフッドにおいては、相互に依存しているからである。それと同時に、センターの包摂的なあり方がいつまで続くのか、他の集団への配慮を優先させなければならないときにはどうすべきなのかという問いも発せられており、クィア・コミュニティの生き残りは、物理的な場所や構成員の変化や維持を含めた絶えざる折衝の結果であることがわかる。

ジャクソンハイツの映画的現在において、「正義を」と叫びながら道を練り歩くグループはヒスパニック／ラティネクスであると同時にトランスジェンダーを中心としたインターセクショナルなクィア・コミュニティの人々である。トランス差別と闘うために声を挙げているこのコミュニティとともに移動しながら、ワイズマンはジャクソンハイツを記録しようとする。

だが、彼にできることは、ジャクソンハイツを記録することではなく、ジャクソンハイツにいて、ジャクソンハイツで刻々と起こっている出来事を記録することだけである。先述のドロムはジャクソンハイツを「世界で最も多様なコミュニティ」と呼び、「メイク・ザ・ロード」では別の男性が「我々がアメリカに多様性をもたらしたのだ」と語る。この作品は、ヒスパニック／ラティネクス、およびアジア系の移民とプエルトリコ系のような合衆国のナショナル・マイノリティに焦点を当てた「移民映画」であると同時に、ジャクソンハイツのクィア・コミュニティの歴史を浮き彫りにする「クィア・フィルム」でもある。だが、より重要なのは、人種的マイノリティと性的マイノリティの重なり合いであり、その描かれ方である。

『ジャクソンハイツで』を織りなすそれぞれのシーンやショットを繋ぎ合わせて見えてくるのは、このネイバーフッドにおける人種、ジェンダー、セクシュアリティ、階級や宗教の交差である。だがそうした交差の総体を捉えることは不可能であり、ワイズマンは、その一部に反応しているにすぎない。例えば、LGBTコミュニティに限らず、ジャクソンハイツにおけるドロムの役割と存在感をこの作品は増幅して映し出す。ゲイとしてカムアウトしている市議であることの「公共性」や「喋る」ひとであるドロムはその「撮りやすさ」においてワイズマン好みの被写体であろう。だが、ドロムや（匿名の）トランス女性のような「話者」のほかに、アクティヴィストたちはどこにいるのだろうか。あるいは、ユダヤ文化センターの会合で発言の機会をもつのは圧倒的に白人のゲイ男性だが、ジャクソンハイツのLGBTQコミュニティの内部には、それ以外の人々の居場所はあるのだろうか。地区の再開発に抗議するための会合で「語る」のはなぜいつも男性なのか。こうした「現実」を作り出しているのは、あくまでもワイズマンの映画なのである。

タイトルの謎に戻ろう。もし『ジャクソンハイツ』であったならば、この作品はワイズマンが言うところの「地理的に規定されたコミュニティ」の映画となっていたかもしれない。だが、この作品に描かれるジャクソンハイツは、地理的な意味でのコミュニティではなく、移民とクィアのコミュニティとしてのジャクソンハイツである。「移民」であるだけでなく、「クィア」であるだけでもない、マイノリティが「ネイバーフッド」を構成するコミュニティがジャクソンハイツなのだ。

ここで描き出される交差性は、「統合」や「同化」とは無縁である。多様な出自をもつ人種的・文化的・性的マイノリティの集団の経験と歴史が消去されることなく、同化させられることなく、ともに生きていくことは可能なのか。『ジャクソンハイツで』というタイトルにある余剰としての「で」は、ワイズマンのジャクソンハイツ的コミュニティへの反応とその限界を示しつつ、それでも、移民とクィアのコミュニティが差異を前提として共存することの可能性を問いかける。

註

＊1 NYC The Official Guide. (https://www.nycgo.com/boroughs-neighborhoods/queens/jackson-heights/). 二〇二三年三月一日アクセス。

＊2 もうひとつの例外に、*At Berkeley* を原題に持つ『大学―At Berkeley』（二〇一三）がある。インスティチューションのドキュメンタリーであるこの作品のタイトルに添えられた「で（at）」も実に興味深いが、本章では「場所のドキュメンタリー」である『ニューヨーク、ジャクソンハイツへようこそ』に焦点を当てるため、『大学―At Berkeley』の特殊性については、また別の機会に論じたい。

＊3 クィーンズの警察は当初、フリオの死をドラッグ関連のものとし、休暇中の刑事にこのケースを担当させるというずさんな対応をした。この事件は、ニューヨーク州において性的マイノリティに対するヘイトクライムの最初の訴訟となったことで知られる。

＊4 リチャード・M・バーサム『ノンフィクション映像史』山谷哲夫・中野達司訳、創樹社、一九八四年、二六九頁。ワイズマンはこうも述べている。「私の映画はまったく主観的である。（中略）私の映画は、ある経験への私の反応

である」同書、二七〇頁。

＊5　鈴木一誌「話者の消滅――フレデリック・ワイズマンの位置」、『現代思想』三五巻一三号、二〇〇七年一〇月臨時増刊号。

＊6　フレデリック・ワイズマン「すべては映画のなかに――フレデリック・ワイズマン監督インタビュー」、土本典昭・鈴木一誌編『全貌フレデリック・ワイズマン――アメリカ合衆国を記録する』岩波書店、二〇一一年、二七頁。

＊7　Michael T. Maly, *Beyond Segregation: Multiracial and Multiethnic Neighborhoods in the United States* (Philadelphia: Temple University Press, 2011).

水平の美学――セリーヌ・シアマによる親密性の技法

普遍的で固有な映画

思春期の少女、ジェンダーやセクシュアリティの揺れ、パリ郊外（バンリュー）に生きること、成就しない愛、母娘の絆。セリーヌ・シアマの作品は、そのひとつひとつが一見「普遍的」なテーマを扱っているように見える。実際、シアマ自身もそうした普遍的な映画を志向しているであろうことは間違いなく、繰り返し映画に描かれてきた物語や主題を変奏し、更新しているという側面もある。だが、普遍的で類型化しうる物語や主題の枠組みを持ちながらも、シアマの作品は徹底的に固有なものとしてある。

例えば、衣装から部屋の壁紙にいたるまで、特定の時代や場所に限定されることを避けるべく細心の注意が払われている長編デビュー作『水の中のつぼみ』（二〇〇七）を、性に揺れる思春期の少女たちを描いた「青春映画」と一般化してみることは決して過ちではない。だが、そう括ってしまうには、少女たちはあまりに異なっているのだ。「思春期の少女」は映画の一ジャンルをなすといっても過言ではないほど頻繁に取り上げられてきた主題だが、こうした一般化から、彼女たちの個別性はするりと逃げ出す。シンクロナイズド・スイミング（現、アーティスティック・スイミング）の競技会で上級生のフロリアーヌに恋してしまう（という言い方が彼女の心的状態を最も的確に表しているのかは定かではないが）マリーは、彼女に振り回され、愛されていないことを知りつつ想いを諦めることができない。男性関係が豊富なふりをしているフロリアーヌは、実際には性的経験に乏しく、そのギャップを埋めるべくマリーを利用する。マリーの親友アンヌは、フロリアーヌの恋人と関係をもち、そのことに密かな優越感を覚たりするのも束の間、「ヤリたい」だけの男にウンザリして関係を清算する。

　当然のことながら、セクシュアリティをめぐる戸惑いや不安、欲望のあり方は三者三様であり、思春期の少女といっても共通点といえるものはほぼ存在しない。鋭敏な意識で自らの欲望に忠実に行動するマリーには、思春期に誰もが経験する「一過性の病」という同性愛言説を軽く一蹴する強度がある。孤独であっても後ろに退かない意志をもつ彼女に比べ、傲慢で利己的に行動するフロリアーヌのほうがはるかに脆弱であるように見える。同級生やコーチといった男性たちから性的に対象化される彼女は、それに対する肯定と否定がつねに共存するアンビバレントな状態にある。自分を愛するマリーを都合よく利用するフロリアーヌの残酷な振る舞いには、それでも強烈な親密性への希求が垣間見える。友情とも呼べず、愛とも異なるような、それでいて何かが共有されている親密な状態を彼女は求めているのだ。

　どこでも誰にでも起こりうる「普遍」を志向するかのようなシアマ作品は、その過程において実際にはきわめて「固有」の少女を造形する。マリーとフロリアーヌとの間に起こる性的経験は、親密性への期待と失望、身体的な痛みなど、複雑で矛盾する出来事である。だが、脚本を書いたシアマは、ひとりの少女が「愛のない臨床的なやり方で」もうひとりの少女の「処女を奪う」という、これまでの映画では描かれたことのない「固有性」をこの作品に刻印する。[*1]

『水の中のつぼみ』には、シアマがその後も一貫して描き続けることになる親密性への欲望とその困難とがすでに主題化されているが、マリーと親友アンヌの友情の捉えどころのなさもまた際立っている。競技会が終わり、会場をあとにするふたりの少女は自転車に乗って帰途に着く。緑豊かな道をふたり乗りで駆け抜けてゆくマリーとアンヌは、ふざけ合うことも語らうこともせず、黙って自転車に乗っているだけである。だがふたりの親密さは、自転車とともに水平に移動するカメラが捉えるふたりの少女の顔に示されている。あるいは映画のラストで、プールに飛び込むマリーとアンヌが、腕と脚を広げ、相似形で水に浮かんでいる場面はどうだろうか。この作品は親密性を描くのではなく、映画的技法と「かたち」によって親密性を生み出すのである。

二作目の『トムボーイ』もまた、「思春期」を描いた作品であるが、前作で中心的に扱われたセクシュアリティに加え、主人公のジェンダー・アイデンティティが前景化される。自転車を漕いでいる人物のうなじをアップで撮った冒頭のショットは、この人物のジェンダーに関わる判断を観客に留保させる。街路樹のある通りを自転車で走り抜けながら、空中に向かってぎこちなく右手が伸びる。陽の光を受けて気持ちよさそうに風を受ける右手を焦点化するカメラは、後景を極端に不鮮明なままにしておくことで、わたしたち観客の視点をこの右手に集中させる。ぼんやりとした光のなかを進んでゆく右手のクロースアップによって、観客はこの人物の触覚を共有し、そこから感覚や感情を想像するべく導かれていく。

こうした触覚の強調は、何よりもまず、映画の登場人物のジェンダーを見た目で判断しようとするわたしたちの視覚的慣習を一旦停止させるが、さらに、この人物が自らを「ミカエル」と少年の名前で呼ぶとき、トムボーイ（おてんば娘）という言葉に含意される「少女であること」は、もはや自明のものではなくなる。とはいえ、これが少年の話かといえば、それも定かではない。最後に自分の名前を「ロール」と語る主人公が自分のジェンダーをどのように認識しているのか、わたしたちに知ることはできないからだ。『若草物語』をはじめ、これまで映画や小説に描かれてきた「トムボーイ」は、少女であることを前提としており、その「少女性」によってこそ、ある時代や文化のジェンダーやセクシュアリティの規範を批判的に炙り出してきた。シアマ自身がどのような意図をもってこの作品の主人公を作り上げたかはともかく、作品自体は、わたしたち観客がミカエル／ロールのジェンダー・アイデンティティについて判断したり、決定したりすることを拒む。「トムボーイ」を主題とするジャンルには普遍性があり、だからこそわたしたちはジャンルに関する暗黙の了解に従ってそこに少女性を読み込む習慣をもっている。だが、これまで少女であることを条件としてきたトムボーイのジェンダーを未決定なものとして開き、観客に読みの自由を与えつつ非決定の状態に置くことに『トムボーイ』の固有性はある。『水の中のつぼみ』、『トムボーイ』、『燃ゆる女の肖像』（二〇一九）のように、同性愛的欲望や行為、ジェンダーとセクシュアリティをめぐるアイデンティティの問題が明示されなくても、静かにラディカルなクィアネスを出現させるのが『ガールフッド』（二〇一四）である。パリ郊外に住む一六歳の少女マリエルの（成長ではなく）変容を通してこの作品が生み出すクィアネスとは、ジェンダーとセクシュアリティの「今とここ」を拒絶し、「開かれ」としてあるような未来性としてのクィアネスである。[*2]

彼女の変容は、生まれたときの名前であるマリエルから女友だちにもらった名前であるヴィックとして生きていくことに象徴的に示されているように、バンリューに生きるほかの少女たちとの友情や連帯、さらには別の少女への欲望を通じてもたらされる。そして、現在に抵抗し、別の世界を求めるマリエル／ヴィックのクィアネスは、ここでも水平の美学によって生み出されている。中産階級で白人の女性であるシアマがパリ郊外の黒人の少女たちを描くことには批判もあるし、また、少女たちの日常や関心にグローバルでネオ・リベラルな資本主義との親和性を見出すことも難しくはない。だが、音楽やダンスを通じて友情や連帯を育んだり、親密な関係を築いたりしていくパリ郊外の黒人少女たちが、これまで映画にどれだけ描かれてきただろうか？

『ディヴァイン』（二〇一六）、『GAGARINE／ガガーリン』（二〇二〇）、『レ・ミゼラブル』（二〇二〇）といった新しいタイプの作品も出てきてはいるものの、マチュー・カソヴィッツの『憎しみ』（一九九五）をはじめ、パリ郊外を舞台に移民やその子どもたちを主人公とするバンリュー映画の多くは、貧困や人種主義の問題をきわめて男性的なものとして描き出し、それを暴力性と結びつけてきた。もちろん『ガールフッド』にも少女たちの暴力性が描かれている。だが、服を脱がせた者が勝者になるような少女同士の喧嘩にある性的な暴力性は、地域コミュニティの異性愛的家父長主義の反映あるいは模倣というよりも、国家による植民地主義の暴力によって再配置されたジェンダー構造や、異性愛規範のアイロニカルな反復のように見える。

水平に見ること

シアマ映画の主人公たちは寡黙である。『水の中のつぼみ』のマリー、『トムボーイ』のミカエル／ロール、『ガールフッド』のマリエル／ヴィック、『燃ゆる女の肖像』のマリアンヌとエロイーズ、そして『秘密の森の、その向こう』（二〇二一）のネリーとマリオン。饒舌さを徹底的に排除するシアマは、主人公の心理や感情を言葉ではなく、視線と身体によって表現するが、シアマ作品を貫く主題である親性や欲望、友情や愛情は、「水平の美学」を体現する映画の技法と形式によって表出される。

『燃ゆる女の肖像』において、マリアンヌとエロイーズの関係が視線をめぐるものとして描かれていることは言うまでもない。画家とそのモデルというふたりの語りのポジションは、初めから彼女たちの関係が「見る／見られる」ことによって条件づけられていることを示している。映画では、「見る」という行為における快楽とものの見方（ways of seeing）が無意識によって構造化されており、それによって映画の形式もまた構造化されていると語ったのはフェミニスト映画理論家のローラ・マルヴィだが[*3]、その議論の土台となったのが、美術批評家ジョン・バージャーによる『イメージ（Ways of Seeing）』である。「「見ること」と「見られること」」と題された章のなかでバージャーは、女性は子どものときから、他人に自分がどう見えているのかを考えさせられ、つねに自分自身を観察するよう仕向けられてきたと指摘する。「男は行動し、女は見られる。男は女を見る。女は見られている自分自身を見る。これは男女間の関係を決定するばかりでなく、女性の自分自身に対する関係をも決定してしまうだろう。彼女のなかの観察者は男であった。そして被観察者は女であった」[*4]。女性は自身を主体であると同時に対象として二重化し、対象となった「女」としての自分を「男」としての自分で見るのだとバージャーは論じる。だが、『燃ゆる女の肖像』は男性性を内在化した「男の視線」に代わって、「女」として「女」を見るというフェミニスト的かつレズビアン的なヴィジョンを提示する。

映画において視線は欲望や愛を表現し、そこには権力関係が内包されてきた。だが、映画が権力関係のない愛を描くことは可能なのだろうか? 映画にとって差異はエロス化の源泉である。年齢の差異、ジェンダーの差異、人種の差異、階級や社会的立場の差異によって映画の欲望や愛は動機づけられてきたが、身体的差異もそのひとつである。ラブ・ストーリーの象徴的瞬間であるキスの場面を思い浮かべてみてもらいたい。異性愛恋愛の映画的図像学では、圧倒的に男性の身長が高く、相手の女性を見下げる構図になる。

『燃ゆる女の肖像』は、差異のエロス化という映画の慣習に挑戦する。この作品の核にあるのは平等性であって、この作品を「平等なラブ・ストーリー」にしたかったのだとシアマは言う。[*5] 興味深いのは、シアマにとって「平等」が、エロイーズを演じるアデル・エネルとマリアンヌを演じるノエミ・メルランの年齢と身長に関わっているという点である。[*6] すなわち、シアマのいう「平等」は何よりもまず、視覚的な次元にあるのだ。「身長が同じである」というあっけないほど単純な「平等性」は、恋愛の映画表象においてじつはきわめて稀である。マリアンヌとエロイーズが初めてキスする場面で、洞窟の入り口に立っているエロイーズにマリアンヌが近づいていく。マリアンヌの背後に位置し、やや後景にエロイーズを捉えていたカメラが正面から向かい合うふたりをフレームに入れ、画面を分割する。同じ身長で向かい合うふたりは、同じ高さで視線を交差させる。身長が同じであることは、水平な視線を生み出すことを、そしてふたりが映画として枠取られる空間を等しく占有することを可能にする。だからシアマの水平の美学は、美的次元にとどまらず倫理的な次元を帯びているのだ。

『ガールフッド』における女同士の親密性も、この水平な視線によって生み出されている。家族と友だちのもとを離れたマリエルは、女友だちが命名してくれたヴィックを名乗り、クスリの運び屋として新たな生活を始める。仕事場で過剰な女性性を演出する（あるいはさせられる）ヴィックは、日常においては、身なりや態度を通じて男性的な自己を表現していくようになる。こうしてジェンダー表現を変化させていくヴィックは、同じボスに仕える同居人のセックス・ワーカー、モニカと親密な関係を育んでいくが、その関係性が最も濃密に描かれるのが屋上パーティーでふたりがスローダンスを踊る場面である。ヴィックとモニカが同じ目の高さで見つめ合いながら、パラ・ワンの音楽「スロー・ダウン」に合わせてゆっくりと踊り始めると、水平に伸びる視線と音楽によって時間が引き延ばされ、そこに親密性が醸成されてくる。ボスのアブゥが唐突にふたりを引き離し、ヴィックにキスを迫ると、視線の水平性は破られ、暴力的な眼差しが現れるのだが、それは文字通りヴィックを上から見下げる非対称な視線である。見上げ、見下げ、覗き見るといった視線をカメラのアングルや距離によって視覚的に構築してきた映画の歴史に、シアマは水平の美学で介入する。同じ身長のふたりが水平に視線を交わすことによって視覚的「平等性」を構築することは、この作品の美学的かつ倫理的な態度なのである。

最新作『秘密の森の、その向こう』における親密さも、水平の美学によってかたちづくられている。例えば、母親が運転する車の後部座席に座った少女が、後ろから母親に食べ物と飲み物を分け与える場面である。運転中の母親の横顔をミディアム・クロースアップで捉えたその画面の左から少女の腕がにゅっと水平に伸びてくる。スナック菓子を三度口元に運び、四度目は紙パックのジュースを口に含ませる。五度目は画面を横切る両腕が母親の首に軽く巻きつけられる。会話を排し、リズミカルに反復される水平方向の動きによって、母娘の親密性が生まれる。また、ネリーとマリオンを演じているのがジョセフィーヌ・サンスとガブリエル・サンスという双子の姉妹であることは、視覚的平等性の追求という観点からすれば当然の選択だったはずである。

シアマによる水平の美学を構成するもうひとつの重要な要素にティルト（縦方向のカメラの動き）やトラッキング・ショット（水平方向の移動撮影）がある。こうしたフレーミングは、シアマが女同士の絆や連帯を構築するために繰り返し用いる映画の技法である。『ガールフッド』では、ヴィックが友だちや同年代の少女たちとたむろする広場の場面でトラッキング・ショットが用いられている。集合的な相のもとに、少女たちの個別性を浮き彫りにするこうしたカメラの横の動きは、『燃ゆる女の肖像』でも再び登場する。村の祭りにやってきた女たちが焚き火を囲んで歌う場面で、カメラはゆっくりした動きで左から右へと女性たちをフレームに収めていく。文字通りマリアンヌとエロイーズの間に位置した女たちのそれぞれの表情、姿かたちが浮かび上がるとき、この映画のクィアな親密性は、女中のソフィー（ルアナ・バイラミ）を経由した女の連帯と接続されていくことが示されている。

愛のポリティクスに抗して

愛の物語として言祝がれるクィア・シネマがある。『ブエノスアイレス』（一九九七）、『ブロークバック・マウンテン』、『キャロル』といった作品に対する高い評価の一端には、愛の物語という言葉が帯びる普遍性、すなわち、愛はセクシュアリティやジェンダーといった属性には関係なく素晴らしい、そして尊いものなのだという「愛のポリティクス」（シアマ）がある。普遍性を強調するこのポリティクスは、LGBTアクティヴィズムにおいてしばし唱えられる「愛は愛（Love is Love）」というスローガンにも表されている。愛する、あるいは愛し合うということがジェンダーやセクシュアリティ、人種といったいわゆる「属性を超えた」普遍的な感情や関係性として称揚されるとき、そこで消去されてしまうのは属性と強く結びついた経験の固有性とその困難である。

もちろん、シアマのラブ・ストーリーは、すべての観客に開かれている。だが、普遍的な主題を扱いつつ徹底的に個別的であろうとするシアマの作品が描くのは、決して属性を超えない愛である。シアマの映画は、普遍的な「愛のポリティクス」に抗する「固有」のクィア・シネマなのである。

註

＊1　Céline Sciamma, *Little Joe* 3 (2011), p. 10.

＊2　José Esteban Muñoz, *Cruising Utopia: The Then and There of Queer Futurity* (New York and London: New York University Press, 2009).

＊3　ローラ・マルヴィ「視覚的快楽と物語映画」斉藤綾子訳、岩本憲児・武田潔・斉藤綾子編『「新」映画理論集成1——歴史／人種／ジェンダー』フィルムアート社、一九九八年。この議論が前提としていた異性愛主義や固定化したジェンダーによる同一化に対する批判は発表直後からなされていたが、マルヴィもそれに応答しながら、自らの議論を修正していったことはよく知られている。

＊4　ジョン・バージャー『イメージ——視覚とメディア』伊藤俊治訳、パルコ出版局、一九八六年、五八頁。

＊5　エイミー・トービンによるインタビュー。Amy Taubin, "Here's Looking at You: Céline Sciamma of the Path of Love and Restoring Lost Histories," *Film Comment* 55:6 (2019), p. 46.

＊6　シアマは、アデル・エネル（エロイーズ役）とノエミ・メルラン（マリアンヌ役）には最初から互いを引き寄せ合う強い力と平等性があったと前置きしたうえで、次のように述べている。「わたしたちは平等性からラブ・ストーリーを築き上げようとしていた。ふたりが同じ年齢と身長であることは、映画にとってとても重要だった」。Isabel Stevens, No Man's Land, *Sight and Sound* 30:3 (2020), p. 42.

『ウォーターメロン・ウーマン』とオルタナティヴ・ヒストリー

――黒人女性映画とレズビアニズムの邂逅

黒人女性についての映画

本書の第1部でニュー・クィア・シネマ（以下、NQC）は、エイズ禍とエイズ・アクティヴィズムを背景に、内容と形式において、それまでの映画的慣習に挑戦し、新しい主題と美学を追求するとともに、映画を通じて歴史を書き直そうとする試みであったと述べた。そのうえで、NQCの作家たちのほとんどが白人のゲイの男性であり、その後の「主流映画」への進出に関しても、人種とジェンダーによって大きな差異があったことを指摘した。そのような状況のなか、非白人、非男性の作家がNQCとどのような関係にあったのか、シェリル・デュニエを例にとって見ていきたい。

黒人でレズビアンであるデュニエによる一九九六年の作品『ウォーターメロン・ウーマン』は、歴史の再構築を企図し、そのためのオルタナティヴなヒストリオグラフィー（歴史記述）の必要性を提示する作品である。映画史において、黒人レズビアン女性を主題とする初めての長編映画と称される『ウォーターメロン・ウーマン』だが、デュニエ自身、この作品をNQCの一部とみなしつつも、NQCでは、マーロン・リグスを除き、アフリカ系アメリカ人が可視化されておらず、その「空白を埋めよう」としたのだと語っている。[*1] とすれば、デュニエの『ウォーターメロン・ウーマン』は、NQCとともに、それに抗してある、というのがふさわしいように思われる。

本作のなかで、レンタルヴィデオ店に勤め、イベントの撮影をしながら映画作家を目指すフィラデルフィア在住の黒人レズビアン・シェリルを演じるのは、監督のシェリル・デュニエ（以下、作中人物をシェリル、監督をデュニエと記す）である。シェリルが制作したいのは「黒人女性についての映画」である。「わたしたちの物語はこれまで語られてこなかった」と、彼女はその理由を語る。歴史における黒人女性の不在を映画制作の原動力とするこの作品は、女性たちの人生や関係が紙の上では存在しないものとされている歴史を変えたいという点で、本書収録の「クィア・シネマの場所」で論じた『Go Fish』と問題意識を共有しているのである。ある黒人女優の生涯を自らの作品のテーマに決めたシェリルは、映画における黒人女性の表象のみならず、地元フィラデルフィアにおける黒人文化の歴史を発掘し、自身のアイデンティティや映画作家としてのあり方について試行錯誤していく。こうした一連のプロセスを描き出すのが『ウォーターメロン・ウーマン』という作品である。

ドキュメンタリーとフィクションの間を行きつ戻りつしながら、一六ミリフィルム、スーパー8、ヴィデオテープ、写真、ポスター、ホーム・ムーヴィーといった多用な媒体と形式からなる『ウォーターメロン・ウーマン』は、複雑で重層的な構造をもつ作品である。デュニエがシェリルを演じるだけでなく、デュニエの母親であるイレーヌがシェリルの母親として登場するなど、自伝的要素が強く、真正面に置かれたカメラに向かって観客に直接語りかける方法（トーキング・ヘッズ）なども、強いドキュメンタリー的効果を生み出している。

だが、映画の最後にクレジットタイトルが映し出された瞬間、観客は劇中に登場する映画『プランテーションの思い出』も、その作品に出演している「ウォーターメロン・ウーマン」とクレジットされた女優も、当時の写真やホーム・ムーヴィー、手紙といった「歴史的証拠」の多くもフィクションであったことを知らされる。すべてがフィクションなのではなく、実際の史料にフィクショナルな史料が混じっていることこそが重要なのだ。存在しない歴史を書くためには、オルタナティヴな歴史的証拠を組み込むしかなく、この映画はそうして「歴史のやり直し」を試みるのである。

直感という知

黒人女性についての映画を撮る、というシェリルの漠然とした、だが強い意志に具体的なかたちを与えるのが、先に挙げた『プランテーションの思い出』に出演していたウォーターメロン・ウーマンである。今まで見たなかで「最も美しいマミー」エルシーを演じるウォーターメロン・ウーマンに心を動かされたシェリルは、同時に「彼女の表情や、動きに、ある真剣で興味深い何か」を感じる。シェリルがこのとき感知したものがなんであったのかを、わたしたち観客は後に知るのだが、シェリルの「直感」は、オルタナティヴな歴史を可能にするひとつの知のかたちであり、言い換えれば、クィア・ヒストリオグラフィーのひとつの方法なのである。それは、マイノリティの経験をめぐる絶えざる不安定性からくる固有の知、文学者のブライン・ハーパーが言うところの「感じられる直感」であろう。[*2] シェリルはウォーターメロン・ウーマンを見た瞬間、すでに知っていることを「直感」として感知するのだ。

黒人女性の歴史を取り戻そうとするシェリルの試みは、アメリカの大衆文化における人種主義の極地ともいえる黒人女性のステレオタイプの歴史を探ることから始まりながらも、調査対象である女性を「最も美しいマミー」と認識し、その美しさに触発されて映画制作に取りかかるという点で、両義的なものである。

映画のタイトルは、メルヴィン・ヴァン・ピーブルズ監督の『ウォーターメロン・マン』（一九七〇）のタイトルを流用したものであろうが、ウォーターメロン（すいか）は合衆国において、黒人が、しばしば歯を剝き出しにしてむさぼり食べる好物として表象されてきた。南北戦争後は、「古き良き」プランテーション（栽植農園）時代を懐かしむイメージとして繰り返し視覚化されたすいかと黒人という組み合わせは、記念品、収集品、土産物のモチーフとなって一九五〇年代にいたるまで商品化され続けたのである。[*3]

そもそもマミー（Mammy）とは、ジェンダー化された女性奴隷の形象であり、女主人に誠実に使え、親身になってその子どもたちの面倒をみる召使いとして、映画や文学に登場してきた黒人女性のイメージである。白人に従順で、愛情深く奉仕するマミーは、ほとんどの場合、若さや「女性的身体」の魅力を欠いた非性的な存在として描かれてきた。母性的な優しさと、養育者としての厳しさをあわせもつマミーは、アフリカ系アメリカ人研究者のキンバリー・ウォラス＝サンダースによれば「深く響く心地よい声をもち、忍耐強く、朗らかに笑い、自嘲的なウィットのもち主であり、自らが劣等であることを理解し受け入れ、白人に献身的」な女性であり、人種とジェンダーの本質主義と、南北戦争以前の南部の神話とノスタルジアとが入り混じって長年「アメリカ的心性」に影響を与え続けてきたものである。[*4]

すなわち、マミーとは、白人に都合のいいように構築された黒人女性のステレオタイプなのである。それにもかかわらずシェリルは、「マミー」を演じる女優の美しさに惹かれ、欲望する。だが、そこにあるのは、欲望だけではない。『プランテーションの思い出』に刻まれた、この時点ではまだ明らかにされない彼女が見せる「何か」によってもシェリルの映画制作への欲望は駆動されている。マミーの役をリップ・シンク（音声に合わせて発声せずに口を動かすこと）で再演してみせるシェリルは、欲望と同一化の間を揺れ動いているかのようだ。女性の世界と映画の世界の両方に関わるウォーターメロン・ウーマンは、シェリルにとって、欲望の対象であるだけでなく、同一化の対象なのである。

黒人と白人の間の親密さ

マミーの表象には、この映画が問いかけるもうひとつの重要なテーマがすでに胚胎している。それは、異人種間の親密な関係である。[*5]『プランテーションの思い出』のなかで、女主人の涙をハンカチでそっとぬぐうエルシー（マミー）には、女主人に対する同性愛的欲望の、あるいは同性愛的関係の可能性が示唆されている。[*6]

映画のなかでシェリルは、ウォーターメロン・ウーマンをめぐる歴史的プロジェクトを開始し、彼女の本名がフェイ・リチャーズであること、映画女優を引退してからは、地元フィラデルフィアのクラブで歌手をしていたこと、そして『プランテーションの思い出』の白人女性監督マーサ・ペイジの恋人であったことを突き止めていく。

リチャーズの恋人であったとされるマーサ・ペイジは、一九二〇年代後半から四〇年代前半にかけてハリウッドで唯一の女性映画監督であったドロシー・アーズナーを下敷きにしている。『ウォーターメロン・ウーマン』の公開に先立つ一九九四年に、フェミニスト映画研究者ジュディス・メインによる『監督、ドロシー・アーズナー』が出版された。[*7] メインの研究は、アーズナーをフェミニストであると同時にレズビアンの映画作家として見出す画期的なものであったが、そのアプローチは、作品の読解だけでなく、残された写真をもとにアーズナーの作家性を構築するというものである。アーズナーは注意深く自らを男性的な女性として表象し、その監督としてのペルソナを作り上げていった。女優のクララ・ボウと戯れている写真に込められた性的含意や、女優ロザリンド・ラッセルと見つめ合う写真などに見られるブッチ・レズビアン（男性的要素を強調して自己表象するレズビアン）としてのイメージはアーズナーの作家性をなす重要な部分であった。『ウォーターメロン・ウーマン』も同様に、残された写真を通して、ペイジがいかに自己と、そしてリチャーズとの関係をブッチ・フェムとして様式化していたかをシェリルが読み解いていくという仕掛けをもっている。ペイジを演じる映画研究者のアレクサンドラ・ユハスはこの作品のプロデューサーであり、また、当時デュニエのパートナーであったことを公にしている。白人である彼女と黒人であるデュニエとの関係もまた、この作品が重層的に描く異人種間の親密な関係に織り込まれているのだ。

こうしてデュニエは、一九三〇年代のハリウッドにおける唯一の女性監督ドロシー・アーズナがブッチ・レズビアンであった事実を、自らが書きつつある黒人女性の映画の歴史に組み込んでいく。ペイジとリチャーズの関係について調査を進めるシェリルは自らも白人女性（レンタルヴィデオ店の客のダイアナ）と関係を深めていくのだが、黒人女性と白人女性の間に生じるレズビアン的欲望や関係性は、デュニエが初期作品でも繰り返し取り上げてきたテーマである。また、黒人コミュニティでも、この問題は盛んに議論されてきた。[*8] フェミニスト理論家のベル・フックスが指摘する通り、黒人女性と白人女性との親密な関係性を、レイシズムと白人至上主義の歴史を抜きには語ることは不可能であろう。[*9]

しかし『ウォーターメロン・ウーマン』は、黒人女性と白人女性の親密な関係に潜在する権力関係に自覚的でありつつも、異人種間で起こる欲望や関係性を否定しない。リチャーズが最後の二〇年をともにしたパートナーのジューン・ウォーカーは、シェリルに宛てた手紙のなかで、黒人同士の絆のみが信頼に足るものだとし、フェイ・リチャーズの歴史に白人女性マーサ・ペイジの存在を含めることに強く異議を唱える。それに対し、マーサとともに過ごした時間もまたフェイの人生の貴重な瞬間であると語るシェリルは、その事実を「なかったこと」にするのに抵抗する。この作品は、異人種間の欲望と関係の根底にある人種主義の歴史や権力関係の消去を拒み、そこに生じる矛盾や両義性を引き受けながら立ち現れる黒人レズビアンの主体性を描いているのではないだろうか。

『プランテーションの思い出』のマミーと女主人との間に示唆されるエロティックな欲望、リチャーズとペイジ、デュニエとユハスの関係など、『ウォーターメロン・ウーマン』で扱われる黒人と白人との間の親密な関係は複数あり、それらが重層的に作品のなかに織り込まれている。またシェリルとダイアナとの関係には、黒人女性の白人女性に対する欲望だけでなく、白人女性の黒人女性に対するフェティッシュな眼差しの存在が示されている。リチャーズとペイジの関係は、シェリルとダイアナによって反転され、反復されるのだ。だが、親友で黒人レズビアンのタマラに「白人好き」と非難されても、シェリルは、欲望の対象によって自己のアイデンティティが規定されることに抗う。レンタルヴィデオ店の同僚となる白人女性のアニーや、ダブル・デートの相手となる黒人レズビアンのイヴェットといった人物描写からも明らかなように、この作品は、映画における人種表象のステレオタイプをパロディ化する。それと同時に、映画で慣習的に描かれてきた人種による「役割分業」や、理想化される黒人同士の友情や連帯に対しても批評的な視線が向けられるのである。

フィーリングのアーカイヴ

黒人女性の歴史を「映画で書く」ことを目論む『ウォーターメロン・ウーマン』において、重要な役割を果たしているのがアーカイヴである。ウォーターメロン・ウーマンの本名はなんなのか。どんな人物で、どのような人生を送ったのか。こうした問いを解明すべく、シェリルはさまざまな場所を訪れる。フィラデルフィア公共図書館、母親の自宅地下室、「人種映画」の収集家リー・エドワードの自宅、レズビアン情報テクノロジー・センター（C.L.I.T.＝Center for Lesbian Information and Technology）などである。最も公的で制度化されたアーカイヴであるフィラデルフィア公共図書館ではいかなる資料も手がかりもえらなかったシェリルが、必要な情報を手に入れるのはC.L.I.T.でのことである。ボランティアによって運営されているC.L.I.T.では、公的なアーカイヴのような洗練された分類のシステムなどなく、資料は段ボール箱のなかに入ったまま、サラ・シュルマン[*10]演じるスタッフによってぞんざいに扱われている。クィア・アクティヴィズムの歴史に関する「アーキヴィスト」であるシュルマンの起用や、情報とテクノロジーを冠したセンターの非効率性やローテクぶりのユーモラスな強調を含め、これはニューヨークに実在する「レズビアン・ハストリー・アーカイヴ（Lesbian Herstory Archives）」のパロディなのである。

だが、この作品で最も重要なアーカイヴは、シェリルの母親であるイレーヌの記憶やその友人たちのネットワークであろう。一九四〇年代、フィラデルフィアの黒人向けクラブで歌っていた女性がいたこと、彼女の本名がフェイ・リチャーズであること、リチャーズがそこでストーン・ブッチ・レズビアン（ジェンダー表現において「男性的」であることを好み、性的に「受動的」とされてきた役割を好まないレズビアン）のために歌っていたことまで明らかになるのは、彼女たちの証言と当時撮影した写真があってのことである。リチャーズの晩年のパートナーであったウォーカーが残した、手紙と写真の入った小包は、彼女の人生の最後の時間についてのアーカイヴなのである。こうして公的でない記憶や友人のネットワークを含めたアーカイヴを通じて、わたしたちはウォーターメロン・ウーマンの歴史に招き入れられるのだ。

この作品が描くオルタナティヴなアーカイヴは、クィア／レズビアン文化の研究者アン・ツヴェコヴィッチが「フィーリングのアーカイヴ」と呼ぶものにほかならない。脆弱で正統性を欠き雑多な物質、非物質からなるフィーリングのアーカイヴは、レズビアン文化によって生み出されると同時に、それを生み出し維持するオルタナティヴなアーカイヴである。[*11]

『ウォーターメロン・ウーマン』のアーカイヴを構成する多様な史料には、ジャズシンガーや女優として活動していた黒人女性たちの写真、一九一〇年代から五〇年代にかけて黒人観客に向けて制作された黒人主演の「人種映画」と呼ばれる映画群のポスター、そして一九四〇年代のフィラデルフィアの黒人クラブやナイトスポットの写真や映像などがあり、それらは、アーティストのゾイ・レナードによって撮影されたリチャーズに関する写真やホーム・ムーヴィーと共存している。[*12] この映画で、シェリルが「過去」を再構築するために用いるドキュメンタリーの手法は、デュニエが一貫して実践してきた自伝的ドキュメンタリーである「デュニメンタリー」の延長上にある。[*13] だが、ドキュメンタリーは、デュニエ個人によって選ばれているだけでなく、一九九〇年代前半に台頭した黒人の映画制作に共通する方法、ジャンルでもある。黒人文学における過去の想像的再創造の伝統を引き継いで、「事実」と「フィクション」の交差点で映画制作をおこなう黒人映画作家たちの作品に見られるこの傾向を、文学者のヴァレリー・スミスは「ドキュメンタリーの衝動」と呼ぶ。[*14] それは、ジャンルを混交しつつも、ドキュメンタリーを通じて歴史的事実という概念を再検討する欲望から生まれた衝動である。オルタナティヴなアーカイヴを通じてリチャーズという架空の人物の過去を追跡し、それによって、レズビアンを含んだ黒人女性の歴史を再構築しようとするデュニエの試みにあるのもこうした「ドキュメンタリーの衝動」なのではないだろうか。[*15]

『ウォーターメロン・ウーマン』は、過去の記録と現在の創作を歴史の名において共存させる。フェイ・リチャーズを介して黒人女性の歴史を映画で書くというシェリル／デュニエの目的は、その過程において、レズビアニズムを含む歴史となっていく。実在した過去の黒人俳優たちの写真を一枚一枚観客に見せながら、その最後に自らのイメージを置くことによって、シェリル／デュニエも歴史の一部になることが視覚的にも強調されているのだ。「わたしは黒人でレズビアンの映画作家」と語るシェリル／デュニエは、（ありえた）過去であったフェイを「希望」だと語る。そうして過去と現在、未来が共存する時間のなかで歴史を書き続けるのだ。

註

＊1 サラ・シンウェルによるデュニエへのインタビュー。Sarah E. S. Sinwell, "Cheryl Dunye," in *Independent Female Filmmakers: A Chronicle Through Interviews, Profiles, and Manifestos*, ed., Michele Meek (New York and London: Routledge, 2019), p. 113.

＊2 Phillip Brian Harper, "The Evidence of Felt Intuition: Minority Experience, Everyday Life, and Critical Speculative Knowledge," in *Black Queer Studies: A Critical Anthology*, ed., E. Patrick Johnson and Mae G. Henderson (Durham and London: Duke University Press, 2005), pp. 106–123.

＊3 すいかと黒人の結びつきについては諸説あるものの、鮮やかな原色である赤色は「原始的」であるがゆえに黒人が好むというものや、夜にすいかを盗むためにすいか畑に侵入した黒人が主人に捕らえられる話をもとに、黒人の「正直さ」に関する教訓めいたものとして、すいかは連想されてきた。Kenneth W. Goings, *Mammy and Uncle Mose: Black Collectibles and American Stereotyping* (Bloomington and Indianapolis: Indiana University Press, 1994), p. 37.

＊4 Kimberly Wallace-Sanders, *Mammy: A Century of Race, Gender, and Southern Memory* (Ann Arbor: University of Michigan Press, 2008), p. 2.

＊5 作品の冒頭でシェリルと彼女の親友のタマラが撮影している異人種間異性婚のウェディング・パーティーは、こうした問題を作品のフレームとして示す役割を果たしている。

＊6 この場面にレズビアン的欲望を読み解くものして、以下を参照されたい。Mark Winokur, "Body and Soul: Identifying (with) the Black Lesbian Body in Cheryl Dunye's *Watermelon Woman*," in *Recovering the Black Female Body: Self-Representations by African American Women*, ed., Michael Bennett and Vanessa D. Dickerson (New Brunswick, NJ and London: Rutgers University Press,2001).

＊7 Judith Mayne, *Directed by Dorothy Arzner* (Bloomington and Indianapolis: Indiana University Press, 1994).

＊8 自伝的要素を多分に含む以下のデュニエ初期作品で、黒人女性と白人女性の間のレズビアン的欲望と関係が描かれている。『ジャニーン』(Janine, 一九九〇)、『シー・ドント・フェイド』(She Don't Fade, 一九九一)、『ヴァニラ・セックス』(Vanilla Sex, 一九九二)、『ポットラックと情熱』(The Potluck and the Passion, 一九九三)、『アフリカからこんにちは』(Greetings from Africa, 一九九四)。

＊9　フックスは、黒人女性が白人女性のみを恋人にしたがる傾向に言及し、黒人家族がホモフォビアを表出する原因として合衆国の人種主義の歴史があることを示唆しているが、その際フックスは、レズビアニズムを白人的なものと同一視しているように思われる。また、小説『カラー・パープル』におけるセリーとシャグの関係を単に性的なものとして論じ、ホモセクシュアリティが黒人家族に対する脅威として捉えられているという認識を示すなど、フックス自身のホモフォビアが垣間見える部分もある。Bell Hooks, "Homophobia in Black Communities," in *The Greatest Taboo: Homosexuality in Black Communities*, ed., Delroy Constantine-Simms (Los Angeles: Alyson Book, 2002).

＊10　小説家、劇作家、研究者と多面的な活動をおこなうシュルマンは、エイズ・アクティヴィズムおよびレズビアン・アクティヴィズムに深く関わってきた。

＊11　Ann Cvetkovich, *An Archive of Feelings: Trauma, Sexuality, and Lesbian Public Cultures* (Durham and London: Duke University Press, 2003).

＊12　映画『ウォーターメロン・ウーマン』のためにレナードが撮影した写真、ノートブックは「フェイ・リチャーズ　フォト・アーカイヴ」として、一九九七年、ホイットニー美術館のバイエニアル展でインスタレーションとして展示された。ゾイ・レナード、シェリル・デュニエ「フェイ・リチャーズ　フォト・アーカイヴ」斉藤綾子訳、リサ・ブルーム編『視覚文化におけるジェンダーと人種――他者の眼から問う』斉藤綾子・とちぎあきらほか訳、彩樹社、二〇〇〇年。

＊13　Sinwell, "Cheryl Dunye," p. 113.

＊14　Valerie Smith, "The Documentary Impulse in Contemporary African-American Film," in *Black Popular Culture*, ed., Gina Dent (New York: The New Press, 1998).

＊15　シェリルやタマラが屋上で踊る非物語的なショットの後景に映し出されるフィラデルフィアの都市景観は、一九九〇年代に、スパイク・リーやジョン・シングルトンらがニュー・ブラック・シネマで描いた黒人の都市生活との親和性を明らかにすると同時に、そうした男性作家との差異をも示唆するものとなっている。

第3部

クィア・シネマとスターたち

パンパン、レズビアン、女の共同体——女性映画としての『女ばかりの夜』

はじめに

連合軍による日本の占領終結から九年、赤線（売春を目的とする特殊飲食店街）が廃止されて三年が経過した一九六一年に、映画『女ばかりの夜』は公開された。梁雅子の小説『道あれど』を田中澄江が脚色し、田中絹代が監督したこの映画は、元パンパン（主に在日米軍を相手にした娼婦）の邦子（原知佐子）を主人公に、かつて遊郭や赤線で働いていた女性たちの更正を主題とした映画である、ととりあえずは要約することができよう。

「みなさまご承知のように売春防止法案が昭和三十三年成立致しましてから各地の赤線の灯は消えましたが、その後……」というナレーションとともに映画が幕を開けると、スクリーンには、街角に立つ女たちや、旅館で抱き合う男女、ガード下にたむろする女たちが次々と警察によって護送車に押し込まれ、連れ去られる様子がテンポよく映し出されていく。オープニング・クレジットのあと、物語の舞台となる白菊婦人寮を捉えたショットが挿入されると、次いで画面は、その光輝く美しさを画面全体に放射する寮長・野上（淡島千景）へと転換する。婦人寮という女性のホモソーシャル（異性を排除した同性による密接な結びつき）な空間における野上の存在感が、その威厳ある語り口と凛とした美しさのなかに明示される場面である。アシスタントとして野上のそばに寄り添っている北村（沢村貞子）と、野上を取り囲む婦人会の女性たちをカメラが捉えると、そこへ寮生の邦子がお茶を運んでくる。冒頭からすでに、この映画を貫くテーマのひとつである共同体内部における女性たちの差異が凝縮されたかたちで刻印されている。監視する者とされる者、外からこの空間に入り込み、「わたしたち」と「彼女たち」とを峻別する者。婦人寮には、元パンパンの邦子をはじめ、赤線や遊郭で働いていた女性たちが寝起きをともにしているが、婦人会の面々が施設内を歩き始めると、さらに「監視される者」である寮生たちのなかにある差異が浮かび上がる。白菊婦人寮は、性病の有無によって女性たちの間に境界線が引かれた空間でもあるのだ。

婦人保護施設を舞台に、元売春婦の更正というテーマを扱った作品といえば、まず、成瀬巳喜男の『白い野獣』（一九四八年製作／一九五〇年公開）が思い出されるかもしれない。この映画が製作された一九四八年は、パンパン映画ブームが起こっていた。[*1] 田村泰次郎の同名の小説をマキノ正博が監督した『肉体の門』をはじめ、溝口健二の『夜の女たち』、『白い野獣』などが立て続けに製作されている。パンパン映画ブームをはじめ、文学、カストリ雑誌（主に性的な内容を売りものにした安価な雑誌）、ヌードショーで表象された女性身体は戦後の「肉体解放」のシンボルであったとされる。だが、この解放は誰にとっての「解放」だったのだろうか。それは当の女性たちによって、本当に「解放」と感知されたのだろうか。というのも、『肉体の門』のマヤや美乃がその性的欲望ゆえに仲間たちから痛めつけられるように、戦後あらゆる文化領域で表象された女性とその身体は、決して解放などされておらず、むしろ過剰なセクシュアリティの象徴として、最終的には罰せられる存在にほかならないからだ。そして、パンパン映画の隆盛から遅れること約一〇年、「もはや戦後ではない」一九六一年に、『女ばかりの夜』は公開された。

一九五八年の売春防止法（以下、売防法）完全施行を歴史的背景としてもつこの映画の物語の核は、婦人寮に収容されることになった女性たちの連帯と確執であり、邦子という元パンパンの女性が挫折を繰り返しながら模索する再生への道のりである。白菊婦人寮という非均質的な女性共同体には、亀寿（浪花千栄子）という名のレズビアンさえ登場するが、女性同性愛者がこのように明確な輪郭を与えられて画面に映し出されるのは、当時一般公開された商業映画としてはきわめて異例のことである。

本章では、『女ばかりの夜』におけるレズビアン表象に焦点を当てながら、こうした表象実践が生起する場としての「女の共同体」について考察する。そして、元パンパンとレズビアンとを同一の空間に包含する女性共同体に、こうした表象を生み出したもうひとつの「女の共同体」を重ね合わせることによって、『女ばかりの夜』を「女性映画」として位置づけようと試みるものである。映画という表象装置は、ジェンダーやセクシュアリティに関する文化的想像力の源泉として機能してきたが、戦後の日本におけるセクシュアリティの変遷と親密性の再編においても、映画の果たした役割は決して小さいものではない。ここでは、売防法施行以後という限定的な歴史的、社会的文脈において、女性のセクシュアリティがいかに語られ、想像され、そして構築されたのかの一例として『女ばかりの夜』の分析を進めていくが、それは同時に、誰が、どのような視点から女性のセクシュアリティや女性の親密な空間について語り、表象するのかを問う作業になるであろう。[*2]

レズビアン表象

この映画におけるレズビアン表象は、きわめて早い段階のものであるだけでなく、その表象の仕方においても特異なものである。一九六〇年以前の日本映画、とりわけ一般劇映画の枠組みにおいて、亀寿のような女性同性愛者が明示的に表象されるケースがほとんど見当たらないことは、先に述べた通りである。もちろん、ピンク映画や成人映画に対象を広げれば、それらしき表象がないわけではないし、一九三〇年代には、吉屋信子の少女小説を原作とし、「エス」と呼ばれた女性同士の親密な関係を描いた映画も製作されていた。[*3] だが、これらの映画は、女性の女性に対する欲望を、肉体と精神に分断し、女性同性愛を性行為としてのみ表象するか、「友情」という名の精神的な繋がりとしてのみ描くかのどちらかであった。

日本映画におけるレズビアン表象を語るには、多くの困難と不自由さとがともなう。レズビアニズムが女性の欲望を描きつつも、異性愛主義的な眼差しに奉仕するかたちで視覚化されてきた経緯に加え、何をもって、女性の女性に対するエロティックな欲望や関係の「証拠」とみなすのかという厄介な問題もある。「いかなるパフォーマンス、実践においても、セクシュアリティは十全に表現されえない」[*4]と、哲学者のジュディス・バトラーは語ったが、そうしたセクシュアリティ表象の困難さを十分に自覚したうえでなお、この映画に表出された同性愛的欲望や関係性への切望について考えてみたい。

日本に限ったことではないが、女性同性愛をめぐる映画表象は二極化する傾向がある。一方にあるのが視覚的暗示や共示だとすれば、他方にあるのは過剰な視覚性である。文学研究者のＤ・Ａ・ミラーは、ヒッチコックの『ロープ』の読解において、曖昧に共示されるだけの同性愛は記号的機能不全の領域に押しとどめられており、その場合の共示は同性愛を不可視のものにとどめておくホモフォビックな意味作用であると述べている。[*5] 実際、日本の文化作品においても同性愛に関する言説やイメージは、サブテクストという名のもとに、多くの場合「二次的な」ものとして読まれてきたし、また、映画においても、女性の女性に対する欲望は、友情など別のかたちへと転位され、隠蔽され、抑圧されるのがつねである。[*6]

他方の極には、過剰な視覚性、すなわちスペクタクルとしてのレズビアニズムがある。ここでいうレズビアニズムとは、性的な行為によってのみその欲望が表象され、性器的な身体接触によって定義されるレズビアニズムである。親密性や情緒的な交わりを欠いた性行為が、映画の語りやテーマになんら関与することなく視覚化されるなど、その多くは異性愛プロットに従属し、添え物となるための存在にすぎない。『女ばかりの夜』が我々に差し出すのも、このように過度に視覚化され、明白すぎるほど明白に示されたレズビアニズムであるかのように見える。浪花千栄子という希代の演技者を得て、亀寿のキャラクターは演劇的な誇張によって戯画的な造形を施されており、その結果、このレズビアン的人物に我々観客が情緒的繋がりを持つことは困難であろう。

あるいは、亀寿の振る舞いがレズビアン的な欲望と全く無関係であるという解釈を誘導するような語りの仕掛けも、このテクスト（映画）にはある。梅毒罹患者（脳梅毒）という語りのポジションによって、彼女のエキセントリックな行動や言動はすべて説明されうるし、それによって、同性愛的な欲望をあくまでも梅毒の効果として物語的に回収することも可能であろう。『白い野獣』にも脳梅毒で発狂する女性が登場するように、梅毒を介してパンパンと狂気を結びつけるのは映画表象におけるひとつの型であるが、女性同性愛もそこからそう遠くはない。『女ばかりの夜』の冒頭、婦人寮を視察にきた婦人会のグループに対して寮母・北村は、頭を指した指をくるくる回しながら、亀寿は「病気のせいかときどき発作を起こすのだ」と語っている。あたかもレズビアニズムは病いからくる発作であるかのようだ。だがこの映画において視聴覚的に構築された亀寿という人物は、きわめてクィアな読みを呼び込まずにはおかない。その立ち振る舞いや言動によって強調されている亀寿の奇妙さ、異様さは、この人物が時間的空間的逸脱者としてこの映画に存在していることと密接に結びついている。亀寿が画面に初めて導き入れられた後、婦人会のひとりがすかさず北村に尋ねるように（「あの方、お若いんですの？ お年寄りですの？」）、亀寿は時間的混乱を体現する人物である。体調の悪さを更年期のせいではないかと疑う亀寿と、更年期はとっくの昔に過ぎたとする北村との会話や、三つ編みのお下げ髪といった少女的記号もまた彼女の時間的他性を露にする。はるか年下のよしみ（富永美沙子）に「年甲斐もなく」執着している亀寿が、彼女のそばを片時も離れず、その髪をとかしたり、トイレにも連れ立って行こうとするように、『女ばかりの夜』は、その「女学生」的振る舞いをことさら強調する。子どもじみた仕草や身振り、落ち着きなく動きまわっては喋り続けるといった一連の行動が、一層幼さや未熟さを印象づけ、五九歳で寮の最年長者であるという亀寿の語りの位置との大きなギャップを生み出す。

聴覚的にも、亀寿は関西弁の使用によって他者と差異化されている。ほかの女性たちの言葉がなんらしるしづけられていない点から見ても、亀寿は明らかに言語的他者としてこの空間にある。五九歳という年齢がすでに婦人寮には「場違い」な亀寿。女学生風の身なりでお下げ髪を垂らし、はるか年下のよしみをしつこく追いかけ回す亀寿。関西弁でまくしたてる亀寿。彼女のこうした特異性は、時間的・空間的逸脱としてのクィアネスを刻印する。クィア理論家のジャック・ハルバシュタムはクィアをセクシュアリティのみならず、時間的、空間的特性において概念化し、「非良識的な」時間的思考と実践をおこない、想像的な生のスケジュールをもつ奇妙な時間的存在者をクィアとみなしたが、亀寿のエキセントリシティもまた、規範的な時間と空間に抵触するその存在の仕方と無関係ではない。[*7]

だが、こうした時間的空間的逸脱者としての視聴覚的構築にもかかわらず、「白菊婦人寮」という女性共同体にあって、亀寿は異質でこそあれ完全な他者ではないという点に注意したい。亀寿の執拗な身体的接触に嫌悪を表すでもなく、緩慢な受動的態度で接するよしみや、からかい半分であってもホモフォビアを感じさせない寮生たちの反応は、亀寿の異質性が「大食いの松子（田上和枝）」や「規律違反常習犯の小雪（関千恵子）」と同じように、この共同体を構成する一要素であることを示しているのではないだろうか。一見すると、ネガティブなレズビアン・イメージを背負っている亀寿だが、『女ばかりの夜』は、その異質性をも女性の間にある差異のひとつとして受け入れる共同体、それ自体が非常に非均質な共同体を映画内共同体として出現させるのだ。

女性共同体

映画に描かれる女性共同体

『女ばかりの夜』には、いくつもの共同体が重層的に存在しており、その複数性や非均質性が多様な女性同士の絆をかたちづくることになる。この映画に描かれた第一の共同体は「白菊婦人寮」であり、そこには監視し更生へと導く女性たちと、監視の対象であり更生を促される側の女性たちのふたつの集団が存在している。もっとも白菊婦人寮は視察の婦人会が訪れることもあれば、寮生が脱走を繰り返しては再入寮するなど、流動的で開かれた空間でもある。また、寮生たちの間でも性病の有無によって空間が仕切られているなど、ひとつの共同体と別の共同体とはときに重なり合い、ときに断絶しながら、さまざまな関係性で結ばれている。邦子の就職先である町工場もそうした共同体のひとつであるが、そこでは女工たちが恋人を交換したり、小遣い稼ぎのために体を売ったりしていることを邦子はやがて知る。自分たちの言いなりにならない邦子に腹を立てた女工たちによるリンチは、無理矢理脚を開き、ろうそくで性器に火傷を負わせるという性的な暴力である。リンチの最中に主犯格の女性が浮かべる恍惚とした表情は、このシーンの性的特質を十全に表現するものである。

このように『女ばかりの夜』が描く共同体は、ユートピア的世界からはほど遠い。自立更生の後押しをし、強い絆で結ばれている共同体もあれば、差別と暴力が支配する共同体もある。連帯と排除の緊張関係がつねにこの映画空間を満たしているのだ。だが、邦子が海女となってほかの女性たちに囲まれている映画のラストが明らかにするように、女の共同体でどんなに酷い目にあっても、彼女は最後の最後までそうした共同体への希望を捨てないのである。

『肉体の門』や『夜の女たち』に描かれるパンパンが「ナワバリ」をつくり、互酬の原理に基づいた強い絆で結ばれていたように、一九四〇年代後半に隆盛を誇ったパンパン映画にも女の共同体は存在していた。[*8] だが、『女ばかりの夜』は家父長的人物の表象においてそれらの映画とは決定的に異なっている。パンパンや赤線、婦人更正施設を扱う映画に必ずといってよいほど登場する家父長的男性キャラクターは、多くの場合、女性を庇護する父か恋愛の対象である。前者の例には『夜の女たち』の病院長がおり、後者には『白い野獣』の寮長がいる。ところが、『女ばかりの夜』には、父なり恋人なりの役割を担う家父長的男性キャラクターが完全に欠如しているのである。食料品店主から工場長にいたるまで、男性たちは優柔不断で、頼りがいがなく、打算的な人物として描かれており、映画の後半、邦子の異性愛ロマンスの相手として登場するバラ園の技師・早川（夏木陽介）にさえも、この映画は母親や周囲の反対を押し切って恋愛を貫く「男らしい男」になるチャンスを与えない。

こうした男たちと対照的に描かれるのが女性の「長」たちがもつ強さ、厳しさ、優しさである。邦子がリンチされたあと、白菊婦人寮の野上と北村がさっそく工場に駆けつける場面では、事を穏便に済ませたい臆病な男性工場長を尻目に、女工たちを叱りつつも庇い、必死に赦しを請う女性現場監督（菅井きん）などもその一例である。だが、この映画において最も印象的に家父長的ポジションを代理＝表象するのは、淡島千景演じる寮長・野上であろう。もともと原作の『道あれど』に登場していた男性寮長の姿が、田中澄江による脚本では跡形もなく消去されている。映画の冒頭から、その凛とした姿で画面を輝かせる淡島は、厳しさのなかにも深い愛情をもった長として寮生や寮母たちの尊敬と信頼を集めている。ある意味で、亀寿のレズビアニズム以上にクィアネスを感じさせるのが野上と邦子の親密さである。ふたりの強い絆は、異性愛を含めた、この映画のいかなる親密な関係性をも圧倒する強度を有している。いつまでも現在を浸食する「パンパン」としての過去から逃れられず、更生の失敗と挫折を繰り返す邦子が一貫して心の拠り所とするのが野上であり、彼女たちを結びつけているのが、途絶えることのない手紙の交換なのである。

映画を描く女性共同体

この映画に「描かれる」共同体とともにあるのが、「映画を描く」女性たちの共同体、すなわち原作者、脚本家、監督からなる共同体である。『女ばかりの夜』はこの三人の「作家たち」による共作にほかならない。例えば、映画研究者の大久保清朗は成瀬巳喜男の傑作と評される『浮雲』(一九五五)について、その映画的特性が原作者・林芙美子と脚本家・水木洋子の共作関係のなかにあるとし、映画を多角的な視点から検証する「複数的思考」を説いているが、[*9]『女ばかりの夜』においても、そうした映画の創造に関わる主体の複数性を思考することが不可欠であろう。大久保が語るところの「「創造」と「媒介」との緊密な聯繫」、あるいはその相補的な関係において『女ばかりの夜』を捉えることによって、この作品におけるレズビアン表象と女性共同体の関係が見えてくるのではないだろうか。

映画の原作となった梁雅子の『道あれど』には、映画をはるかに上回る女性同士のホモエロティシズムが描かれている。乳房を握る、キスをするといった邦代(映画では「邦子」)とチエコの間の身体的で官能的な親密性を強調する小説の始まりに呼応するのは、行方をくらましたチエコを探し求める邦代の痛切な思いを吐露する小説の最後である。邦子とチエコの友情については、その精神的な部分のみに焦点化し、原作において友情が分有していたエロティックな要素について、映画は黙して語らない。また、映画のなかでは亀寿ひとりに凝縮されているレズビアニズムも、原作では、三人の年老いた元娼婦が新入りの若い「美奈」に入れあげ、内職代と引き換えに肉体関係を結ぶ様子が直裁に描かれている。主人公の邦代をリンチする女工たちの性的興奮についても、原作の表現は赤裸々である。小説家の稲垣足穂によって「本質的な新しさと強靭さ」をもつと評された梁の硬質な文章は、『道あれど』における女性同士の親密な関係を「どすんと肉体主義」的なものにする。

だが、原作にあるホモエロティックなもの、性的なものが、映画において完全に消去されてしまったわけではない。それは脚色という作業によって媒介され、かたちを変えて映画『女ばかりの夜』に流れ込んでいるのだ。『道あれど』に内在していたホモエロティシズムがその強度を失ったことはたしかに否定しえない。だが、野上と邦子の関係に見られるように、原作にあった邦代とチエコの肉体的な親密性が後退するとき、映画では小説にはない新たなエロティシズムが生み出されるのだ。[*10]

このように映画と原作を媒介することによって創造の行為体となった人物が、『めし』(一九五一)、『稲妻』(一九五二)、『晩菊』(一九五四)などの脚本家として知られる田中澄江である。監督としての田中絹代とは『乳房よ永遠なれ』(一九五五)ですでに共作しているが、この映画においてもまた、女性の社会的かつ性的主体性を表現する果敢な試みがなされている。[*11]先に触れたように、原作で存在していた男性寮長が姿を消し、映画では野上が寮長となった背景には、田中澄江による女性空間の創造がある。映画のラストで邦子が新たに参入していく海女の共同体もまた原作には存在しない。こうした創作は、脚本家である田中が女性同士の絆を強調しようとした証左であろう。

ただし、『女ばかりの夜』において、元パンパンや遊郭、赤線で働いていた過去をもつ女性たちに注がれる田中澄江の眼差しは決して優しいものではない。映画研究者の斉藤綾子によれば、口うるさく、元パンパンの邦子を露骨に見下す食料品店主(桂小金治)の妻(中北千枝子)は田中澄江の自画像であるらしいが、[*12]実際、邦子が食料品店主を誘惑する場面や、街をうろつきながら、過去を回想して男の肉体を懐かしむモノローグには、邦子のパンパンとしての過去を個人の性的過剰さやその奔放さに結びつける視点が見え隠れする。たしかに、田中澄江はそうした女性たちに同一化することはないが、かといって、ほかの特定の階層や職業、年齢の女性たちに同一化するわけでもない。女性の女性に対する差別や排除、更正を阻む社会の冷淡と偏見などに対する田中の明敏な認識は、無批判に女性やその共同体を理想化せず、また欠点を粉飾することもなく、内部の多様性や非均質性を描くことに向かう。だからこそ、ある共同体から暴力的に排除されてもなお、別の女性共同体へと参入していく邦子を描く映画のラストは、女の共同体の可能性についての重要な問いかけとなるのだ。

監督の田中絹代は一九二四年、一五歳で映画デビューしたあと、松竹の看板女優ひいては日本映画を代表する女優となった。スランプを挟みながらも大女優として揺るぎない地位を築いていった田中が監督業に進出するのは、一九五三年『恋文』をもってである。木下恵介が脚本を担当したこの映画は、戦後の渋谷を舞台に、森雅之演じる主人公が、米兵のオンリー（特定の米兵と愛人契約を結んだパンパン）だった女性たちのために送金の催促をする手紙を代筆するというものであるが、ここですでに、オンリーやパンパンが主題として扱われている点に注目したい。監督第五作目にあたる『女ばかりの夜』で再び元パンパンを主人公に、売春防止法後の女性の更正を主題として取り上げた田中にとって、戦争の記憶はつねにこうした女性たちと分かち難く結びついていたと思われる。

田中絹代に限ったことではないが、女優という職業はつねにそのジェンダーによって有徴化され、性的な存在として構築されてきた。二五〇本以上もの映画（後にはテレビ）に出演し、五〇年にわたる女優としてのキャリアをもつ田中絹代が、「女性であること」の問題につねに直面してきたことは想像に難くない。そして、女優にとって「女性であること」の問題は、他者によって「性化」されることと地続きである。これまでの批評言説において、田中はしばしば非=性化あるいは脱=性化されるという逆説的な方法で、性的に構築されてきたといえる。過去から現在にいたるまで男性批評家が口にする田中絹代の色気のなさや「中庸の美」は、女優を性化する眼差しのもとに田中が置かれてきたことを明らかにしている。

ところで、パンパンと呼ばれる女性たちと田中絹代との結びつきを考えるうえで重要なのは、一九五〇年一月、日米親善芸術使節として渡米した田中が帰国した際の出来事である。小袖姿で日本を出発し、ホノルル、サンフランシスコ、シカゴ、ニューヨーク、ロサンジェルスの各都市を訪問して帰国した田中は、その凱旋帰国パレードでは打って変わり、アフタヌーン・ドレスに銀狐のコートを羽織り、赤いハイヒールにサングラスの出で立ちで登場、オープンカーから観衆に向かって投げキッスをし、「ハロー」を連発したことが新聞で報じられた。田中を「アメションオ女優」と呼び、そのアメリカかぶれを猛烈に批判するメディアの反応は、鮮やかな赤い唇と派手な服装で米兵を相手にするパンパン女性たちの「アメリカニズム」に対する視線と軌を一にしている。他者によって性化されることをその職業の重要な要素として持ち、「アメリカ化する日本女性」として非難された田中の女優としての経験は、占領下の日本で、あたかもアメリカと交わった身体をもつ者として性化され、セクシュアリティの過剰さや快楽主義という言説に包み込まれ、過表象された女性たちと明らかに重なる。つまり、田中絹代とパンパンと呼ばれた女性たちは、占領下の日本という歴史的状況において、「アメリカ」を介して性化される女性としての経験を共有していたのである。

「田中絹代には歴史がある」[*13]と評論家の川本三郎は言う。田中の女優としてのキャリアには、戦前と戦後を繋ぐ連続性があり、この連続性こそが共同体的な一体感を観客に呼び起こすのだと川本は指摘する。女優として「女性であることの」の問題に向き合ってきた田中絹代が、今度は監督として性化される女性の問題を梁雅子や田中澄江とともに共同体的な視点から問いかけたのが『女ばかりの夜』だったのではないだろうか。

女性映画

一体どのような意味で『女ばかりの夜』は「女性映画」なのだろうか。そして、今「女性映画」を論じること自体にどのような意味があるのだろうか。こうした問いに答えるために、まずは「女性映画」についての論点を整理し、次いで、フェミニスト映画理論において長い間議論されてきた「女性映画」と日本の「女性映画」との違いを明らかにしてみよう。

英語圏を中心とする映画研究において、「女性映画」という概念が登場してくるのは一九七〇年代前半である。フェミニスト映画理論の嚆矢とされるローラ・マルヴィによる一九七五年発表の論文「視覚的快楽と物語映画」は、主流物語映画の快楽を拒否し、制作と受容の両面においてラディカルな「女性映画」の実践を提起した論文として名高い。だが「女性映画」を考えるうえでマルヴィと等しく、あるいはそれ以上に重要でありながら、あまり顧みられることのない理論家がクレア・ジョンストンであろう。一九七三年、ジョンストンが映画祭用のパンフレットのために寄稿した「カウンター・シネマとしての女性映画」はマルヴィとは対照的ともいえる立場から女性映画の可能性を主張したものである。[*14]

『カイエ・デュ・シネマ』の批評家たちによって先導された批評的革新による影響下で、ジョンストンは映画が政治的ツールであると同時に娯楽でなければならないとし、政治的思想と娯楽映画が相互に依存するような相補的な関係をもつ映画の重要性を強調したのである。そして、欲望を通じて共同体的なファンタジーを解き放つことこそが女性映画（women's cinema）であるというジョンストンの定義に従えば、『女ばかりの夜』を、その商業性と政治性、共同性という観点から女性映画として再定位することが可能になるのではないだろうか。

アジアの女性監督と女性映画について考察した論文のなかで、斉藤綾子は、映画業界で長年女優として活躍してきた女性が撮影所システムのなかで映画監督になると、形式的には主流商業映画の作りを踏襲しながら、内容的には「周縁的で私的な生活圏に関わる」テーマを扱う傾向があると指摘する。[*15] 田中絹代もまた、メジャーな言語たる一般商業映画の枠内で、形式的には「作家性」をことさら主張することなく、また多くの女性映画に見られるようなモダニスト的なスタイルの革新性や前衛性を誇示することもなく、周縁化された女性に寄り添ったテーマで作品を撮っていった監督のひとりであろう。

さらに、他者によって性化されるだけの存在から、他者によるアイデンティティ付与を拒否し、自らの生を選び取る社会的存在へと生成する女性を描いた点で、『女ばかりの夜』は「女性の言説」を提示する映画の一例ともなっている。「女性の言説」とは、ジョンストンが、ハリウッドで活躍した女性監督ドロシー・アーズナーについて論じる際に打ち出した概念であり、女性を絶えず対象化する（男性的）視点に批評的に並置された女性の視点を意味している。[*16] 映画研究者のアリソン・バトラーはこの言説という概念が一定の表現形態をもたず、テクストを通じて組織化されたかたちでは作用しないこと、美学的であるよりはむしろ意味論的、イデオロギー的、あるいは社会的な表現を通して非連続的にフィルムに散りばめられていることを論じ、「フォーマリズム（形式的な要素を重視する美学的な方法）」への対抗手段であると述べている。[*17]

フェミニスト映画理論を観客論へと導いた重要な論文「女性映画再考」のなかでテレサ・デ・ラウレティスが提起したのも、まさにこうした美学と女性映画をめぐる問題であった。デ・ラウレティスは、女性に特有の形式的、主題的、あるいはスタイル上のしるしがあるかを問うこと、女性映画に特有の言語があるのかを問うこと自体が「主人の家」[*18]に囚われ続けることにほかならないと述べる。映画作品に関する価値判断は、なんらかの枠組みを前提としているが、この枠組みがすでに性差のヒエラルキーによって構造化されていることを疑うという作業は、日本の映画研究において長らく放置されてきたといえる。視覚文化を専門とする堀ひかりがいうところの「男が作り、批評してきた日本映画の言説空間」[*19]における監督・田中絹代についての語りは、年齢によって転換期を迎えた女優の転身といったものであり、作品に見るべきところがあるとすれば、それは彼女を演出してきた巨匠たちの影響によるもの、あるいは彼女を取り囲む有能なスタッフの功績であって、田中自身は非力で凡庸な監督として、まともな批評や分析の対象とされてはこなかった。[*20]だが「主人の家」にいながら、田中の作家論や作品論を展開したところで結果は同じである。「フェミニスト理論が美学や形式上の知識そのものを新たに定義し直すときがきている」、とデ・ラウレティスが三〇年以上も前におこなった提起は、いまだ果たされていない。だが、『女ばかりの夜』を分析し批評すること、すなわち、この作品を見直す（＝Re-vision）[*21]作業は、少なくとも、日本映画の文脈において、「男が作り、批評してきた言説空間」のあり方を問い直す行為となるはずである。

日本映画において、「女性映画」という言葉は「松竹」という名前と不可分の関係にあり、このジャンルは、いわば「松竹女性映画」を指すものとして、すでに一九二〇年代から存在していた。厳密な定義こそ困難であるものの、堀によれば、女優を売りに、ささやかな日常を描く松竹蒲田の特徴を体現していたのが「女性映画」であるという。すなわち、「瑣末」で「軟弱」な主題をもつ映画を言い換えたものが女性映画であり、「松竹「女性映画」というのは、「女々しい」というジェンダー化されたジャンルの名称と理解できる」[*22]のだと。

日本の女性映画をめぐる言説をもう少し見てみよう。映画研究者のミツヨ・ワダ・マルシアーノによれば、それは日活と松竹というふたつの映画撮影所が競い合う歴史的偶発事象のなかで、「地域特有の近代性」(vernacular modernism) を具現化したジャンルとして出現したものであり、映画という公共空間において「女性主体が自分たちの空間=位置を獲得した刻印」[*23]であるという。映画研究者の木下千花は「女性映画」が、一九三〇年代後半、日本映画界が地理的・階級的な「周縁」への関心を深め、かつては蔑視や排除の対象だった観客層とジャンルを取り込んでナショナルな文化として日本映画を構築しようとする運動の中で浮上したものであると述べている。[*24] また女性映画を「女性観客のための映画」とするワダ・マルシアーノに対し、「菊池もの」(菊池寛の小説を映画化した作品)を女性映画の嚆矢と位置づける映画研究者の志村三代子は一九二〇年代後半に製作されたそれらの映画群が「女性を対象とした、女性が主人公の映画であるにもかかわらず、多様な観客層の視線を常に意識して製作されている」[*25]と論じている。

日本の近代性とナショナリズム、消費文化とオルタナティヴな公共空間との関係において日本の女性映画を位置づけるこうした一連の研究に共通するのは、このジャンルの定義の中心に女性観客を置いている点である。これはもちろん、日本に限ったことではない。女性観客の存在は、英語圏における一九八〇年代以降のフェミニスト映画理論にあっても「女性映画」の核であり続けてきた。代表的「女性映画」論者のひとりであるメアリー・アン・ドーンは、サイレント時代から一九六〇年代始めまで制作されたこのハリウッド映画の一ジャンルは、女性を主人公に「女性的」と一般にみなされている諸問題を扱っているが、決定的に重要なのは女性観客を対象にしているという点であると指摘する。[*26]

しかしながら、日本の女性映画に関する研究は、主にジャンルとしての成立期とされる一九二〇年から三〇年代に限定され、それ以降の変遷や発展についてはほとんど考察されてこなかった。さらに、「女性映画」という用語自体の内容についても、もう少し詳しく検討する余地があるだろう。フェミニスト映画理論では、woman's filmとは似て非なるwomen's filmやwomen's cinemaといった概念が差異化され、理論化されてきたのであり、それらはときに重なり合いつつも、固有の意味を担ってきたのである。

英語圏における女性映画の概念的整理をおこなったジュディス・メインに従えば、（1）woman's filmとは女性の形象が「視覚的かつ物語論的体制に奉仕する」[*27]ハリウッド的商品であり、（2）women's filmは女性監督による作品、（3）women's cinemaは「視覚的かつ物語論的体制を問題化するような」作品である。[*28]「女性」が単数のwomanと複数のwomenとに区別されているのは、『アリスの否定』でデ・ラウレティスがおこなった表象において構成された女性（＝woman）と歴史的主体としての女性

（＝women）との区分がもとになっている。[*29] では一体『女ばかりの夜』とはどのような女性映画なのか。

この映画は女性監督による作品であり、その意味ではwomen's filmとしての性格をもつ。しかも、原作も脚色も女性が担当した『女ばかりの夜』は複数の女性による共作としてのwomen's filmである。だが前述したように、この創作の共同体は映画に描かれた共同体同様、一貫性も同質性も欠いた差異の共同体である。と同時に、この作品は既存の視覚的かつ物語論的体制を問題化するwomen's cinemaでもある。家父長的存在の描き方や女性共同体の強調によって、『女ばかりの夜』は、『肉体の門』、『夜の女たち』、『白い野獣』といった過去のパンパン映画における女性および男性表象に対する鋭い批評性をもち、「父」や「（男性の）恋人」に依存することなく社会において主体となるべく模索する主人公を語りの中心に置く。すなわち、クレア・ジョンストンが述べたところの「女性の言説」をもつ「女性映画」なのである。

おわりに

「元パンパン」の更正や自立を主題とする『女ばかりの夜』が公開されたのは、「パンパン」映画ブームもとうの昔に過ぎ去った一九六一年である。だが、このアナクロニズムは、同時代感覚に溢れるリアリズムも、女性の経験を美学化するフォーマリズムも初めから放棄したところにある時間的な「ズレ」なのだ。つまり、他者によって過度に性化されてきた女性たちを異なる視点から見直し、表象し直すための遅延なのである。個人的な物語にあっても、より大きな異なるほかの物語を反響させるような文学、脱領土化されたグループから生じ、たとえ「アクティヴ」なコミュニティの不在にあっても「共同性」

を想起させるそうした文学の典型をカフカに見出した哲学者・思想家のドゥルーズ、ガタリがそれを「マイナー文学」と名づけたように、アリソン・バトラーは「マイナー映画」としての「女性映画」に共同体の投影を見る。[*30] 邦子や亀寿といった女性たち個人の物語に戦後日本という物語を反響させ、社会的な存在たろうとする女性たちの共同体への希望を描く『女ばかりの夜』は、そうした「マイナー映画」としての「女性映画」と呼ぶのがふさわしいのではないだろうか。

この映画の核心ともいうべき「女性の共同体」とレズビアン表象との関係について最後にもう一度触れておきたい。「通常の映画にあって、女性の共同体はレズビアニズムを抑圧するかたちで働く」[*31]とジュディス・メインが述べるように、女性が共同体を構築する映画は、そこから周到に同性愛的欲望を取り除き、ジェンダーによる同一化の絆で結ばれた女性たちを描いてきた。それに対して、『女ばかりの夜』はレズビアニズムを女性共同体から生じる、あるいはその内部にあるものとして描き出すことによって、いわば、女性同士の絆の一形態としてのレズビアニズムを表現する。亀寿という女性同性愛者を共同体から完全に排除することなく、性的主体であると同時に社会的主体として生きていくことの困難と可能性とを観客に問いかける映画として『女ばかりの夜』はあるのだ。女性たちの親密な関係を可能にする場所と空間こそが、同時に彼女たちを分離するという共同体の振幅を映し出しながら、多様な差異と経験をもつ個人が「女性であること」によって直面する性化の問題を通して共同性を獲得するような、そうした女性の共同体の可能性を描いたのがこの映画なのだといえないだろうか。とすれば、『女ばかりの夜』は、女性が女性に向けて女性について語る、そうした「女性映画」としてあるのではない。多様な女性たちとの繋がりのなかで、他者によって定義された「わたし」から社会的主体への転成を図る物語を「わたしたち」という共同性を想起させる物語として語るその行為によって、この映画は初めて「女性映画」となるのだ。戦前から戦後にいたる女性のセクシュアリティは、貞節や純潔から、解放や過剰への変遷として語られてきた。だが、『女ばかりの夜』は「戦後の女性のセクシュアリティ」を「共同性」の視点から捉え直すことによって、他者の性化の眼差しに抗する女性たちとその共同体を語り、想像し、構築したのである。

註

*1 紙屋牧子「占領期「パンパン映画」のポリティックス――一九四八年の機械仕掛けの神（デウス・エクス・マキナ）」、岩本憲児編『占領下の映画――解放と検閲』森話社、二〇〇九年、一五一－一八六頁。

*2 この映画については斉藤綾子氏にご教示いただいた。記して感謝したい。斉藤氏は以下の論文において、『女ばかりの夜』を監督した田中絹代について、「女性」のテーマを中心に扱った女性映画監督として正当に評価されるべきだと論じている。斉藤綾子「ゆれる、女たち――アジアの女性映画監督、その歴史と表現――」、『社会文学』二七号、二〇〇八年、一〇一－一一四頁。なお本章は、二〇一二年にボストンで開催されたSociety for Cinema and Media Studies学会において発表した英語原稿を大幅に改稿したものであることも付記しておく。

*3 前者の例としては、修道院を舞台に、尼僧のレズビアニズムを描いた土居通芳監督『汚れた肉体聖女』（一九五八）があり、後者には川手二郎監督『乙女シリーズ　その一　花物語　福寿草』（一九三五）がある。

*4 Judith Butler, "Imitation and Gender Insubordination," in *Lesbian and Gay Studies Reader*, ed., Henry Abelove et al., (New York: Routledge, 1993), p. 315.

*5 D. A. Miller, "Anal Rope," *Representation* 32 (1990): pp. 114–131.

*6 Kanno Yuka, *Queer Female Networks in Japan's Visual Culture*, PhD diss (Irvine: University of California, 2011).

*7 Jack Halberstam, *In a Queer Time and Place: Transgender Bodies, Subcultural Lives* (New York and London: New

York University Press, 2005).

＊8　天野正子によれば、戦後の日本において、家族や学校などの「旧」中間集団から排除された人々のつくった「新」中間集団のひとつがパンパンであり、彼女たちにとって、ナワバリは「警察と役所という公権力に対する、境遇を同じくする女性たちの結束」を意味していた。天野正子『「つきあい」の戦後史——サークル・ネットワークの拓く地平』吉川弘文館、二〇〇五年。

＊9　大久保清朗「作劇と情熱——水木洋子の『浮雲』脚色」、『表象』二号、二〇〇八年、二二四－二四四頁。

＊10　また、原作では邦代が広島で被爆し、岩国でオンリーしていたという設定になっているが、こうした政治的含意も映画では薄められている。

＊11　斉藤綾子は「ダブル田中」と題された講演において、『乳房よ永遠なれ』、『女ばかりの夜』の二作における田中澄江と田中絹代の協力関係について論じている。Saito Ayako, Asian Spectrum: Japanese Cinema Special Lecture, 14th International Women's Film Festival in Seoul, April 20, 2012.

＊12　斉藤、上記の講演による。

＊13　川本三郎『今ひとたびの戦後日本映画』岩波現代文庫、二〇〇七年、二〇頁。

＊14　Claire Johnston, "Women's Cinema as Counter Cinema," in *Notes on Women's Cinema*, ed., Claire Johnston (London: Society for Education in Film and Television, 1973), pp. 24–31.

＊15　斉藤「ゆれる、女たち」。

＊16　Claire Johnston, "Dorothy Arzner: Critical Strategies," *The Works of Dorothy Arzner* (London: BFI, 1975) (reprinted in *Feminism and Film Theory*, ed., by Constance Penley, New York: Routledge, 1988).

＊17　Alison Butler, *Women's Cinema: The Contested Screen* (London and New York: Wallflower, 2002).

＊18　Teresa de Lauretis, *Technologies of Gender: Essays on Theory, Film, and Fiction* (Bloomington and Indianapolis: Indiana University Press, 1987), p. 131.

＊19　堀ひかり「ジェンダーと視覚文化　一九三〇—五〇年代　日本における女性と映像を中心に」、『ＲＩＭ』四巻二号、二〇〇二年、四一－五九頁。

＊20　その批評的無関心および不在にあって、唯一ともいえる例外が斉藤綾子による監督・田中絹代とその作品の再評価であろう。

*21 「リ・ヴィジョン（Re-vision）」は批評家であり詩人のアドリエンヌ・リッチによる。「振り返って見ること、新鮮な目で、古いテクストに新たな批評的方向から取り組むこと」を意味するこの行為は「女性にとっての生き残るための行為」である。デ・ラウレティスはリッチのこの言葉を「女性映画再考」の中で引用している。Adrienne Rich, *On Lies, Secrets, and Silence: Selected Prose, 1966–1978* (New York: W.W. Norton, 1979), p. 35; de Lauretis, *Technologies of Gender.*

*22 堀ひかり「映画を見ることと語ること——溝口健二『夜の女たち』（１９４８年）をめぐる批評・ジェンダー・観客」、『映像学』六八号、二〇〇二年、六一頁。

*23 ミツヨ・ワダ・マルシアーノ『ニッポン・モダン——日本映画１９２０・30年代』名古屋大学出版会、二〇〇九年、一七〇頁。

*24 木下千花「メロドラマの再帰——マキノ正博『婦系図』（一九四二年）と観客の可能性」、藤木秀朗編『観客へのアプローチ』森話社、二〇一一年、二〇七頁。

*25 志村三代子「菊池寛の通俗小説と恋愛映画の変容——女性観客と映画界」、岩本憲児編『家族の肖像——ホームドラマとメロドラマ』森話社、二〇〇七年、七八頁。

*26 メアリ・アン・ドーン『欲望への欲望——１９４０年代の女性映画』松田英男監訳、勁草書房、一九九四年。

*27 Kaja Silverman, "Lost Objects and Mistaken Subjects: Film Theory's Structuring Lack," *Wide Angle* 7:1–2 (1985), pp. 14–29.

*28 Judith Mayne, *The Woman at the Keyhole: Feminism and Women's Cinema* (Bloomington and Indianapolis: Indiana University Press, 1990).

*29 Teresa de Lauretis, *Alice Doesn't: Feminism, Semiotics, Cinema* (Bloomington: Indiana University Press, 1984).

*30 Butler, *Women's Cinema*, p. 20.

*31 Mayne, *The Woman at the Keyhole*, p. 117.

参考文献

新藤兼人『小説田中絹代』文藝文庫、一九八六年。

テッサ・モーリス＝スズキ『過去は死なない——メディア・記憶・歴史』田代泰子訳、岩波書店、二〇〇四年。

ジョン・ダワー『増補版　敗北を抱きしめて――第二次大戦後の日本人』上下巻、三浦陽一・高杉忠明・田代泰子訳、岩波書店、二〇〇四年。
梁雅子『道あれど』三一書房、一九六〇年。
Gilles Deleuze and Felix Guattari, *Kafka: Toward a Minor Literature,* trans. Dana Polan (Minneapolis and Oxford: University of Minnesota Press, 1986).
Laura Mulvey, "Visual Pleasure and Narrative Cinema," *Screen* 16:3 (1975), pp. 6–18.

人種化される欲望——三池崇史と「沖縄」をめぐる映画的想像力の一考察

はじめに

三池崇史監督による『BLUES HARP』という映画がある。「やくざ映画」の枠組みをかろうじて保つこの作品のなかで展開されるのは、若きやくざとブルースハープ弾きの青年の叙情的なラブ・ストーリーともいうべきものである。田辺誠一の演じるやくざ・健二は、繊細さをにじませる寡黙な男だが、組長の座を狙う野心家でもある。対立組織との抗争でケガを負い、暗闇にうずくまっていた健二は、池内博之演じるブルースハープ弾き・忠治に助けられ、命拾いをする。この出会いから、「道行き」を経て死がふたりを分かつまで、この映画の物語の軸となっているのは、ふたりの男の絆であり、とりわけ、健二の忠治に対する欲望である。

やくざ映画は、ホモソーシャリティに潜在するホモセクシュアルな欲望を「公然の秘密」として必死に抑圧してきたジャンルのひとつであるが、それをあからさまに露呈させてしまった映画が『BLUES HARP』なのである。だが、男性の同性愛的欲望と暴力とを交差させるこの映画が「沖縄」と「混血」

を重要な要素として含んでいるのはなぜなのか。また、『BLUES HARP』のなかで、健二の欲望を喚起する「沖縄」出身の「混血」青年を演じたのが、池内博之という男優であるのはなぜなのか。

男同士の社会的な絆（ホモソーシャリティ）と同性愛的欲望（ホモセクシュアリティ）との連続体には連動しているにもかかわらず、表面的には断絶しているこの連続体を日本映画の文脈で考えてみれば、「ホモソーシャルな欲望」という名を与えたのはクィア理論家のイヴ・セジウィックである。[*1] 潜在的に「やくざ映画」というジャンルが真っ先に思い浮かぶ。やくざ映画とは、「ホモソーシャル」と「ホモセクシュアル」とが緊張関係のうちに互いに依存しつつ、「ホモソーシャル」を支える「ホモセクシュアル」の表出を徹底的に抑圧してきたジャンルなのだ。

もっとも、セジウィックが「ホモソーシャルな欲望」と呼んだものの社会的な力とその構造は、すでに他のフェミニストたちがさまざまな語彙でもって、精緻な分析をおこなってきたものである。ゲイル・ルービンは一九七五年に書かれた「女の交易」のなかで、レヴィ＝ストロースとフロイトを批判的に読解しながら、男性間における女性の取引について論じ、[*2] ガヤトリ・スピヴァックは、植民地において支配する男性と支配される男性が一見敵対しているように見えながら、実のところ女性を媒介としてホモソーシャルな共犯関係で結ばれていることを暴いていた。[*3] このように、男同士の絆を結び、それをさらに強固にするための条件として女性が交換され、[*4] 嫌悪され、[*5] 空虚化されてきたこと、[*6] そしてそれがどのように隠蔽されてきたかを、フェミニストたちは歴史的かつ構造的なものとして考察してきた。そこでは、政治的であり性的なものでもあるホモソーシャルな欲望の出現を可能にするジェンダーというファクターが繰り返し問われ、その非対称性がフェミニスト的な視点によって分析されてきたのである。

その意味で、男性の男性に対する欲望とその効果については、ジェンダーをめぐる権力関係が深く関わっている。

本章は、『BLUES HARP』を起点とし、このテクストに刻まれた想像の「沖縄」から浮かび上がってくるホモソーシャルな欲望と暴力とに含意されたジェンダーと人種について考えようとするものである。それは、この作品に輪郭を与えている「やくざ映画」が抑圧してきたホモセクシュアルな欲望が、なぜ「沖縄」と「混血」を介することによって突如その姿を現すことになったのかを問うことでもある。そのためには、やくざ映画というジャンルのエートス（心的かつ倫理的な特質）と歴史性に触れながら、「沖縄」をめぐる映画表象および批評言説のあり方を批判的に再考することが必要となるであろう。『BLUES HARP』というテクストから出発し、それを取り囲むほかのテクストを読む経験のなかから浮かび上がってくる「沖縄」は、つねに括弧つきでしか語ることのできない「沖縄」である。そして、「沖縄」が想像上の布置として再構築され、表象される際明らかになるのは、構造的で政治的な暴力の根底にあるホモソーシャルな力学が、ジェンダーの権力関係に基盤を置いた人種とセクシュアリティの交錯によって作動しているということである。すなわち、ホモセクシュアルな欲望とはすでに人種化された欲望であることを、「沖縄」を通して浮き彫りにするテクストが『BLUES HARP』なのである。

公然の秘密

まず、『BLUES HARP』に枠組みを与えているやくざ映画というジャンルについて概観することから始めてみたい。日本映画史という文脈にあって、やくざ映画は徹底的に「男であること」に固執してきたジャンルである。「日本侠客伝」シリーズや『仁義なき戦い』（一九七三）等の作品で知られ、一九六〇年代から七〇年代にかけて数々の傑作やくざ映画の脚本を書いた笠原和夫は、「任侠」を「男の中の男」であると簡潔に定義する。[*7]「男であること」など虚構以外の何ものでもないが、この虚構性を知りつつ、それゆえに「男」というものの幻想を生み出してきたのがやくざ映画なのである。

だが、「男の中の男」は、いかにして可能になるのか。笠原が任侠の定義とする「男の中の男」とは、その男性同盟的特質を鋭く突いた言葉である。アウトローであろうが、一匹狼であろうが、はみ出し者であろうが、「男」のフィクションには、別の男の存在が不可欠なのだ。男はひとりで「男」になることはできない。すなわち、ほかの男からの承認があって初めて「男」というフィクションが成立するのだ。やくざ映画にあって、男が男を認めるということは、そのメロドラマ的な構造において、自らの命を投げ打つことも辞さない強度をもった「親密性」の発露であり、また「女」を媒介にして、男性同士が相互に依存し合うということでもある。

男同士の絆を強調するこのジャンルの根底に流れるホモエロティシズムについてもまた、多くの指摘がなされてきた。映画とホモセクシュアルといえば、「まず一九六〇年代後半の東映やくざ映画を思い浮かべる」と語り、ジャンルが純化すればするほど、ホモセクシュアルの匂いが強まるとする評論家の上野昂志から、[*8]「男同士の関係は一見して倫理的コードに裏打ちされているように見えて、実はそれを取り巻くエロティックなエネルギーに満ち満ちている」と述べる映画研究者の斉藤綾子まで、[*9]やくざ映画とホモエロティシズムとの関係は、そう困難なく感知されもするだろう。だが、この両者の関係はあくまでも感覚的に触知されるにとどまらなければならず、従って、明示され、はっきりと名指されるようなものであってはならないのだ。

上野が「傑作、秀作として印象深い作品を具体的に思い出してみると、あからさまにホモセクシュアルを描いたものなど、まったくないのである。それでいて、やはり依然としてホモセクシュアルの匂いはするのである」[*10]と語るように、それは「匂い」としてあるような「何か」である。あるいは、斉藤が「任侠映画におけるホモセクシュアリティはホモフォビアという形でさえ、直接的には一切顕在化したことはなかった」[*11]と述べるように、セクシュアルな欲望はジャンルに潜在し、感知されはしても、決して外的に表面化させないというのがやくざ映画の「掟」であった。

だが、一九七〇年代前半には、ジャンルのホモエロティシズム自体を可能にした条件、すなわち友情や組織を自らの生存に優先させる任侠道の哲学と美学をもつやくざ映画は次第に姿を消してゆく。代わって登場した実録路線は、『仁義なき戦い』に見られるように、従来の任侠映画とは全く異なるエートスを表現し始める。[*12]大島渚がいみじくも指摘したように、やくざ映画の主流であった任侠ドラマの到達点が、暴力と心情の「美学」であったならば、『仁義なき戦い』の赴く先は暴力の「力学」であった。[*13]「美学」から「力学」への移行にあって、暴力は様式化され、固定化されるものから、つねに状況によって変化する運動性をもったものとなる。そこにあるのは、結果としての暴力ではない。ある集団において、すでに作動している暴力があること、そして、組織が必然的に帯びる暴力性が露にされ、そこからまた別の暴力が派生するという暴力の連鎖が明らかにされたのである。

任侠映画から実録路線へのシフトにともない変化したのは、任侠道に関わる倫理コードだけでなく、暴力のあり方、および、その表象のあり方であった。市民社会だけでなく、自らが帰属する組織からもはみ出してしまう個人としてのやくざは、もはやホモソーシャルな関係さえ拒むアウトローとなる。ロマンティシズムに満ちた生死をともにする男同士の絆が断ち切られてしまったやくざたちの物語は、従来のやくざ映画がもっていた語りやイメージの枠組みとは大きく異なるものになっていく。

「男」のほかにもやくざ映画を規定するもうひとつの要素がある。それは、このジャンルがパフォーマティヴに産出し続けてきた「日本」というフィクションである。すなわち、「男」と「日本」の交差する地点に立ち上がってくるのが「やくざ映画」というジャンルなのである。

国定忠次や清水次郎長といった江戸時代の侠客伝説から、任侠道を基底に男と男の絆を描く東映任侠路線、戦後日本の闇市を舞台に仁義なき任侠たちを描く実録路線まで、やくざをめぐる語りの基底には、つねに「日本」があった。だが、この「日本」は国家や権力を代理表象する「日本」ではない。「弱きを助け強きを挫く」反権力の任侠の徒を贔屓にする「日本的な心情」として浮かび上がってくる「日本」であり、また、筋の通ったやくざが「日本人の男にとっての心の故郷」と言及される際の「日本」であり、あるいは、戦後日本の闇市で失われた共同体として思い起こされるときの「日本」である。[*14]これらの「日本」によって指し示される内容は均質なものではないにせよ、きわめて情動的に「女」を排除しながら、「男」と強く結びついて仮構されてきた。

「男」というフィクションが「女」という他者の媒介（および後の棄却）を通して初めて可能になるように、「日本」というフィクションもまた、「日本」を仮構するための他者を必要とし、それを想像的に表象してきた。とりわけ終戦直後の闇市を舞台に、頻繁に動員された想像的他者が在日朝鮮人であろう。[*15]石井輝男監督の『女王蜂と大学の竜』（一九六〇）、森一生監督の『新・悪名』（一九六二）、加藤泰監督の『男の顔は履歴書』（一九六六）等の作品が描き出すのは、戦後の闇市で横暴の限りをつくす在日朝鮮人の姿である。一九六〇年代のやくざ映画において、在日朝鮮人は主に「第三国人」として登場し、闇市を背景にして日本人やくざと抗争するアウトローとして描かれるが、七〇年代に入ると、「在日」二世として、より複雑なキャラクターが登場し、また日本人やくざとの友情や連帯が表象されるようになる。やくざ映画における「在日」観を分析した梁仁實は、戦後日本における「在日」表象は、変化しつつも結局は「内なる他者」として「排除」あるいは「同化」の対象としての眼差しを反映していると述べている。[*16]

このように在日朝鮮人と日本人やくざとは、対立から連帯へと移行するふたつの異なる集団として描かれてきたが、このふたつをときに重なり合うものとして、あるいは、在日朝鮮人をやくざに内包されるものとして見てきたのも、笠原和夫であった。

「任侠」を「男の中の男」であると定義する笠原は、同時に、「男」なるものの本質的存在を否定し、「男」とは結局、「男」になりたい「男」たちによる幻想の産物であることを喝破してきた。「男」なるものが徹頭徹尾構築されていることを知り抜いているがゆえに、やくざ映画という男の物語を効率的に生み出しえたこの脚本家は、同時に「日本」のフィクション性にも気づいていたのである。もっとも笠原が自らの脚本に織り込んでいた在日朝鮮人や被差別部落民の問題を、政治意図に直結させることはできまい。[*17]任侠映画では、やるべきことをやりつくし、「残っているドラマチックな題材といったら在日問題とか、そういうところしかなかった[*18]」と自身が述べるように、彼の脚本における在日朝鮮人や被差別部落民の存在は、多分にドラマツルギー（作劇法）上の要請という面が強いものであったことはたしかである。

その一方で、笠原作品では「男」を描こうとすればするほど、「男」の仮構性が露になり、「日本」を描こうとすればするほど、「日本」の仮構性が露になる。「男」にいかなる本質も見出さなかったように、笠原は「日本」にも本質を認めず、それゆえに「日本」を効果的に創造しえたといえる。[*19]「日本のやくざ」を構成する「朝鮮人」を映画のなかに描くことが自らの「役目」[*20]だと語った笠原だが、そのように自らに課した役目は、必ずしも映画のなかに可視化されず、あくまでも含意されたにすぎない。[*21]

逆説的ではあるが、「日本」を仮構するがゆえに、やくざ映画とは、在日朝鮮人や被差別部落民といった「見えない人種」を内包してきたジャンルなのだ。そして、一九六〇年後半以降、「在日朝鮮人」とともに「日本」のフィクションを支えることになる「内なる他者」が「沖縄」であった。「任侠」から「実録」を経て、多くの異種変形を抱えながらも、やくざ映画はしぶとく生き延びてきた。スタジオシステムの崩壊によってその低迷がささやかれた日本映画は、一九九〇年代に入り、制作本数と観客数の増加に加え、河瀬直美、今村昌平、北野武らが国際映画祭で高い評価を受けるなど、その勢いを取り戻し始める。こうした日本映画の新たな潮流に乗って、やくざ映画は再び活性化されるが、その原動力となってきたのが、三池崇史や北野武といった監督たちであり、そこでは、再び「沖縄」がやくざ映画に回帰してくるのである。

ホモセクシュアルな欲望の人種化

東映Vシネマで、アクション映画を中心にオリジナルビデオ（ビデオ専門映画）を作っていた三池崇史の長編劇映画デビューは、大阪の西成で地権をめぐって抗争を繰り広げるやくざを題材にした『第三の極道』（一九九五）である。その後、『新宿黒社会　チャイナ・マフィア戦争』（一九九五）、『極道黒社会　RAINY DOG』（一九九七）、『日本黒社会　LEY LINES』（一九九九）の「黒社会三部作」を撮った三池は、現代やくざ映画の旗手として頭角を現していく。

ジャンルを問わず、ときに激しい暴力描写が話題となる三池作品であるが、暴力の表象は、ときに表象の暴力について考えさせる契機となる。そもそもが他者を眼差す、あるいは対象化する行為によって成立する映画という装置には、根源的な暴力性ともいうべきものが備わっている。そして、この表象に内在する暴力性に、無知や無知を装う認識論的暴力や、現実の政治的暴力がぴたりと重なり合うのだ。三池の作品にあって、暴力はつねにセクシュアリティや欲望と隣接しており、互いを浸食し合う関係にある。精神分析的パラノイア論をもち出さずとも、幻想のエネルギーの噴出であるかのように、欲望と暴力の表出は互いに連結されているのだ。セジウィックは「暴力や暴力のイメージを性化すると、それは暴力の本質を変えずに、その射程と力を拡張してしまうことになる」[*22]と述べたが、『BLUES HARP』における暴力もまた、同性愛的欲望を媒介に増幅され、やがてはその欲望をも消尽するような暴力としてである。

『BLUES HARP』というテクストがどのようにして、男性の男性に対する欲望を描き出すのかを見てみよう。始めに、悪夢から眼を覚ました健二を前景に置き、裸で眠っている忠治を後景に配したショットがあり、ビールを片手に、忠治を見つめる健二が映し出される。次いで、健二の視線の先にある忠治の肉体――寝返りを打った忠治の後ろ姿――が、窓から入ってくる明かりに照らされながら、主観ショットによって浮かび上がってくる。ショットの中央に置かれた忠治のむき出しの臀部から、カメラは、その体を固唾をのんで見つめる健二に切り返す。再び主観ショットで捉えられた忠治の体が、今度はクロースアップで映し出される。顔、胸、下半身へゆっくり下降していくカメラの動きは健二の欲望を忠実に再構成し、その欲望を共有するよう観客を誘導していく。やくざ映画が必死に隠蔽してきた「ホモセクシュアルな欲望」を「視線」によって、顕在化させるシーンである。

ここで、健二の、ひいては我々の欲望の対象として画面に導き入れられた池内博之という男優の身体に注目してみたい。やくざ映画に潜在するホモエロティシズムの根底には、男性身体の賛美があるが、池内の身体は、忠治の欲望される映画的身体を見事に体現する。と同時に、忠治＝池内の身体は、欲望を喚起しながらも、そうした欲望に飲み込まれることなく、性化と人種化に抵抗する身体であり、欲望に拮抗するかのごとく、視線を通さぬ身体としてある。このように可視と不可視の間で揺れる身体こそは、池内博之が俳優としてのペルソナを視覚的に構築する際に、重要な拠り所としているものではないだろうか。

それを知るための格好のテクストが、『BLUES HARP』公開の二年後に出版された自伝的フォトエッセイ『CELLSO（セルソ）』である。ここに描き出される池内の日常生活――シャワーを浴びる、眠る、着替える――において、強調されているのは、繰り返し「裸体」として視覚化される池内の肉体である。『BLUES HARP』が、あらゆる映画技法を駆使して、忠治＝池内の身体の官能性を表出させようとしたように、ここでは、シャワーを浴びるときの「水」といった仕掛けが、触覚性を強く喚起させながら、池内の裸体の肌理、滑らかさを強力に視覚化する。何気ない日常性を装いつつ、「エロティックなもの」として構築されていく池内の肉体だが、そこには別の仕掛けも存在し、この性化された身体が、同時に人種化された身体であることがわかる。

例えば『CELLSO』の巻頭に置かれているのは、原色を組み合わせたポンチョのような布に包まれて、神社の門の前に裸足で立つ池内の姿である。中南米を想起させる色や布と、辰の彫り込みのある神門との並置によって「日本的なもの」と「異国的なもの」とが一枚の写真のなかで共存すべく視覚化されている。後半では、やはり古色蒼然とした神社で、柔道着に黒帯を締めて正座し、または立礼する池内のイメージが写し出されているが、ここで池内が身につけているのは真っ赤な柔道着である。神社の内部に置かれた青ならぬ赤の柔道着にくるまれた身体は、「日本」に紛れ込んだ異質性（あるいは、「日本」の内部にある「日本ではないもの」）を象徴するかのようである。こうして、池内の身体は、「日本的なもの」と「日本的ではないもの」をひとつのイメージのうちに同時に表象する身体となる。ここで表象される「日本的なもの」や「日本的でないもの」の共存こそは、国家や国民、民族の周辺にあって、そのどれにも還元されることなく、曖昧に、そしてつねに両義的に生成される人種のイメージなのではないだろうか。

「日本」と「日本ではないもの」を両義的に抱え込んで人種化された身体の表象を補足するかのように、池内は「柔道一族、池内家のお正月」と題した章のなかで、自らの生い立ちについて記している。道場を開いていた父を中心に、全員が柔道家であるという「一族の男たち」に集約される家族の語りに唯一登場する女性は、ヌカ漬け、煮豆、栗きんとんといった「昔ながらのお正月料理」を作ってくれるおばあちゃんであり、こうした家族の語りからは母親の存在が一切消去されている。だが、もう一方の家族の語りにおいては、誕生日会にごちそうを作ってくれる母親が登場し、この語りの場からは、日本を記号化するような父やおばちゃんの姿が排除されている。そして以下のような記述が続く。

ウチの誕生会で恒例だったのが、〝キャンディ落とし〟。紙袋でできた人形の中にキャンディをいっぱい詰めて、それを吊るし上げて、棒で叩き割るんだ。スイカ割りみたいな要領で、割る人の順番決めて、目隠しをして。（中略）割れると上からキャンディがバーッて落ちてきて、それをみんなで拾っていく。楽しかったなー。[*23]

中南米で子どもの誕生日会に欠かせないピニャータとおぼしき遊びをしていることから、母方の文化的背景が示唆される。決して名指しされることなく、曖昧に言及されるだけの、「日本ではないもの」。ここから一一年を経た二〇一一年に、池内は『サンケイスポーツ』誌上で、はじめて「ハーフ」であることを公にする。[*24]「ハーフで生まれてきて、自分が日本人なのか分からなかった」と語る池内のカミングアウトにおいて注目したいのは、彼が「ハーフ」であるという事実ではなく、他者の眼差しがこの俳優にもたらしたであろうものについてである。

親と電車に乗っていると「珍しい目で見られ」た経験、自らの身体を他者によって異質なものと認識される経験を池内は「コンプレックス」と呼ぶ。そして、自分が抱えて生きてきたコンプレックスは、俳優としてもっていなければいけないもの、忘れてはいけないものだと語る。池内がコンプレックスと名指すところの経験とは、差異化する眼差しによって見出された身体的自己の経験であり、さらには、差異化する、異質化するこの暴力的な視線が、実は欲望の視線と表裏一体であることに気づかされる、あるいはそう「直感する」経験のことではなかっただろうか。こうした池内の経験、異質なものとして眼差される身体的自己を反転させる経験は、クィア理論家のブライアン・フィリップ・ハーパーが「触知される直感」と呼んだ知[*25]を想起させる。それは自らのマージナル(周縁的)で異質とされる身体性をもって感じ取られ、学ばれた知としての直感である。撮られる客体として池内博之は、視線にある差異化と欲望が地続きであることを直感しながらも、性化し、人種化する視線に決して飼いならされることなく、自らの肉体をその眼差しに拮抗させてきた俳優なのだ。

他の映画作品においても、カメラが池内の顔や体の一部にどうしようもなく引きつけられていく瞬間がある。行定勲監督の『ロックンロールミシン』(二〇〇二)では、ゲイのデザイナーを演じる池内の裸体を注視するカメラが、その筋肉質で引き締まった肉体の表面に貼りついた滑らかな皮膚をエロティックに視覚化する。原爆投下の前日から現代へとタイムスリップする海軍兵士を演じた酒井信幸監督の『恋する彼女、西へ。』(二〇〇八)では、池内の身体に引きつけられていくカメラが、あたかもそこに隠された秘密があるかのように、目や口元の極端なクロースアップを連発する。これらの作品においてカメラが見せる池内の身体性への執着には、その身体を欲望し、そこに隠された秘密を探ろうとする強い欲望が感じられる。

『BLUES HARP』においても、忠治=池内の身体を欲するのは健二だけではない。その視線と同一化するカメラもまた欲望の主体となる。忠治=池内の身体を性化し、人種化すべく、舞台設定や照明、横たわる裸体の演出といったミザンセンのあらゆる要素が総動員されるなか、ベッドの上で横になる忠治

＝池内の身体の官能性は、健二の視線と同一化するカメラの欲望によって我々観客のうちに喚起されるのだ。池内の身体が性的であるのでも、人種的なのでもない。そうではなくて、映画による表象実践が忠治＝池内の身体を性化し、人種化するのである。そこで池内の人種化された身体は、忠治の人種的身体と二重化され、もうひとつの「公然の秘密」として機能し始めるのだ。

このように池内の身体性と二重化されて表象される忠治の混血性を補強するのが、沖縄にいたころの子ども時代のイメージである。幼い息子の手を引く優しい父親と、自堕落で子どもを邪険にあつかう母親のいる「沖縄」。父と母の記憶をたぐり寄せる「沖縄」は人種とセクシュアリティの結節点であり、忠治の身体を性化し、人種化し、ホモソーシャルな欲望を喚起する「起源の場所」となる。物語が進行するにつれ、忠治の父親は米軍基地にいた「黒人」であったことが明らかになる。すでに多くの論者によって指摘されていることだが、「混血児」や「タブル」、「アメラジアン」や「アメリカ系沖縄人」といった呼称で自己を表象する、あるいは他者に表象される沖縄人女性と米兵との間に出生し、成長した人間の存在は、占領者と被占領者との圧倒的に非対称な権力関係をセクシュアリティにおいて明白に表現する。米国人の父と沖縄人の母から生まれた「混血児」は、雑種的（ハイブリッド）な沖縄の代表者であると論じる島袋まりあは、その存在に、ジェンダーと人種が交差する複合的差別を読み込んでいる[*26]が、戦争から生まれた混血児に刻印されるのが「支配としてのセックス[*27]」だとすれば、ジェンダーと人種の交差はまさに性的な次元を通して発現するといえる。

忠治の混血性を「黒人」と結びつけるこの映画は、そうした意味で、沖縄において今なお継続する重層的な支配関係を示唆する。その身体には、米軍による沖縄の支配だけでなく、米国による日本の、日本による沖縄の支配が、さらには米国内の人種差別的支配関係が重ね合わされているからである。健二の視線と同一化したカメラが忠治の裸体に対する欲望を剝き出しにするとき、月明かりに照らされて後背部から臀部までを露にしたその身体は、白いシーツの上に置かれて「褐色の身体」として強調される。支配者としての米国が刻印されているだけでなく、その「米国」にあっては、人種差別的権力関係の被支配者である黒人性を刻印された者として、映画は忠治の身体を構築する。さまざまな技法を尽くして官能的に視覚化される忠治の身体は、ホモセクシュアルな欲望が同時に「人種化」されていることを映画的に表現するのだ。[*28]

また、視線として構成される健二の忠治に対する欲望が、自ら血だらけになって弾丸を浴び、血の池から顔を浮かび上がらせる悪夢から覚醒する場面の直後に置かれている点も重要であろう。というのも、そこでは、文字通り暴力と欲望が連結され、幻想のエネルギーとしての暴力が欲望に反転する事態が描かれているからである。そして、決して手に入れることのできないこの身体、不可欠だが不可能なこの身体を前にして、その欲望は再び暴力に反転し、テクストから放逐されることになる。人種は、同一ジェンダーにおける差異化の一形式として、とりわけ同性愛を視覚的に表象する映画、美術においては繰り返し使われ実体化されてきた。そして、このテクストにおいて沖縄を介して連結させられる同性愛と混血が、ともに規範的な異性愛の構成的外部であることは重要であろう。混血の禁忌とは、人種浄化（あるいは純血保持）の儀式である生殖的異性愛に関するものであり、本来、健二の忠治に対するホモセクシュアルな欲望は、生殖にともなう混血の禁忌を呼び起こすものではない。それにもかかわらず、「混血」として表象される忠治の身体は、その身体を生み出した「支配としてのセックス」に遡行して、ナショナリズムを顕現させる。[*29] というのも、ほかの男を不可欠なものとして欲望する健二が図らずも体現してしまうのは「日本の男」というフィクションだからであり、それは、結局「ホモセクシュアルな欲望」を断ち切る以外にないファンタジーなのである。こうして映画的に構築される忠治の人種的他者性は、その身体を欲望する健二の「日本」と「男」を逆照射することになる。

国家からも、民俗学者からも、観光客からも、沖縄は文字通り欲望され続けてきた。こうした欲望は、つねに圧倒的で複合的な暴力をともなってきたが、その帰結は一方的に沖縄が引き受けてきたものである。自らが欲望する機械である映画は、欲望と暴力の親和性と、それが反転するさまを、部分的に、あるいは、ほんの一瞬だけ目に見えるものにする。やくざ映画というフレームを通して『BLUES HARP』が露にするのも、こうした欲望と暴力の関係であり、ホモソーシャルな欲望とともにあるホモソーシャルな暴力が、「沖縄」を起源としてもつ忠治＝池内の身体を性化し、人種化するその瞬間である。

健二が欲望に満ちた眼差しで窃視する先に横たわっているのは、エロスと政治的権力がぴったりと重なり合った身体である。欲望が心的な力であるだけでなく、社会的な力でもあるならば、健二が欲望するのは、単なる男性身体ではなく、人種化されてもいる男性身体、米兵の父親と沖縄人である母親というジェンダーの権力関係のみならず、合衆国内の人種主義的支配関係をも明白に刻み込んだ忠治の身体への欲望なのである。

ところで、「黒社会三部作」をはじめ、やくざ映画をフレームとしてもつ三池作品には、男性同性愛者が数多く登場する。そして、そのほとんどはコミックリリーフとしての役割を演じるか、異常者や犯罪者としてステレオタイプ化された既存の表象実践の枠を出るものではなく、ホモフォビックな色彩の濃いものである。『BLUES HARP』もまた、「おネエ言葉」のライブハウス・オーナー、銭湯で男性の裸を盗み見る男、サウナでほかの男にすり寄る半裸の男から健二をひそかに愛する弟分まで、過剰でいて、その実、きわめて平板な男性同性愛者表象には事欠かず、あたかもホモフォビアが取りうるホモセクシュアルな人物造形の一覧ともいうべき様相を呈している。だが、考えうる限り最も凡庸なこれらの男性同性愛表象と共存しているのが、率直かつ抒情的に描かれる健二の忠治に対する欲望と、ふたりの間のエロティックな親密性である。すなわち、『BLUES HARP』は、ホモフォビックであると同時に、ホモエロティックなテクストなのであり、両者はときに判別不能なほど「互いに強烈に関わり合い、互いに他を映し出す相互補完的なもの[*30]」となっている。『BLUES HARP』にあって、男性間のホモソーシャルな欲望は、近代的なホモフォビアによって切断されずに、むしろ強化されているようにさえ見えるが、それはホモソーシャルな欲望があたかもホモフォビアの効果であるかのような関係性が視覚的に構築されているからであろう。

ホモフォビアだけでなく、ミソジニーもまた三池映画を特徴づけるもののひとつである。『BLUES HARP』において、健二は自らの野心のために組長夫人（金久美子）の愛人となるが、彼女との性行為のあとは、決まって嘔吐し、一心不乱に体を洗い、歯を磨くなど、女性身体への嫌悪が繰り返し強調されている。忠治の母親は、バーで働いているらしいが、まだ幼い少年である息子の忠治をうとんで、ほったらかしにしているだけでなく、配達の男を誘い込む「性的にふしだらな女」として描かれる。こうしたホモフォビアとミソジニーが横溢する画面に、まるで異物のように存在するのが健二の忠治に対する「ホモセクシュアルな欲望」なのである。

ホモフォビアとミソジニーは、その作用や表れ方に一貫性がないため、ホモソーシャルな欲望とどう結びつくのか容易に推測できず、また、それぞれが、異なるやり方で、男同士の絆を支えると同時に妨害し、切断するという両価的な面をもっている。『BLUES HARP』に出てくる「母親」や「愛人」、「おかま」(として造形された人物)はきわめて類型的に描き出されたうえで、結局物語から排除されるという、お決まりの運命をたどる。だが、これまでのやくざ映画を律してきた「ホモフォビアは描かれてもホモセクシュアルな欲望は描かれない」という掟が、「沖縄」を起点とし、「混血」を媒介とすることによって破られたこともまた事実なのだ。

風景の創出

「深作欣二から北野武まで、沖縄といえばもっぱらヤクザが拳銃を撃ちまくるエキゾティックな舞台装置ということになっている[*31]」と映画史家の四方田犬彦が述べたように、「沖縄」は現代やくざ映画において、特権的な舞台となってきた。『BLUES HARP』もまた、やくざ映画の公然の秘密であったホモセクシュアルな欲望を明示するのに「沖縄」を必要としたが、それはなぜなのか。

空と海を切り取ったショットで幕を開けるこの映画は、次いで人気のない街のショットへと繋がれ、その後、ひとりぽつんとハーモニカを吹く少年の横顔を映し出す。ここにきてはじめて、映画の舞台に地理的な指標が与えられる。画面の右下に映し出された「7 KIN TOWN KUNIGAMI OKINAWA」の文字によって、観客は舞台が沖縄のKIN(金武)であることを知る。沖縄は、まず始めに、混血児である忠治の故郷として視覚化され、そしてＯＫＩＮＡＷＡと名づけられる。成長した忠治がライブハウスで忙しく働いている場面へと転換すると、今度は、画面右下に「DOBUITA St YOKOSUKA KANAGAWA」という文字が浮かび上がる。金武と同様に、文字を介して画面に映し出されたその空間はひとまず「横須賀」として了解されるのだが、ひとたび沖縄を出た忠治の赴く先は、再び米軍基地の町である。

『BLUES HARP』は、場所を文字記号として表示し、観客の地理的想像力をとりあえず画面に繋ぎとめることから映画を立ち上げていく。空間を固定するこうしたあり方は、単に映画の語り口の仕掛けであるだけでなく、この作品が「映画的に」想像する「沖縄」の布置と密接に結びついている。最初と最後に現れる「沖縄」の風景は、海へ向う一本道を忠治が歩いていくシーンによって構成されているが、最初は、ひとりぼっちで歩いている忠治が、映画のラストでは、父親に手を引かれている。画面の奥へと歩を進めてゆく父子の姿はやがて小さくなり、沖縄の風景に溶け込み、風景そのものとなる。このように、再び沖縄に立ち戻るラストが示唆するのは、「起源の物語」としての沖縄である。忠治という個人の起源、すなわちこの映画の欲望の起源には、父と息子がともにいる空間としての沖縄がある。忠治の死後に挿入されることになるこのシーンは、従って、幻想の父子関係にほかならないのだが、最後に風景と一体化する父と息子のイメージは、ホモソーシャルな絆の起源として視覚化されているのである。子ども時代に始まって子ども時代に回帰するこの円環構造は、空間的に同じ地点へと立ち戻ってくるだけでなく、それによって時間の動かぬ「風景」としての沖縄を創出する効果をもっていることを強調しておきたい。

空間の修辞学によって把握される「沖縄」は、一九七〇年代に作られたやくざ映画においても顕著に見られる。鶴田浩二、若山富三郎、安藤昇、渡瀬恒彦らが出演し、沖縄で長期ロケをおこなった深作欣二監督『博徒外人部隊』はその一例であろう。「本土復帰」を翌年に控えた一九七一年に公開されたこの映画を、批評家の仲里効は「日本映画では、おそらくはじめて〈反逆する沖縄〉と〈外部としての沖縄〉を描いた作品」と評したが、[*32]これは「沖縄へ」と移動する映画でもある。だが、横浜で組を潰された郡司(鶴田浩二)が弟分たちを引き連れて行く先は、なぜ沖縄なのか。「終戦後みてぇに新しい縄張りをつくるにはうってつけの場所がある」と郡司は語るのだが、そのとき胸のポケットから取り出されるのは、「沖縄全図」と記された地図である。松尾昭典監督の『沖縄10年戦争』(一九七八)は、戦争で親を失い、孤児となった幼なじみ三人が成長してやくざとなるも、進出してきた本土の暴力団をめぐる意見の対立から仲違いし、破滅していく物語である。映画の冒頭、沖縄の幹部たちが集まって話し合いをしていると、突然、画面いっぱいに地図が映し出される。本土を中心に捉えていたカメラは徐々に左下へ移動し、最後には沖縄本島の上でぴたりと止まる。その瞬間、黒字で書かれた「沖縄」という文字が地図に並置され、少し遅れて「一〇年戦争」の文字が浮き上がってくる。『沖縄10年戦争』や『博徒外人部隊』といったやくざ映画が描き出すのは、「本土」から見た「沖縄」に対する想像力のあり方である。沖縄とは、文字や地図によってその位置を把握され、指し示される「空間」なのだ。

こうした「沖縄」の映画表象と現在の沖縄を取り巻く状況には接点がある。「基地・軍隊を許さない行動する女たちの会」の共同代表である高里鈴代の言葉は、沖縄=空間の問題点をえぐり出す。

基地をスペースとしてのみ見ていると、駐留する軍隊がどういう訓練をしているのか、訓練のない時間は兵士はどうして過ごしているのかということは、あまり分からない。基地問題は、基地・軍隊問題であると私たちはいっていかなければ、その置かれている状況の、とくに女性の人権侵害が見えてこない。[*33]

「基地問題」を「スペース」としてのみ見るとき、すなわち「基地」を土地や領土として空間的にのみ把握するとき、そこで見落とされるのは、時間としての、あるいは歴史的現在としての「沖縄」である。今現在どのような訓練をしているかも、「訓練のない時間」に沖縄で何が起こっているかも知らず、また「巨大な軍事基地が、日常を戦時化し、そこに生きる一人ひとりの人間にさまざまな抑圧や屈折した欲望を生成させようとしている」[*34]今、現在を見ないことは沖縄の「空間化」という認識的暴力を行使することなのではないだろうか。また、こうした空間の修辞学が、米軍の軍事力配備の世界的再編成や、東アジアにおける戦略の拠点といった地政学的言説と軌を一にしていることは言うまでもない。

沖縄の非歴史化あるいは無時間化のさらなる例を、もう少し映画の領域で見てみよう。北野武のやくざ映画をめぐる「沖縄」論にである。一九八九年に『その男、凶暴につき』で監督デビューを果たした北野武は、一貫して、暴力と死への衝動を自らの映画の求心点としてきたが、そうした主題が最も鮮明に描き出されるのが、『3-4X10月』（一九九〇）や『ソナチネ』（一九九三）といったやくざ映画の輪郭をもった作品である。そして、この二作品は沖縄へ向かうという共通点をもっている。『3-4X10月』では無口でうだつのあがらないガソリンスタンド店員（小野昌彦）が、暴力団の組員と小競り合いを起こした結果、草野球仲間のひとりと連れ立って沖縄へ向かい、『ソナチネ』では、組長命令によって、沖縄やくざの内部抗争を収拾するため、ビートたけし演じる組員が弟分たちを従えて沖縄へ赴く。映画の登場人物たちは「沖縄」へと引き寄せられていくのだが、スクリーンへと召喚される「沖縄」には、物語上いかなる必然性もない。「沖縄」は突如出現し、登場人物を迎え入れ、そして、置き去りにされる。

「沖縄での夏休み――北野武論のために」と題された論考のなかで北小路隆志は、『3-4X10月』をはじめとする北野映画にあって、沖縄は「風土」として特権的な記号であると述べている。[*35] 風土としての沖縄は「暑くて、綺麗で、誰もいない海がそこにあるからこその沖縄」であり、また、「どんな思考や「人間的」な営みも暑さで干からびさせてしまう無人の光景」なのだという。だが、この夏休みは一体、誰にとっての夏休みなのであろうか。また、北野作品における沖縄の意味について論じた評論家の阿部嘉昭は、「沖縄では時間は流れない」と述べ、ユートピア=死の遍在する場所として沖縄を位置づけている。[*36] 日本映画研究者のアーロン・ジェローは「青空と青い海に挟まれた白い砂浜」と沖縄を表象し、それは「生と死の閾の空間」であり、「何もない不可能な場所」なのだと語る。[*37] こうして「人間的な時間を超越した空間」、「死の遍在する場所」、「生と死の境にある不可能な場所」として、現在や人間や生を超えた「どこか」に位置づけられる沖縄は、無時間的な風景となる。

しかし、本当にそうなのだろうか。『3-4X10月』や『ソナチネ』に見出されている沖縄は、すでに、それについて語る者の内にある先験的な概念なのだといえないだろうか。「風景とは、一つの認識論的な布置である」[*38] と論じた文芸批評家の柄谷行人を引用するまでもなく、先に参照した批評言説のなかの「沖縄」は、先験的で認識論的な布置であっても、映画に存在する沖縄の、あるいはその表象の布置ではない。

例えば、『3-4X10月』における最初の「沖縄」は、海や空といった風景にではなく、「沖縄で拳銃持ってきて、全員殺すって」という発話のなかに現れてくる。言葉のなかに音として表象される沖縄は、やくざに復讐するための武器(=拳銃)を手に入れる場所として想起されているのだ。このように突然現れる沖縄は、夏休みを過ごすための、のどかで無人の光景とは似ても似つかぬものである。武器が容易に入手できる「沖縄」のイメージは、やくざ映画において決してめずらしいものではなく、米軍基地を経由して、武器と「沖縄」は結びつけられているのである。この最初の発話を受けて、「ピストル買ってくれればいいんでしょ」と語る主人公は、草野球仲間の和男(飯塚実)と連れ立って沖縄に渡るのだが、そこで視覚化される「沖縄」も、浜辺から始まるとはいえ、むしろ灰色がかった空と海として視覚的に提示されている。もちろん、青い空、青い海といったイメージがないわけではない。だが、それらは、すでに武器との連想において「沖縄」が想起されてから、事後的に物語の舞台として、すなわち「風景」として構成されたものの一部でしかない。『3-4X10月』や『ソナチネ』における沖縄は、「青空と青い海に挟まれた砂浜」と等記号で結ばれる無時間的な死のユートピアなどではなく、拳銃という語とともに想起され、暴力を誘発し、そして媒介する場として出現するとすれば、かつて映画評論家の松田政男が論じたように[39]、ここでは風景が権力の磁場として、いや「権力」そのものとして立ち現れているのではないだろうか[40]。

『BLUES HARP』に表象される「沖縄」、あるいは北野作品をめぐる批評言説のなかで表象される「沖縄」は、あたかも所与の風景のごとく、時間の外に置かれてきた。こうした空間の修辞学によって把握される沖縄は、非時間的でノスタルジックな想像力のなかの一点であり、「それ自体は不在である特権化された〈場〉に与えられる名前」でしかない。[*41]

沖縄に海や空はあるのだろうか。[*42]映画において表象され、批評言説のなかで構築される「沖縄の海や空」は、あくまでも風景として創出されたものにほかならず、そこには、表象主体による、沖縄の時間性と歴史性の収奪、あるいは、人類学者のヨハネス・ファビアンが「共時間性の否定（Denial of coevalness）」と呼んだ人類学的実践の痕跡がある。[*43]共時間性を否定するとは、人類学者がその研究や調査の対象と「現在を共有しない」ことであり、ファビアンはそれを人類学の「異時間化（allochronism）」と呼ぶ。「あらゆる時間的関係は文化的に組織された実践に埋め込まれている」ことを明らかにするために概念化された「共時間性の否定」は、人類学だけでなく、まさに沖縄を非歴史化し、無時間化する映画表象を含む文化的実践に潜む認識論的暴力を鋭く言い当てている。そして、「共時間性の否定」は、沖縄の「他者化」のもうひとつの形式である男性の同性愛的欲望の表象とうまく共犯関係を結ぶことができるのだ。『BLUES HARP』が、「混血」の青年の「起源」、それはホモソーシャルな絆の「起源」でもあるような父と子の関係を、ほかでもない「沖縄」という空間に描き出すことによって、見事にこのふたつを繋いでみせたように。健二の忠治に対する欲望は、「沖縄」への欲望として重ねられ、「沖縄」は、退行的に異時間化された「風景」として表象されることによって、人種化されたホモセクシュアルな欲望の「起源」として創出されるのである。

おわりに

『BLUES HARP』が露呈したホモセクシュアルな欲望によって再審されることになったのは、「やくざ映画」が仮構してきた「日本」と「男」の神話とその綻びであり、また沖縄における構造的な暴力と欲望との連結と反転であった。そして、ホモソーシャルな絆から生み出され、ホモソーシャルな絆とともにある占領の暴力とは、同時に構造的に女性を棄却し続ける暴力なのである。心的であると同時に社会的である欲望は、暴力がそうであるように、すでにジェンダーや人種からなる関係の網の目にしっかりと織り込まれているという意味で、構造的なのだ。

暴力（銃撃＝ショット）と表象（撮影＝ショット）の暴力性が絶えず二重化されているやくざ映画において、沖縄の「無時間性」が創出されるとき、「沖縄」は我々とは異なる現在にある場所として指し示され、共有されない時間の地平を生きる「空間」となる。「風景」として描かれる「沖縄」に抗って、「沖縄」という歴史的現在を思考しようとするならば、『BLUES HARP』という抒情的なラブ・ストーリーが露呈させたホモセクシュアルな欲望に埋め込まれたもうひとつの欲望、可視と不可視の間を揺れ動きながらも、映画が表象せずにはいられなかった人種化された欲望が見えてくるであろう。セクシュアルな欲望がすでに人種化された欲望であることを、人種化された欲望は、米軍基地が体現する「ホモソーシャルな絆」を支えていることを、沖縄の歴史的現在を動かす「ホモソーシャルな絆」が「ホモソーシャルな暴力」と地続きであることを徴候的な読みによって感知可能にするテクストとして『BLUES HARP』はある。

註

*1 イヴ・K・セジウィック『男同士の絆――イギリス文学とホモソーシャルな欲望』上原早苗・亀澤美由紀訳、名古屋大学出版会、二〇〇一年。

*2 Gayle Rubin, "The Traffic in Women: Notes on the 'Political Economy' of Sex," in *The Second Wave: A Reader in Feminist Theory*, ed., Linda Nicholson (New York and London: Routledge, 1997 [1975]), pp. 27–62.

*3 ガヤトリ・スピヴァック「サバルタン研究――歴史記述を脱構築する」、ラナジット・グハ、ギャーネンドラ・パーンデー、パルタ・チャタジー、ガヤトリ・スピヴァック『サバルタンの歴史――インド史の脱構築』竹中千春訳、岩波書店、一九九八年、二八九―三四八頁。

*4 Rubin, "The Traffic in Women."

*5 セジウィック『男同士の絆』。

*6 スピヴァック「サバルタン研究」。

*7 笠原和夫『破滅の美学――ヤクザ映画への鎮魂歌(レクイエム)』幻冬舎アウトロー文庫、一九九七年。

*8 上野昂志『映画=反英雄たちの夢』話の特集、一九八三年、一一五―一一六頁。

*9 斉藤綾子「高倉健の曖昧な肉体」、四方田犬彦・斉藤綾子編『男たちの絆、アジア映画――ホモソーシャルな欲望』平凡社、二〇〇四年、六六頁。

*10 上野『映画=反英雄たちの夢』、一一五頁。

*11 斉藤「高倉健の曖昧な肉体」、一〇七頁。

*12 『日本暴力団・組長』(一九六九)や『現代やくざ　人斬り与太』(一九七二)によって、それまでの任侠映画を刷新していった深作欣二は、『仁義なき戦い』五部作によって、東映の実録路線(あるいは実録映画)を決定づけることになる。京都撮影所で制作された任侠路線がもっていた様式美やメロドラマ的構造に代わって、手持ちカメラによる生々しく荒々しい映像やスピード感、ドキュメンタリー風に人物を画面に導き入れるテロップやナレーションの使用、群像劇などによって暴力団同士の集団抗争を描いたのが実録路線である。

＊13 大島渚『大島渚著作集 第四巻――敵たちよ 同志たちよ』現代思潮新社、二〇〇九年、一〇〇頁。

＊14 斯波司は『やくざ映画とその時代』（斯波司・青山栄、ちくま新書、一九九八年）のなかで、国定忠次や清水次郎長といった侠客が反権力の象徴として美化され、伝説化されてきたことを「日本人が心情的に任侠・アウトローを贔屓してきた例」として挙げている。また、同書は池辺良が東映の名プロデューサー俊藤浩滋から聞いた言葉として以下のように記している。「昭和の初期辺りまで残っていた筋の通ったやくざ、侠客、ですがな。暴力団とは違いまっせ。義理と人情と掟には、心が厚いんですわ。言うてみれば、日本人の男は、そないな心の故郷を持っていると思います」（五一頁）。戦後日本、特に敗戦直後の日本を『仁義なき戦い』の重要な舞台として言及するのは大島渚である。大島渚『大島渚著作集 第四巻』、一〇〇頁。

＊15 本章では「在日朝鮮人」を朝鮮民主主義人民共和国の国籍をもつ人々に限らず、朝鮮半島出身者およびその子孫を含めた民族的帰属を表す総称として用いることにする。「在日朝鮮人」という呼称については、徐京植による「在日朝鮮人」とは何か」（内海愛子・高橋哲哉・徐京植編『石原都知事「三国人」発言の何が問題なのか』影書房、二〇〇〇年、二四－二五頁）を参照されたい。

＊16 梁仁實「「やくざ映画」における「在日」観」、『立命館産業社会論集』三八巻二号、二〇〇二年、一一三－一三〇頁。

＊17 例えば、笠原が脚本を書いた深作欣二監督作『やくざの墓場 くちなしの花』（一九七六）では渡哲也が演じる刑事が、梅宮辰夫演じる在日朝鮮人やくざと義兄弟の杯を交わすとともに、在日朝鮮人の女性（梶芽衣子）との恋愛が描かれている。また、任侠映画の傑作として名高い山下耕作監督『博奕打ち 総長賭博』（一九六八）では、鶴田浩二演じるやくざ・中井信次郎がかつて所属していた大阪の組の親分を被差別部落出身者と想定したと笠原は述べている。

＊18 笠原和夫・荒井晴彦・絓秀実『昭和の劇――映画脚本家 笠原和夫』太田出版、二〇〇二年、三九一頁。

＊19 「〈男〉というのは、子宮を持たない人類の半分が幻想として描いたフィクションであって、実体はどこにもない」と笠原は述べる。笠原『破滅の美学』、五九－六〇頁。

＊20 笠原・荒井・絓『昭和の劇』、四九七頁。

＊21 差別論のなかでやくざ研究をする山本崇記は、やくざ集団の構成員の多くが在日朝鮮人および被差別部落出身者であることを指摘し、そうした構成員のなかに被差別の経験や境遇を読み込みながら、日本社会にいて、あらゆる領域から排除される下層集団としてのやくざについて論じている。山本は、やくざがやくざ「である」（be）ゆえに

差別を受ける根底に、やくざ「になる」(become)経路、すなわち差別や貧困の問題を見出している。また、やくざが差別研究や都市下層研究においても厄介な対象であり続け、学術的な介入がきわめて少ない状況にあって、「旺盛で時にはまっとうな関心を持ち続けてきたのが」一九七〇年代の映画であるという。山本崇記「やくざ集団の形成と差別——部落民/朝鮮人という問いとの関係から」、天田城介・村上潔・山本崇記編『差異の繋争点——現代の差別を読み解く』ハーベスト社、二〇一二年、一九七-二一七頁。

*22 セジウィック『男同士の絆』、八頁。

*23 池内博之『CELLSO』ぴあ、二〇〇〇年、一一一頁。

*24 「池内博之「ハーフ」激白」『サンケイスポーツ』二〇一一年二月二六日。

*25 Philip Brian Harper, "The Evidence of Felt Intuition: Minority experience, everyday life, and critical speculative knowledge," *GLQ* 6:4 (2000), pp. 641-657.

*26 島袋まりあ「雑種性の政治と混血児」、『解放社会学研究』一六号、二〇〇二年、一七頁。

*27 ノーマ・フィールド『天皇の逝く国で』大島かおり訳、みすず書房、一九九四年。

*28 沖縄における黒人差別については、大城将保や石川真生に詳しい。大城によれば「白から黒へうつっていくのは、アメリカ兵相手の女たちがたどっていく転落のコースというのが基地の街の常識」であり(大城将保『混血児——沖縄からの告発・国籍のない青春』国際情報社、一九八五年、四五頁)、多くの黒人兵を愛し、黒人兵たちとの関係を自ら被写体となって撮影してきた写真家の石川真生も、「沖縄でさえ黒人差別があって、黒人よりは白人を上に見る見方がはっきりとあったよ」(石川真生『沖縄ソウル』太田出版、二〇〇二年、七六頁)と証言する。

*29 加納美紀代は、混血児の問題化に潜む「純血」日本人の構築について論じながら、混血児問題そのものがナショナリズムを起動させると指摘している。加納美紀代「「混血児」問題と単一民族神話の生成」、恵泉女学園大学平和文化研究所編『占領と性——政策・実態・表象』インパクト出版会、二〇〇七年、二三九頁。

*30 セジウィック『男同士の絆』、三〇頁。

*31 四方田犬彦『日本映画と戦後の神話』岩波書店、二〇〇七年、二七三頁。

*32 仲里効「沖縄関連映像作品リスト」でのコメント。四方田犬彦・大嶺沙和編『沖縄映画論』作品社、二〇〇八年、二九四頁。

*33 高里鈴代『沖縄の女たち——女性の人権と基地・軍隊』明石書店、一九九六年、二一一頁。傍点は引用者による。

＊34　新城郁夫『到来する沖縄──沖縄表象批判論』インパクト出版会、二〇〇七年、一八〇頁。
＊35　北小路隆志「沖縄での夏休み──北野武論のために」、『キネマ旬報』一一九八号、一九九六年八月上旬号、五七頁。
＊36　阿部嘉昭『北野武vsビートたけし』筑摩書房、一九九四年、一四四頁。
＊37　アーロン・ジェロー「〈日本人〉北野武──『HANA-BI』とナショナル・シネマの形成」、『ユリイカ』三〇巻三号、一九九八年二月臨時増刊号、四六頁。
＊38　柄谷行人『日本近代文学の起源』講談社文芸文庫、一九九八年、二八頁。
＊39　松田政男『薔薇と無名者──松田政男映画論集』芳賀書店、一九七〇年。
＊40　映画評論家の松田政男は、若松孝二監督、足立正生脚本による映画『ゆけゆけ二度目の処女』を論じたテクスト「風景としての性」（後に、「密室・風景・権力──若松映画と「性」と「解放」」に改題）において、風景とは権力であることを提起し、後に隆盛を見ることになる「風景論」を先導した。『風景の死滅』（田畑書店、一九七一年）に収録。
＊41　田仲康博『風景の裂け目──沖縄、占領の今』せりか書房、二〇一〇年、九五頁。
＊42　地上の基地に加え、広大な訓練空域と水域が米軍に提供されている現在、沖縄にあるように見える海や空は、必ずしも沖縄のものではない。石川真生は「沖縄の空の青さは、無限の高さがあるわけではない。制空権は米軍に握られており、私たちは篭の鳥のように空を見上げているにすぎない」と語り（石川『沖縄ソウル』、二一一頁）、詩人の新川明は、「空を返せ」と題した作品のなかで、沖縄の空や海について次のように書く。新川明詩・儀間比呂志画『詩画集　日本が見える』築地書館、一九八三年、三〇頁。

ぼくの空であって
ぼくの空でない
ぼくの庭であって
ぼくの庭でない
ぼくの海であって

ぼくの海でない

ふるさとの空と庭と海と
そこに形づくられる
一つの表象があるとしたら
はげしいいきどおりの渦が
人びとの心の紋章となって
ひそかに息づいていることだ。
（中略）
いま　ここに
ふるさとの空と庭と海を
ぼくに返せ　ぼくらに返せ。

＊43　Johannes Fabian, *Time and The Other: How Anthropology Makes Its Object*, (New York: Columbia University Press, 2002 [1983]), p. 32.

参考文献

小熊英二『〈日本人〉の境界――沖縄・アイヌ・台湾・朝鮮　植民地支配から復帰運動まで』新曜社、一九九八年。

俊藤浩滋・山根貞男『任侠映画伝』講談社、一九九九年。

新城郁夫『沖縄を聞く』みすず書房、二〇一〇年。

イヴ・K・セジウィック『クローゼットの認識論――セクシュアリティの20世紀』外岡尚美訳、青土社、一九九九年。

三池崇史・藤木TDC・ギンティ小林・轟夕起夫『三池崇史の仕事　1991-2003』太田出版、二〇〇三年。

目取真俊『沖縄／地を読む　時を見る』世織書房、二〇〇六年。

屋嘉比収『沖縄戦、米軍占領史を学びなおす――記憶をいかに継承するか』世織書房、二〇〇九年。

渡辺武信『映画的神話の再興──スクリーンは信じ得るか』未來社、一九七九年。

『女であること』と、川島雄三であること

——川端康成と丸山明宏が出会う場所

その川島雄三らしい皮肉と諧謔(かいぎゃく)に満ちたエッセイのなかで、映画批評家から相手にはされずとも、ファンには喜ばれ、しかも「儲かっている」アメリカの映画監督マーヴィン・ルロイに自らが学ぶべきことは、「映画をつくるなら、原作物を選べ」であると川島はいう。『哀愁』(一九四〇)、『心の旅路』(一九四二)、『キュリー夫人』(一九四三)、『若草物語』(一九四九)といったルロイ監督作品とともに原作者の名を挙げ、「たとえ原作が徹底的に骨抜きにされているとわらわれても、面白さとかスケールは、やはり原作に負っているものが多い」と述べた川島は、自らに課した「川島雄三君の学ぶべき箇條」のひとつ、すなわち「ベスト・セラーないし著名作家の原作」を選ぶことを忠実に実行した監督であった。織田作之助をはじめとして、山本有三、井上靖、大佛次郎、山崎豊子、井伏鱒二、石原慎太郎、獅子文六、大岡昇平、水上勉、山本周五郎、そして、川端康成である。[*1]

ルロイに負けず劣らず、多くの売れっ子作家たちの小説を映画化した川島だが、川島雄三といえば、即座に織田作之助の名が思い浮かぶことだろう。「東北のいなかの人間は、自分の育った風土の暗い部

分に、非常に反発して、モダニズムみたいな明るさにあこがれる」のだという川島像、「必死のモダニスト」としての川島像は、血縁や自らの自由を失っていく肉体への呪詛と重ね合わされ、もはや定説となっている。[*2]そうした都会的軽さと明るさを体現した俳優が、三橋達也や小沢昭一であったとするならば、小説家では、織田作之助ということになるだろう。ただし、織田の明るさや軽さは、三橋や小沢のような東京的洗練ではなく、大阪の、そのなかでもとりわけ庶民的で日常的なものを核とした「おもねらず、なれあわない、凛とした強さ」とともにある。[*3]主流や権威をおちょくり、いい加減とも破天荒ともいえる登場人物たちをこの上なく魅力的に描いたこの作家を愛した川島は、織田が原作と脚色を担当した『還って来た男』（一九四四）で監督デビューし、その一二年後には代表作のひとつに数えられる『わが町』（一九五六）を再び織田の原作で監督することになる。

軽く、明るく、ドライで剽軽に権威をこきおろす「日本軽佻派（川島が標榜した流派）」の同志・織田とは対称的なのが、川端康成という作家である。感覚的であると同時に知的前衛性を備えたモダニストであり、少女小説を書いたかと思うと、抒情的で自伝的な作品から、日本の美しさや悲しみへと傾倒していく川端は、ジャンルやスタイルこそ多様であるとはいえ、その湿潤な文学的エートスにおいて、やはり織田とは異質であるように感じられる。織田的ダンティズムと軽佻さの対極にある大作家の原作をもとにした映画が、本章で取り上げる『女であること』である。

この映画は、一九五七年に日活から東京映画へ移籍した川島雄三の、移籍後最初の作品であり、田中澄江、井出俊朗とともに自ら脚本にも参加している。原節子、久我美子、香川京子という三人の女優を主軸に、森雅之、三橋達也といった男優が絡みながら、欲望の多角形が転がっていく。原節子演じる佐山市子は、有能な弁護士である貞次（森雅之）と結婚して一〇年になる。夫婦は、貞次が弁護を担当している受刑者の娘・妙子（香川京子）を引き取って面倒をみているが、そこに市子の親友の娘・さかえ（久我美子）が大阪から家出して飛び込み、それまでの静かな生活が一変する。さかえの登場によって、市子と貞次の関係は不穏なものとなり、さらには、市子を慕う青年や、市子の元恋人が出現し、錯綜した関係が展開してゆく。

こうして映画は動き出すのだが、もちろん、それまでの穏やかな生活が、実は水面下に多くの過去や秘密がうごめく表層にすぎず、隠蔽されていた過去や欲望、感情がやがて浮上し、暴走し出すその様子を『女であること』は点描していく。だが、秘められた過去、欲望、感情は、この映画を駆動させはするものの、それらの「秘密」は、結局明かされることもないまま、謎として浮遊し続ける。[*4]

映画『女であること』は、公開当時の新聞や映画雑誌に掲載された批評文以外に、これまでほとんど論じられることのなかった作品であり、ときにフィルモグラフィーからこぼれ落ちさえするマイナー作品であるが、その原因のひとつには、作品を覆っている「川島らしくない」重さと暗さがあるように思われる。また、サブ・ストーリーがいくつも並行して語られ、それに応じて画面に出入りする人物が多く、川島自身「ダイジェストで終わった感じの作品で、申しわけないものです」と語るように、登場人物の錯綜する関係性は、慌ただしく、そして断片的な描写に終始した感は否めない。企画もプロデューサー・滝村和夫によるものであると、釈明するかのように述べている点から見ても、この映画は、川島にとっては到底満足した作品ではなかったことが推測される。だが、この「申しわけない」作品こそは、織田的なものとは異なる川島雄三のあり方を、すなわち、川端康成と共鳴し合う「川島雄三であること」を提示する映画なのである。

川端康成と少年的少女

その知名度といい、映画との相性といい、川端康成は、「川島雄三君の学ぶべき箇條」として挙げられた「ベスト・セラーないし著名作家の原作」にうってつけの作家であったろう。映画監督にとって川端康成という著名作家の原作に大きな価値があったばかりでなく、「新感覚派映画連盟」に名を連ねたこの作家が並々ならぬ関心をもって映画に取り組み、衣笠貞之助監督『狂った一頁』（一九二六）の脚本家のひとりとして参加したという事情に加えて、川端の文学作品には、二重露光をはじめとするきわめて映画的な手法が用いられているからである。[*5] 川端の文学作品を原作とする映画群、「川端康成原作映画」は、一九二六年から二〇一六年の間に四二本も生み出されており、川端的モダニズムは映画を引きつけ、また映画は川端的モダニズムを引きつけてきた。[*6]

映画『女であること』を論じる前に、まずは川端の描く女性（とりわけ少女）と官能性、そして、女同士の親密な関係性について考えてみたい。女性というものが川端にとって「官能的」な存在であること、しかし、その官能性に十全に浸ることは不可能な存在であることは多くの批評家や研究者によって指摘されてきた。そして、女性のなかでも、とりわけ若い女性、少女への妄執的ともいえるような眼差しによって川端作品に登場する女性の「官能性」はかたちづくられている。こうした少女の官能性は『伊豆の踊子』のように、語りの中心にある場合もあれば、周縁部あるいは細部において浮かび上がってくる場合もある。例えば、『山の音』においてその官能性が繰り返し浮かび上がってくるのは、主人公・信吾の息子の嫁・菊子以上に、会社の事務員・英子を通してである。『雪国』においても、冒頭の窓ガラスに映った片目の場面が示唆するように、主人公・島村がより強く眼差す対象は駒子ではなく、葉子であり、そこには島村が駒子には感じえていないエロティシズムがにじみ出ている。

こうした若い女性、あるいは少女たちがつねに「少年性」によってしるしづけられていることは注目に値する。この「少年性」とは、成熟していない女性、女性未満の女性としての過渡期の少女ではなく、女性性の欠如が、将来の「女性なるもの」へと向かうことのない様態であり、むしろ積極的かつ肯定的に「男性的」な属性を担う「少年性」である。『山の音』の英子は、「二十二なのに、ちょうど掌いっぱいくらいの乳房」しかない女性であるが、信吾にとってはその「女性らしさ」の記号を欠いた肉体こそが官能的なのである。[*7] 永遠の少年の象徴である慈童の能面の「毛描きや脣の美しさ」に「あっと言いそう」になる信吾は、英子の顔にそれをあててもらい、面が生きてくる歓びに浸る。成瀬巳喜男が映画化した『山の音』（一九五四）でも、鋭角的でストイックな雰囲気を漂わせる杉葉子が、英子の少年的少女性を見事に具現化していた。

『雪国』で島村が窃視する葉子もまた、「少しいかつい眼」の「なにか涼しく刺すような」美しさをもつ娘として描かれる。火事の現場で、消防車のポンプから放出された水の上にふっと浮かぶ葉子の体は「水平」と「硬直」によって特徴づけられ、女らしさのあらゆる記号を剝脱された身体として現出する。より直裁にレズビアニズムを扱った『美しさと哀しみと』において、後に音子の恋人となる若きけい子の美しさは、「美少年のような少女」のなかに見出されている。

『女であること』のさかえは、まさに、そうした川端的少女である。昔から美しいものが好みで、きれいな子でなければ、世話などしていないだろうと夫にからかわれる市子は、ふたりの若い女性を家にひきとっている。そのうちのひとり、大阪から家出してきた親友の娘さかえは、「可愛い、ほっそりした、男の子みたいな」少女であり、市子はそこに「美しい少女というよりも、美しい少年のような愛らしさ」を見る。「男の子じみたさかえが、生き生きあまえかかるには、色気がこぼれる」と語られるとき、市子が官能を感じ取るのは、こうした少年的少女としてのさかえであることがわかる。さかえ自身、女であることを嫌悪し、「男装してみたいと望みながら、少女期をすごした」女性でもある。

少女を含むふたりの女の親密な関係もまた、川端文学にあって重要なモチーフのひとつであろう。同性愛、生き別れた双子の姉妹、親友などそのかたちはさまざまであっても、ふたりの女性が互いに惹かれ合う関係を川端は数多く描いてきた。『美しさと哀しみと』、『古都』、『親友』といった作品にそれは最も濃密に表現されているが、ほかにも『雪国』における愛憎相半ばする駒子と葉子の関係、『山の音』における、ふたりの戦争未亡人の関係など、謎めいて、しかし強度のある女性ふたりの親密性が物語に断片的に挿入される。『女であること』には、そうした川端的なモチーフの両方が存在している。とりわけ市子は、多くの登場人物たちに欲される存在だが、その一方で、明らかに欲望する主体でもある。そして、その欲望の対象となるのが、さかえなのである。初めてさかえを家へ連れ帰る市子は、「あやしいおののき」を感じつつ、「女が女に愛されてか、愛してか、さかえの若さの波に」ゆらめく。そして、次のような夢が語られる。

佐山のそばに横になって、目を閉じてからも、さかえの若い姿がしつこく浮んで来て、さっきふきげんだった自分を、さかえが軽蔑しているかもしれないと、市子はきにしつづけたので、夢にもさかえがあらわれたのだろう。

夢の市子はさかえのベッドに寝ていた。さかえのほほがあまりなめらかなので、くちびるを寄せた。ふと横を見ると、さかえの影が壁に大きくのびきっている。風に吹かれたような髪の形が、市子はいやなので、

「さかえちゃん、あの髪……。」と、さかえにもその影を見させようとするのだが、さかえは取りつくように腕をからめて来て、くちびるをもとめる。市子はこわくなった。[*8]

市子の夢は、この直後に起こる出来事を先取りしているのである。ある晩、酔って帰宅したさかえを介抱し、着替えを手伝う市子の心の動きを語り手は次のように描写する。「寝巻に着かえさせてやる時、まぶしいほどなさかえのはだかに、市子は気押された。小さい乳に触れると、あやしいときめきさえわいた」[*9]。市子を中心に欲望の多角形が織りなされるこの小説の語りにあって、市子をして欲望の主体たらしめるのは、さかえの存在なのである。

さかえもまた、蚊取線香を取りに行こうとする市子に、その場を離れずそばにいてほしいと懇願し、「市子を渇仰しているような、うっとりした目を向け」、「胸乳のあたりに、ほほを寄せ」てくる。「恋をするような」さかえの姿を目の当たりにし、その欲望に呼応しようとする、あるいはその欲望によって自らの欲望を引き出される市子の姿がそこにある。

恋をするような女の目、愛らしい脣、さかえはなにがほしいのか。市子はかっと熱くなった。

「小母さまのものよ、さかえは……。」

さかえの小さい顔がのびあがった。[*10]

こうして、ふたりのくちびるが触れ合う瞬間が訪れる。だが、さかえの関心の対象は、市子からその夫へ、あるいは幼なじみの光一や、市子の元恋人へ動き続ける。とはいうものの、さかえの関心が向けられるのはつねに市子を取り巻く人物であり、彼女への欲望をもつ、あるいはかつてもっていた男たちばかりである。拡散するさかえの欲望の中心には市子がおり、こうした男たちとの関係を通じて、さかえの欲望は市子の周りを回旋し続けるのだ。

ふたりの女性の間の愛とも友情ともつかない関係を繰り返し小説に描いた川端にとって、レズビアニズムは、双子であることや、よく似ていることとならんで、親密性のひとつのかたちであった。また、そうした同性愛的関係においては、一方の女性が、「少年」のような少女であることがきわめて多い。

映画において、市子とさかえの関係はどのように描かれているだろうか。ステーションホテルのロビーで夫と、夫の友人、その息子と歓談していた市子は、夫のタバコを買うために売店に立ち寄るのだが、その脇の階段を勢いよく駆け上がってくるさかえとばったり出会う。階段の下から上を見上げるカメラは、さかえの後ろ姿と驚いて顔のこわばった市子を同時にフレームに収めるのだが、次のショットでは、凍りついた表情がやがて氷解し、ぎこちなく微笑む市子がミディアムショットで切り取られる。

市子とさかえが邂逅する空間としての階段は、さかえが市子に接吻する際にも重要な舞台となる。佐山家に滞在しているさかえは、ある日、酔って帰宅し、玄関先で大声をあげながら助けを求める。靴を片方履いたまま、玄関でのびているさかえを前景に収めたカメラは、次に、二階から階段を駆け上がってくる市子を正面から捉える。さかえを抱きかかえようとする市子にさかえが絡みつき、ふたりはしゃがみこむ。「おじさまはキライ。おばさま、うち、おばさまのもんよ」。甘えた声でささやきながら、さかえは、両腕を市子の首にまわす。そのとまどった表情を収め続けたカメラは、さかえがすぅっと市子のくちびるに吸い寄せられていくさまを捉える。驚きで大きく目を見開く市子をよそに、さかえは、くちびるの左端、そして右端と計三度のキスをする。そこでカメラが上から俯瞰気味にふたりを捉え、「おとこなんかキライ」と泣きながら叫び続けるさかえの腰に手を回して立ち上がらせると、市子はさかえを抱えて階段を降りてゆくのである。ここで視覚化される接吻には、官能性が溢れているわけでもなく、ふたりの親密性を感じさせるわけでもない。大きく目を見開き、驚きに満ちた表情を浮かべる市子の顔貌が、静止点のように画面にこびりついているだけである。

この映画の舞台となる佐山家の奇妙な構造に言及した文章のなかで、評論家の上野昂志はこの家のつくりが生じさせる「落ち着かなさ」の感覚を指摘し、川島が「中流家庭の夫婦の間の微妙な違和」を描くために階段という空間を選んだことに注目する。[*11] この指摘は鋭い。だが、夫婦の間の微妙な違和を生む大きな原因がさかえであること、そしてさかえに対する市子の両義的な愛着を考えるならば、ふたりが出会い、接吻をおこなう階段は、この映画が女性同性愛的欲望を生成し、表象する空間となる。この空間において、語りの運動を、あるいは映画の時間をせき止める市子の表情は、欲望を表象する静止点なのだ。

さかえを演じる久我美子は、この登場人物を特徴づける少年性を具現化する。華奢で小柄な久我の身体は、自転車に乗って大阪の街を縦横無尽に駆け回るおてんば娘として画面に導き入れられ、その後も、明るいコミカルな調子の音楽とともに動き続ける。つねに移動し続けるその身体は、この映画におけるもうひとりの少女、妙子の神妙に身構えた所作や、市子の優雅で自制的な身体所作とは対照的である。一瞬たりとも静止することなく動き続けるそのからだには、鋭角的な輪郭と、意志の強さを連想させる太い眉毛の顔が乗っており、その相貌や、身体所作がもつ鋭さや運動性は、さかえの欲望の運動性と連動し、この人物を空間的にも、また欲望の点でも固定されない人物として映画的に作り上げていく。

川端の原作でも、この映画でも、さかえが体現する少女の官能性は、少年性という要素を含みもつ。しかし、久我美子演じるさかえを、その主体であると同時に客体ともする女性同性愛的欲望は、女性と男性というジェンダーの一方から一方へ移行するのではなく、少女性と少年性を共存させ、また、その間を行きつ戻りつするなかで生成される同性愛的欲望なのである。そこには眼差しの対象となる人物のジェンダーの二重性があるだけでなく、眼差す主体のジェンダーの揺れと不安定な同一化がある。

少女のなかに執拗に「少年」の姿を見出す川端の小説『しぐれ』や『少年』のホモセクシュアルな欲望のように、あるいはさかえや市子のような欲望の主体のほかに、もうひとり、ジェンダーの揺れと不安定な同一化をもつ眼差す主体が存在する。丸山明宏（現在の美輪明宏）である。

――丸山明宏、あるいは女であること

軽快な音楽とともに、自転車に乗ってあちこちに移動する若い女性の後ろ姿をワイプで繋ぐ冒頭のシ

ークエンスから、この映画は唐突に丸山明宏のクロースアップを映し出す。真正面を向き、画面からわたしたち観客に突き刺すような視線を投げかける丸山明宏がそこにいる。丸山が歌い出し、その顔に映画のタイトル「女であること」という文字が浮かびあがる瞬間に、わたしたち観客は、眼差す主体としての丸山明宏の視線に射抜かれながら、その視線に対峙しつつ、自らを眼差す主体として立ち上げてゆく。

容易にジェンダーの同定を許さないこの人物が丸山明宏であるということを、映画が公開された一九五八年の時点では、多くの観客が知っていたことであろう。そうだとしてもやはり、「悪趣味」、「グロテスク」、「いやらしさ」といった批評言説が示唆するのは、その両義的なジェンダー表現が観客にもたらす情動的な反応である。主題歌を歌う丸山は、その声、表情、衣装で、観客を凝視したまま挑発的に女性性を誇示する一方で、女であることの非一貫性を示す。

谷川俊太郎によって作詞されたその歌詞は、矛盾し、変幻するものとしての女を冷笑的に描いている。動物や、神様、悪魔といった比喩によって形容される非＝人間としての女（「育ち過ぎた子羊」、「エレガントな豚」、「帽子の好きな狐」、「とてもいやらしい神様」、「とても可愛らしい悪魔」）。「愛したり、憎んだり、妬んだり、裏切ったり、涙を流し、バカ笑いし、うそをつき、流し目を送ったり」する、不安定で、非理性的で、不誠実な生きものとしての女。こうした属性を与えられた女というものを、視覚的かつ聴覚的に表象するのが丸山明宏なのだ。「女であること」の意味が、原節子、久我美子、香川京子らによって演じられる登場人物のあり方を通してだけでなく、丸山明宏のパフォーマンスによって問われているのである。

一九五二年に銀巴里（銀座にあったシャンソン喫茶）で歌手デビューを果たした丸山が大ブレークするのは、その五年後に「メケメケ」を発表したあとのことである。シャルル・アズナブールが作詞し、歌った同名の曲を、大胆に意訳し、原詩にはなかった言葉やニュアンスを付け加えた丸山は、このときからすでに、ジェンダー表現を複雑化させ、女や男であることの非一貫性を示していたように思われる。船乗りの男が島の娘を残して旅立つ別れの場面を歌ったこの作品は、その内容とはうらはらに、明るく軽快なテンポが特徴的なシャンソンである。丸山の訳詞では、男でも娘でもない三人称の視点で別れの情景を描写する前半から、「バカヤロー」、「情なしのケチンボ」と船乗りを罵倒しながら、やがて、「あきらめて帰ろ」と語る島の娘へと視点が移っていく。「メケメケ」は、その後の丸山が、固定化された二元論的なジェンダー規範に抵抗し、パフォーマティヴにそれを撹乱していく表現者としてのあり方をよく示している。[*12]

一九五七年に日本で公開された、アメリカ映画『お茶と同情』（一九五六）は、丸山に「シスターボーイ」という新たなペルソナを付与する。[*13] ロバート・アンダーソンのブロードウェイ戯曲を原作とし、ヴィンセント・ミネリが監督したこの映画は、ゲイ映画の古典として名高い作品である。主人公のトム（ジョン・カー）は、スポーツを好まず、男同士の会話にもついていけず、同級生から「シスター・ボーイ」とからかわれており、舎監の妻であるローラ（デボラ・カー）が唯一庇護してくれる存在である。直接的にホモセクシュアリティが描かれないこの映画にあって、トムが拒否するアメリカ的男性規範や、トムの「違い」に気づいたローラによるその「繊細さ」の肯定は、一九五〇年代のハリウッドにおけるゲイ表象の典型的なかたちのひとつである。たとえ、それが映画史家ヴィット・ルッソのいうように

「ホモセクシュアリティの存在ではなく、その非難」を描いているとしてもである。[*14]

丸山は早くから、自分のホモセクシュアリティを公言しており、セクシュアリティに関しては、非異性愛者としての立場を明らかにしてきた。だが、ジェンダー表現に関しては、江戸時代の男装遊女・勝山やお小姓のスタイルを参照しながら、既存のジェンダーを二分化し、固定する規範を拒否し、文化や時代を自在に混交させながら自らのスタイルを作り出してきた。丸山のファッションは、一見女装のように見えて、女装ではなかったのである。その意味で、丸山明宏とは、視覚的な男性性や女性性の約束事に対してだけでなく、ジェンダーによってセクシュアリティを規定するようなあり方にも公然と挑戦してきた表現者であったといえる。

この映画で主題歌を歌いながら登場する丸山は、まさに、「女であること」を問う存在である。「女」のパフォーマンスによって、「女であること」のパフォーマティヴィティを露呈させる丸山が生み出す「女であること」の強烈な情動的効果は、批評者たちの言語にその痕跡を刻みこませる。彼らの語る居心地の悪さや嫌悪感は、フロイトが「不気味なもの」として論じた、抑圧されたものの回帰を思わせる。というのも丸山の「不気味さ」は、既視感をともなって経験される、あの慣れ親しんだものの反転であるからだ。わたしたちが自明視してきた「女」というもの、普段慣れ親しんでいるはずの「女」が突きつける不確実さと、非決定性。それは、すでに知っていると思い込んでいたものの輪郭が溶け出す不安であり、隠されているべきものが現出してきたことに対する不安にほかならない。[*15] 丸山が不気味なのではなく、ジェンダーの基盤のなさこそが不気味なのだ。

川島雄三の「純粋映画」

横光利一がいうところの「純粋小説」、すなわち、純文学作家としての誇りと地位を保ちつつ、大衆作家の広い名声と実利を得る小説の理想を完全に体現したのは、横光利一そのひとではなく、「東京の人」、「女であること」に成功した川端康成であると、文芸評論家の中村光夫はいう。[*16] この点でも川端と川島は再び共鳴し合う。『わが町』や『幕末太陽傳』（一九五七）、『女は二度生まれる』（一九六一）、『雁の寺』（一九六二）といった「傑作」を撮った映画監督としての誇りと地位を保ちつつ、『天使も夢を見る』（一九五一）、『学生社長』（一九五三）、『箱根山』（一九六二）のように大衆受けし、自身の言葉を借りれば「商売になる」娯楽映画の数々を作った川島雄三は、作家性と商業性とを見事に両立させた「純粋映画」の体現者だったのではないだろうか。それは、織田的な「軽佻派」であろうとした川島とは異なるもうひとりの、川端的な川島雄三である。

『女であること』は、市子の妊娠と夫婦円満によって、調和と和解で閉じられる映画なのだろうか。だが、待ち望んだ妊娠に浮かれ、夫婦仲の修復を暗示する場面のあとに、再びさかえが戻ってくる。どしゃぶりのなか、傘もささずにレインコートで佐山家を訪れたさかえは、みなの欲望を掻き立て平穏な日々を掻き乱したあと、突然に東京から、そしてこの映画から去って行こうとする。そのさかえが、最後にひと目会っておきたい相手は、おじさまでも誰でもない、市子なのである。多摩川が映る画面の後景へと走り去ってゆくさかえを追いかける市子は、やがて諦めたかのように立ち止まり、その後ろ姿を身じろぎもせず見守り続ける。雨が降り、霧が流れるこの場面をカメラは俯瞰で捉えるが、そのとき冒頭の主題歌の軽快な調子の変奏が響き出す。ジェンダーの不安定さと、そのパフォーマティヴな構築性を挑発的に誇示しながら幕を開けたこの映画は、最後に、同性愛的欲望に裏打ちされた親密性で結ばれたさかえと市子を再び画面に呼び戻すことによって幕を閉じる。ふたりの追いかけっこに、丸山の歌を重ね合わせることで、「女であること」の問いは、性差や、家族規範、異性愛的親密性から引き離され、ジェンダーの非決定性と、女性同性愛的欲望へと差し戻され、そこで、映画『女であること』は唐突に終わりなき終わりを告げるのだ。

註

＊1　川島雄三「マーヴィン・ルロイ断片」、カワシマクラブ編『監督川島雄三　松竹時代』ワイズ出版、二〇一四年、一五三頁。

＊2　藤本義一との対談における長谷日出雄の発言。藤本義一『川島雄三、サヨナラだけが人生だ』河出書房新社、二〇〇一年、一五三頁。白井佳夫「川島雄三監督論のための観察ノート」、『ユリイカ』二一巻四号、一九八九年三月臨時増刊号、一六一頁。

＊3　笹川慶子「映画『わが町』を読む――織田作之助と川島雄三」、増田周子編『大阪都市遺産研究叢書』別集三、二〇一三年、二九頁。

＊4　例えば、絓秀実は川島映画にはいつも「謎」があると指摘する。「地に足がついていないし、自足的でもない」川島映画の登場人物たちや、『幕末太陽傳』でひたすら繰り返される「階段からころげ落ちる」といった動作を、喜劇や悲劇に分類することのできない「謎」であると述べる絓は、謎をもっていると同時にそれ自体が謎でもあるような川島映画の謎の二重性を示唆しているといえよう。絓秀実「フレームの外へ！逃走と闘争「失敗」への思考」、『ユリイカ』二一巻四号、一九八九年三月臨時増刊号、七六頁。

＊5　四方田犬彦「川端康成と日本映画」、『國文学』四六巻四号、二〇〇一年三月号、六―一三頁。

＊6　四方田犬彦「『伊豆の踊子』映画化の諸相」および、志村三代子「川端康成原作映画事典」を参照のこと。坂井セシル・紅野謙介・十重田裕一・マイケル・ボーダッシュ・和田博文編『川端康成スタディーズ――21世紀に読み継ぐために』笠間書院、二〇一六年、二一六－二六二頁。中村三春編『映画と文学――交響する想像力』森話社、二〇一六年、とりわけ第三部の「川端康成の小説と映画――パリ国際ワークショップより」にも川端康成原作映画についての優れた論考が含まれている。

＊7　川端康成『川端康成全集 第十二巻』新潮社、一九八〇年、二七九頁。

＊8　川端康成『川端康成全集 第十六巻』新潮社、一九八〇年、一五八頁。

＊9　川端『川端康成全集 第十六巻』、三二八－三二九頁。

＊10　川端『川端康成全集 第十六巻』、三三二頁。

＊11　原作で佐山夫妻の住む家は、市子の父が丘のなかほどに建てた三階建ての西洋の田舎屋敷風となっている。「傾斜の土を三段にけずり取って、家をのせたかたち」のこの家は、三階からも裏庭に出られるようになっており、そこからは多摩川が見渡せるようになっている。横からは地下室のように見える一階には客間があり、二階には居間が、また三階には、夫婦用の居間と洋室、洋間、座敷と、茶室風の小間がある。多少間取りが変わっているものの、映画のシナリオには、佐山家セット平面図と、佐山家配置説明図が並べられ、映画の舞台となる佐山家の様子が詳細に記されている。「室の見取り図、左の通り。これに依って各場面を想定されたい」と書かれたメモからは、川島が、この映画の主な舞台となる佐山家の空間設計をいかに重視していたかがうかがわれる。上野昂志はこの家の奇妙な構造について、「高台の崖の途中に建てられた家だから、玄関が高い所にあり、台所や茶の間が低い所にあるということは納得できるものの、実際に画面のなかで、原節子が、出掛けるといっては階段をのぼり、あるいはこちらに背を向けて階段をおりていくのを見ていると、何故か落ち着かない。それを階段がもたらす不安といってしまえば、ことは一挙に普遍化してしまうが、それよりも前に、中流家庭の夫婦の間の微妙な違和を描くのに、川島がこのように奇妙な空間を選んだということ自体に注目したい」と述べている。上野昂志「川島雄三の場所」、『季刊リュミエール』四号、一九八六年、三八－三九頁。

＊12　美輪明宏のスター・ペルソナがもつクィア性については本書収録の拙稿「クィアな共振」を参照されたい。

＊13　この映画の日本配給に際し、宣伝計画を一任されたMGM日本支社の宣伝部長・井関雅夫は、流行語を作り出すことによって映画をヒットさせるという宣伝戦略を立てる。『お茶と同情』の主人公トムのあだ名「シスターボーイ」

を日本でも広めるため、丸山明宏に白羽の矢を立てた井関は、丸山明宏という日本版「シスターボーイ」をこの映画と結びつけて宣伝することに成功する。詳しくは以下を参照のこと。豊田正義『オーラの素顔——美輪明宏の生き方』講談社＋α文庫、二〇〇九年。

＊14 Vito Russo, *The Celluloid Closet: Homosexuality in the Movies*, (New York: Harper & Row, 1981), p. 108.

＊15 ジークムンド・フロイト『フロイト著作集 3』人文書院、一九六九年。

＊16 中村光夫『《論考》川端康成』筑摩書房、一九七八年、五八頁。

クィアな共振——美輪明宏の映画スターダム

美輪明宏はいたるところにいる。雑誌、テレビ、ラジオから舞台まで、日常生活のいたるところにその姿を見、その声を聞くことができる。だが、一九七一年の改名以前の「丸山明宏」時代を知る人々にとって、美輪はキャバレー、次いでシャンソン喫茶になった「銀巴里」で歌っていた一風変わった青年として記憶されているようだ。[*1]

「銀巴里」の常連であった江戸川乱歩や三島由紀夫のような作家や知識人、芸術家に、その美貌と歌声が熱烈に賞賛された丸山明宏の評判はやがて都会の文化人サークルを飛び越え、日本の隅々にまで行き渡る。きっかとなったのは、フランスのシャンソン歌手シャルル・アズナブール作詞による「メケメケ」を、自身で大胆に改変して翻訳した同名曲の大ヒットである。

フリルのついた服を着て、タイトなパンツをはき、口紅を塗ってステージに上がり歌っていた丸山のジェンダー表現は、明らかに当時の男性規範から逸脱するものであった。男性的とも女性的とも言い難いそのジェンダー越境のイメージは、『永すぎた春』(一九五七)、『暖流』(一九五七)、『女であること』といった映画にも見出すことができる。それらの作品に、丸山は誘惑的で女性的な雰囲気をもつ歌手として登場するが、自身は「女装」というレッテルを拒絶し、そのスタイルを中性ファッションと呼んでいた。[*2] 丸山（そして後の美輪）のジェンダーをめぐるパフォーマンスは、イメージと声の両方において、「女」や「男」という二元論に回収されることを拒んできたのである。

美輪明宏主演、深作欣二監督の映画『黒蜥蜴』（一九六八）が、アメリカの批評家によって「キャンプ」と表現されたように、そのスター・ペルソナは国境を超えてクィアなものとして受容されてきた。[*3] そうした受容を加速させた原因のひとつが、パスカル＝アレックス・ヴァンサン監督による映画『美輪明宏ドキュメンタリー～黒蜥蜴を探して～』（二〇一〇）であろう。世界で最も歴史の古いLGBTQの映画祭とされる「フレームライン」の「トランスジェンダー・フィルム・フォーカス」部門で二〇一一年にプレミア上映された際、プログラムでは美輪が「ゲイ・アクティヴィズムのパイオニア」であり「社会批評家」であると紹介された。今日的な意味でのアクティヴィストかどうかはともかく、このスターに社会批評家としての一面があったのは確かである。美輪のクィアなペルソナは映画祭を通して再びグローバルに流通するようになった。

キャンプやゲイという国外での受容と日本における美輪の受容には少なからぬギャップがあるが、そのどちらもが十分に美輪のスターダム（スターとしての状態または地位）について説明し切れていないように思われる。本章では、キャンプやゲイという概念のみならず、女形のような日本の文化的伝統にも囲い込まれることのない映画スターとしての美輪明宏について考えてみたい。そして、異性愛規範の秩序やルールによって作られてきた強制的なカテゴリーをつねに拒否し、そこから離れていこうとするところに、このスターのクィアネスを探ってみようと思う。美輪のスター性について考えていくと、映画研究の一分野であるスター研究が、いかにジェンダー二元論に依拠しており、美輪というスターの身体とパフォーマティヴに構築されるそのジェンダー表現を論じるための適切な枠組みがないことがわかってくる。

本章では、一九五〇年代から一九七〇年代始めまでのキャリアに焦点を絞り、異性愛的男性性が支配的であった状況への反応として自らのスター・ペルソナを築いていった美輪明宏に注目する。とりわけ一九六〇年代の美輪を考えるうえで欠かせないのが「新宿」という磁場である。異種混淆のメディア、ジャンル、スタイルが共鳴し合い、文化と政治を包み込んで大きく揺れ動いていた新宿は、まさに共振の領域であった。この時代の新宿に存在していた芸術的衝動を「感覚」や「波」という言葉で表現するミリアム・サス（日本芸術・文学の研究者）は、そこに「ポスト新劇、舞踏、映画に携わっていた人々の重なり合いや私的な繋がり」と「多様なメディアにおける芸術的生産性の交差と念入りな組み合わせ」を見る。[*4] 芸術に限らず、政治や文化、性の領域を横断しながらその境界線を書き換えたり消し去ったりした協働者たちのネットワークを「共振」という相貌のもとに振り返ってみたい。

女形と女優の誕生

「スターの乗り物（star vehicle）」という言葉があるように、映画は「スターを見せる」メディアとして発達してきた一面をもっている。[*5] 映画研究にあって、スター研究が最も活気ある分野のひとつとして存在してきたのは、映画を見る快楽がスターを見る快楽と強く結びついてきたからであろう。もちろん、スター現象は映画に固有のものではない。だが、スターのイメージが形成される際、あらゆるメディアのなかで、映画は特別な役割を果たしてきた。

スターに関する研究の端緒ともいえる著作のなかで、エドガール・モランは、現在のスター研究の土台になる概念や視点——スター崇拝に関する宗教的性質、パブリシティ、商品化、同一化のメカニズム、スターとキャラクターの関係や、スターと観客の関係など——を提示した。[*6] モランに加えて、フランチェスコ・アルベローニ、バリー・キング、リチャード・シッケルらによるスター論を参照したリチャード・ダイアーのスター研究は、社会学的関心と記号論的関心を結びつけ、スターを社会的現象であると同時にイメージ、記号として分析するものであった。一九七九年刊行の『映画スターの〈リアリティ〉——拡散する「自己」』と一九八六年刊行の『天体』は今日のスター研究という分野の輪郭を描き出したと言えるだろう。

後のスター研究は、ダイアーにならってスターをイメージ、そしてテクストとみなし、それらが作られるだけでなく、受容され、利用される社会的で文化的な文脈を重視してきた。映画スターダムとセクシュアリティ、社会との関係をダイナミックに分析するダイアーのアプローチに本章も大きな影響を受けている。その先駆的研究は、美輪明宏のスターダムにおけるジェンダーとセクシュアリティの複雑な交差が、いかに一九六〇年代の新宿という固有の歴史的・文化的状況に関連しているかを考えるよう促すからである。

よく知られているように、日本映画は演劇の強い影響のもとに成立した。一九二〇年代初頭になるまで女形が女性の役を演じていたことも、そのひとつの表れだろう。女形から女優への移行は、国産スター・システムにおける最初の大きな転換点だったといいえるが、この転換はしばしば、「本当の」女性身体への欲望から生まれたのだと説明されてきた。とすれば、三島由紀夫や深作欣二が美輪明宏に女形の伝統を見たように、そのスターダムは一見すると、日本映画勃興期の演劇的伝統への回帰、あるいはそうした伝統を近代化したものに見えるかもしれない。

一九二〇年代以降、日本の映画スターに関する言説は、性科学者、映画監督、批評家や研究者など実に多様な人々によって産出されてきた。[*7] スターの創造が、国家の近代化と深く結びついていたことを考えるならば、さまざまな角度からスターの存在が考察の対象になっていったことは驚くにあたらない。社会現象としてのスターは、近代化の経験をかたちづくるとともに、それによってかたちづくられたのであり、その核心にはジェンダーとセクシュアリティがあった。

二〇世紀前半の日本は、一九一〇年代の軍事帝国主義化、第一次世界大戦の勃発、大規模な産業化や都市化、一九二〇年代の大衆文化の芽生え、新中間階層の成立、エログロナンセンスの流行などさまざまな側面から「近代」を経験したが、それは大きな矛盾をはらむ不均衡な経験であった。例えば、ジェンダーやセクシュアリティの規範の強化や「正常化」が、日本を植民地主義による先進的強国とするために必要不可欠なものとみなされた一方で、「ジェンダー的曖昧さ」と呼ばれる男性の「女性化」と女性の「男性化」が進行していたのである。[*8]

こうした社会的状況において、アメリカ映画産業とその文化的ヘゲモニーが移植されることによって女形から女優への移行が誘発された。『増殖するペルソナ』において藤木秀朗は、一九一〇年代から三〇年代にかけての国産映画スターダムの形成を詳細にたどっている。藤木によれば、アメリカ映画の表象形式が流入し、アメリカ型スター・イメージが規範化されることによって、国産スター・システムが再編されたのだという。女形から女優への転換もまた、アメリカ型スター・イメージによって引き起こされたことは重要である。[*9]

映画における女形が、歌舞伎という演劇の形式をモデルにしていることはよく知られている。一六世紀末に女芸人である出雲阿国によって始められたとされる歌舞伎だが、一六二九年に幕府が女歌舞伎を禁止すると、男性による若衆歌舞伎が人気を博すようになる。前髪立ちの少年たちによって演じられる容色中心の若衆歌舞伎もまた、役者が衆道（主君と小姓の間での男色の契り）の対象となったため禁止され、その結果、前髪を剃った若衆が「女形」になったとされる。女形は、性別化された身体によってではなく、動作や衣装などを含めた「身体的」パフォーマンスによって「女性性」の理想の型を作り出す。『近代日本で女性のように演じる』のなかで加納彩子は、女性であることの定義や、女性的美の理想とされるものが近代においていかに変容したかを以下のように述べている。

一九一〇年代、映画の人気がこの変容を一層促すことになる。女形のクロースアップは、喉仏や骨張った手など、それまで動きと距離によって隠されてきた身体部位への注目を高めた。こうした身体の可視化が女形の凋落に手を貸すことになった。衣装、身振り、距離によって女性のふりをすることができなくなった女形は、理想の女性美を具現する能力を失い、今や女性であることの特権的な記号となった身体をもつ女優に取って代わられたのである。[*10]

一九二〇年代に入り、「本当の」女性と女性身体への欲望によって女形は映画から駆逐されたのだと一般的には論じられてきたが、本当にそうだったのだろうか。女形と美輪明宏の興味深い共通点のひとつが女性ファンの存在である。女性観客にとって、型や観念として、あるいは技術として女性性が演じられるのを見ることの快楽はどのようなものなのだろうか。美輪のスター性や女性たちによる崇拝は、こうした問いを誘発する。今日、美輪明宏のスター・ペルソナは、かつて「妖艶な」と形容されたような女性的（あるいは中性的）美の体現者から、巫女のような、あるいは母親のような助言者の形象へと変化した。女性ファンと美輪との関係は、「相互模倣」ではなく、ファンが秘密や悩みを打ち明け、それに美輪が応答するという親密さをもつものとなった。[*11]

アメリカ合衆国のLGBT映画祭や批評家たちが、美輪の映画パフォーマンスを「ドラァグ」や「キャンプ」とみなしてきたことはすでに触れた。それは、美輪が「ホモセクシュアル」であることを公にしていることと無関係ではない。ドラァグ研究のパイオニアである人類学者エスター・ニュートンによれば、ドラァグやキャンプはゲイのサブカルチャーという文脈において、「変容」をパフォーマンスとして表現する。[*12]ドラァグが「男性的―女性的変容」に関するものであるのに対し、キャンプは「変容と不調和の哲学」に関連しているのだという。女装をしたホモセクシュアル男性がおこなうものというドラァグの明快な定義に比べ、ニュートンによるキャンプの説明はいささか不明瞭である。

キャンプの特徴である「不調和」、「演劇性」、「ユーモア」は、美輪のパフォーマンスをうまく表現しているが、『キャンプの政治学と詩学』の編著者であるモー・メイヤーによって提起された「批評としてのキャンプ」こそが、美輪のパフォーマンスをより的確に表現しているように思われる。[*13]メイヤーによれば、キャンプの政治的価値は存在論的批判を通じて発揮されるのであり、それは「クィアな社会的可視性」を生み出すべく機能しているという。[*14] スーザン・ソンタグ、アンドリュー・ロス、リチャード・ダイアーらはキャンプを様式や感性として論じてきたが、メイヤーは、その政治的で批評的な可能性に着目し、キャンプのパフォーマティヴな実践と戦略が、クィアな社会的可視性を生み出すのだと主張する。[*15] 美輪のパフォーマンスもまた、様式や感性というだけではなく、生物学的に規定された身体、ジェンダー、セクシュアリティの三位一体に対する根源的な批評性を持っているといえないだろうか。

一九五〇年代、六〇年代の男性スターダム

美輪が歌手として人気を博し始めたのは日本映画産業の最盛期であった一九五〇年代後半以降のことである。男性スターがスクリーンを占拠し、女優たちの存在感が低下していくこの時期に美輪はスターとなっていった。黒澤明や溝口健二らの作品が国際映画祭で認知され、大手五社（後に日活が加わり六社となる）によって確立された強固な映画製作体制のもと、国内市場向けの作品が量産されるようになった結果、一九五八年に日本映画産業は一一億二七四五万人という最大観客数を記録することになる。こうして絶頂期を迎えつつあった日本映画に現れたのが、日活の太陽族映画であった。『太陽の季節』（一九五六）、『狂った果実』（一九五六）といった太陽族映画に出演した石原裕次郎は戦後日本に生まれた新しいタイプの男性映画スターであったとされる。高い身長やスポーツによって鍛えられたその肉体は、それまでの日本の男性スターの身体性とは異なっていたからである。

戦争の「敗北」とその後の連合軍による占領から日本の男性性を回復させる過程において石原裕次郎の身体が担った重要な役割については、多くの映画史家たちが論じてきた。例えば映画研究者のイゾル

デ・スタンディッシュによれば、太陽族映画で、「衝突」が起こるときには、ジェンダーの境界とその侵犯が、主要な動機となっているという。[*16] 一九五〇年代、裕次郎の若く躍動的な肉体は、女性の肉体と主体性を占有し、暴力的に侵害する異性愛的男性性を表象していたのである。

一九六〇年代、七〇年代には任侠映画のスター、高倉健がいた。東映の任侠映画は一九七〇年代まで最も人気のあるジャンルであったが、学生運動が吹き荒れた政治の季節に、学生や左翼がそうした反動的で封建的な物語に夢中になることの矛盾をどう考えたらよいのだろうか。物語の魅力とともに、男性観客の快楽の中心にあったのは、高倉健の「今にも爆発しそうな肉体に刻み込まれたエロティックなダイナミズム」だったと斉藤綾子は指摘する。[*17] 「男の中の男」としての高倉健が占める語りのうえでのポジションとイメージは、男性観客にとって同性愛的な快楽をもたらすものだったのではないだろうか。この時代の東映任侠映画の圧倒的な人気を支えた観客の同一化と欲望は、きわめて異性愛的で男性的であるはずの観客が、必ずしもそう「ストレート」ではないことを示唆していて興味深い。

ところで、男性スターがスクリーンを席巻していた時代に、女性スターはどこにいたのだろうか。映画産業の凋落とともに、女性スターの役割は低下し、やがてテレビへと活躍の場を移していくことになる。映画評論家の佐藤忠男は、一九六〇年代の日本映画が女性スターに求めた主要な役柄は「アクション映画ではギャングの情婦、やくざの貞淑な妻か、かたきとなる獰猛な女性、荒々しい男性中心のドラマで男たちに見合うような臆面もないアバズレ女」であったという。[*18] そこにさらにつけ加えられるのが、弄ばれたり、レイプされたりしたあとに捨てられるか死んでしまう女や、「アバズレ女」と対照的に描かれる「純粋な」女性たちであろう。映画女優の姿は映画館から消え、ブラウン管への大移動が始まるが、一九七〇年代には映画スターからテレビアイドルへの変容も起こっていった。

女の任侠映画としては、藤純子（現、富司純子）が主演した東映の人気シリーズ「緋牡丹博徒」（一九六八–一九七二）のような女やくざものが有名だが、それ以前に始まった江波杏子の「女賭博師」シリーズ（一九六六–一九七一）など、一九七〇年は女賭博師ブームの時代であった。美輪もまた「女優」として、『女賭博師壷くらべ』（一九七〇）で江波と共演を果たしている。美輪の演じた女性賭博師の慈悲深い人間性は、復讐に向かって猛進する江波の役柄と対照的に描かれるが、この作品の最大の見せ場は、ふたりが競い合う丁半賭博の場面である。『黒蜥蜴』や『黒薔薇の館』（一九六九）でのファム・ファタル役に加え、情に厚い女賭博師を演じたこの作品での「映画女優」としての美輪の包容力に満ちたイメージは、現在にいたる美輪のスター・ペルソナの重要な部分となっている。

女賭博師シリーズは、ジェンダー秩序を揺るがす数多くの効果をもっていた。語りと視覚の両方のレベルで、彼女たちはきわめて「男性的」とみなされてきた暴力的で報復的な行為を実行し、男中心の任侠映画というジャンルの諸コードの再考を促した。同時に、このシリーズの人気は、男性スターの製造工場であった東映が女性スターを輩出するきっかけとなったのである。江波杏子や藤純子は、「男の中の男」[*19]のみができるとされていたことが女にも可能であることを示し、また美輪のパフォーマンスは、任侠映画におけるジェンダーを複雑化し、日本の女性映画スターダムに一石を投じることになったといえる。

映画スターとしての美輪明宏

『黒蜥蜴』と『黒薔薇の館』は、歌手であり舞台俳優であった美輪の初期のペルソナを映画的なものへと融合させ、映画スターとしての美輪が誕生するきっかけとなった作品である。

一九六八年公開の『黒蜥蜴』は、江戸川乱歩の小説を三島由紀夫が舞台用に脚色したものを、深作欣二が監督した作品である。美輪明宏を念頭に作品自体が構想され、物語と視覚の快楽はこのスターをめぐって組織されている。美輪の演じる黒蜥蜴は、悪名高い宝石泥棒であり、裕福な宝石商がもっている貴重なダイヤモンドを手に入れるため、娘を誘拐しようとする。黒蜥蜴は、美しいものを収集することにこの上ない喜びを感じ、豪奢な宝石や「人間人形」にされてしまった美しい男や女に囲まれて恍惚とする女性だが、探偵・明智（木村功）の出現によって、運命の歯車が狂い出すという物語である。

冒頭、美輪は秘密クラブにいるミステリアスな女として映画に登場する。鮮烈なイメージに、独特のテクスチャーをもった声が重なる。『黒薔薇の館』でもそうだが、美輪の映画的パフォーマンスにあって、イメージと声は相補的な関係にある。ときには一致し、またときには不調和な関係にある声とイメージは、ジェンダーに関する頑固な二元論的な認識のフレームに揺さぶりをかける。

『黒蜥蜴』にはクィアな瞬間が複数織り込まれている。宝石商の娘である早苗（松岡きっこ）との最初の出会いの場面からすでに、黒蜥蜴は早苗に魅了されている。彼女を凝視し、「美しく均整の取れた体。ドレスの上からでもふくよかな胸の膨らみが見えるわ」と語るこの誘惑の場面は、エロティックな緊張感に満ち、語りの位相でレズビアニズムを示唆する。映画の最後で、明智に追い詰められた黒蜥蜴は、明智への想いを吐露しながら自ら命を断つのだが、警察に捕らえられた絶望から自殺する原作とは異なり、映画の黒蜥蜴はまるで明智との関係が成就するのを恐れるかのように死を選択する。劇的に誇張された感情をともなって黒蜥蜴のジレンマが表現されるこの場面では、異性愛恋愛の成立に対する「語りの抵抗」を読み取ることもできるだろう。黒蜥蜴の死は、一夫一妻で再生産的な愛の拒絶だからである。

この物語の異性愛化に関しては、原作の黒蜥蜴がもっていたエロティックなニュアンスや倒錯的な可能性が減じられてしまった部分もある。例えば、黒蜥蜴がより「女性的」になったことで、ふたりのロマンスはセクシュアリティと愛と結婚が一体化した戦後の「ロマンティック・ラブ・イデオロギー」に沿った「純愛」に近づいていると日本文学研究者の竹内佳代は指摘する。[*20] 映画を語りのレベルのみで読んだとすれば、それもたしかにうなずける。だが、観客は明智と黒蜥蜴の関係をすんなり「異性愛」と受け取りはしないであろう。というのも、映画が公開された当時、美輪が「男として生まれた」ことは秘密でもなんでもなかったからである。美輪に関する観客の知は、「純粋な（異性）愛」という語りをフィクション、あるいはパフォーマンスとして解読することを可能にしていたはずである。

オルタナティヴな家族の表象もまた、この作品にクィアな瞬間をもたらしている。『黒蜥蜴』において、宝石泥棒の一味であるひな（小林トシ子）や松吉（木村功／明智との二役）は天涯孤独で、黒蜥蜴を母親のように慕う人々である。父親が不在の、しかも血縁で結ばれたのではないこの「家族」が、黒蜥蜴と明智のロマンスと並行して描かれている。この作品のクィアネスは、美輪の撹乱的なジェンダー表現やパフォーマンス、黒蜥蜴の早苗に対するレズビアン的欲望に加え、オルタナティヴな家族の表象にも見出すことができるのだ。

『黒蜥蜴』の成功によって、深作は美輪を主演にした映画をもう一本監督することになる。そのタイトルが示すように、前作との繫がりが強調された翌年公開の『黒薔薇の館』で美輪が演じるのは、秘密のクラブに現れる竜子という謎の女である。映画のなかで語られる、かつて竜子は横浜のクラブで歌手をしていたという噂は、シャンソン歌手としての美輪のキャリアと二重写しになっている。『黒薔薇の館』はある意味美輪明宏というスターについての映画なのである。

竜子に心を奪われるのがクラブの経営者・佐光（小沢栄太郎）と、その息子の亘（田村正和）である。竜子の存在は、すでにバラバラである佐光一家の分断を一層深める。愛人との駆け落ちに失敗して寝たきりになっている佐光の妻（松岡きっこ）が皮肉を込めて言及する夫の「優しさ」は、親切で寛容な家父長の抑圧を露わにする。竜子は裕福な中産階級の家庭の表面を引っ掻き、優しい父や夫の君臨する家族の沈黙の抑圧を暴くのだ。

作品の最後には、父の息子に対する愛が、竜子への異性愛恋愛を凌駕するという一見驚くべき結末が待っている。だが、ここでの父と息子の関係は、フェミニストの哲学者リュス・イリガライが「ホモセクシュアルな占有」と呼んだような、家父長的な権力と法の委譲を可能にするものでもある。[*21] 美輪演じる竜子が、ふたりの男の間で交換される対象というポジションを占めているのは皮肉だが、竜子の所有を主張する男はほかにもおり、それぞれが語る竜子の異なるイメージがフラッシュバックで映し出される。こうして視覚的に構築された「女」としての竜子は、「パフォーマティヴに構築される女性性」と「初めから性差を付与された肉体」との結びつきをほどいていく。

『黒薔薇の館』は、深作がフリーの監督という立場で松竹の求めに応じて撮った作品である。『黒蜥蜴』のときとは違い、オリジナルな脚本であるが、美輪明宏を謎の美女として再登場させるという試みには、松竹という映画会社の歴史が絡んでもいる。撮影所システムが崩壊するなか、苦境にあった松竹がお得意のジャンルであるメロドラマに歌舞伎の要素、とりわけ女形（三島や深作は少なくとも美輪をそのように見ていた）を取り込んだことは、松竹の原点である演劇（歌舞伎）と女優の伝統を更新しながら会社の再興を目指す試みのひとつであったに違いない。

ゴシック・メロドラマ、アクション、ノワールの諸要素が入り混じったスタイルについては、一九六〇年代の美輪の映画スターダムを考慮に入れる必要があるだろう。先に触れたように一九六〇年代の日本映画では、「男性映画」と男性スターがまだまだ存在感をもっていた。人気に陰りが見え始めていたとはいえ、日活ではまだ石原裕次郎が活躍し、任侠路線へとシフトした東映では鶴田浩二や高倉健が多くの観客を呼び込んでいた。こうした男性的な映画文化にあって、きわめて「男性的」な作家であった深作によって、美輪明宏という「女性スター」の映画が作られたのである。

『黒蜥蜴』と『黒薔薇の館』において、美輪演じる主人公が、その過去と現在が追跡できない謎の女性であったことは、このスターのジェンダーの非決定性と関連しているように思われる。決まった時間や場所に縛られない黒蜥蜴や竜子は、ジェンダーに関するアイデンティティが固定されることを拒む登場人物だからである。彼女たちの「知りえなさ」、そして両作品における「謎」の根底にあるのは、美輪のスター・ペルソナの核ともいえるセックスとジェンダー、セクシュアリティの非一貫性である。美輪明宏は、ジェンダーやセクシュアリティの非決定性によって特徴づけられる演技者と登場人物の結合から生まれた映画スターなのだ。[*22]

声のスター

映画スターとしての美輪を考えるうえで、イメージに負けず劣らず重要なのが声である。『永すぎた春』、『暖流』、『女であること』といった映画作品に歌手として登場し、舞台では繰り返しエディット・ピアフを演じるなど、声は美輪のスター性と切り離せないものである。映画のなかの、あるいは舞台上の人物は、美輪の濃密な質感をもつ豊かな深い声によって情感を込めて表現されてきた。『黒蜥蜴』や『黒薔薇の館』の謎めいた、官能的な女性主人公は両義的な声のもち主である。暖かで粘性のあるその声は、過剰な女性性を印象づけることもあれば、ぶっきらぼうで威嚇するような低音での語り口で強い男性性の効果を生み出すこともある。語り、歌うときのトーンやその変化によって、美輪の声は男と女という二分法を宙吊りにする。

美輪の声について考えていくと、ジェンダー二元論に深く依存してきた映画における声の研究についても考えざるをえなくなる。映画における声に関するパイオニア的研究のひとつであるミシェル・シオンの『映画にとって音とは何か』は、声と身体の関係を中心に、映画における空間の問題を考察したものである。スピーチ、叫び、ため息、ささやきなどを含め、人間の声はその周囲にあるすべてのものを階層化するとシオンは言う。[*23] そしてジェンダー化された声が空間に秩序を与えるのである。

ジョン・カーペンターの『ザ・フォッグ』(一九八〇)を例に、女性の声の遍在性を論じるシオンは、「女性の声だけが映画の空間に侵入し、それを超越することができる」と語る。[*24] 精神分析に依拠するフェミニスト映画理論家のカジャ・シルヴァーマンは、シオンの議論を批判的に補足しつつ、ハリウッド映画においては、女性身体に与えられるのと同様の役割を女性の声が果たしていると指摘する。[*25] 女性の声は、主流映画においてフェティッシュとして機能し、「男性の主体性において語りえないものの代理となったり、それを覆い隠したりする」のだと。こうした指摘はもっともな反面、そこでは女性の声と女性身体とが区別されておらず、さらにそうした身体＝声は、二元論的なジェンダー観に基づくものである。

これらの議論とは異なり、声を聞くことによって他者との関係が始まると述べた記号学者で批評家のロラン・バルトは、声が直接的に身体に結びつけられる必要はないとする。[*26] バルトによれば、わたしたちが他者という存在や、その心理的な状態を認識するのは声によってであり、そのとき声は、直接的かつ本質的に身体に関連しているのではなく、あくまでも身体のイメージに結びついているのだという。「差異の特権的な拠点である声は身体と言説が接合する場にある」とバルトが語るとき、[*27] その差異は、ジェンダーに限定されない多様なものでありうるし、声と身体の同一化は言説の介入によって困難なものとなる。

映画における声の研究の多くは、二元論的なジェンダーを前提とし、声がジェンダー化されるプロセスについてはほとんど検討してこなかった。声のスターとしての美輪、あるいは美輪の「声のスターダム」は、そうしたジェンダー観に基づく声の理論に抵抗し、声が「女の声」や「男の声」に分類されること自体を問う必要性を示す。

身体であれ、マシンであれ、声にはその「起源」を想起させ、探求させる何かがある。それは、声がもつ固有の求心力なのかもしれない。だが、声が性差のしるしとなるとき、その差異は身体の統一感という幻想とともに、二種類のみからなる限定的な身体へと還元されてしまう。身体に基づいてジェンダー化されることを拒み、身体と言説の間で漂う美輪の声から、身体と声がもちうる新しい関係の可能性を想像することは可能だろうか。

美輪の声がもつ不決定性は、声優として出演した映画作品でも十全に発揮される。『幻魔大戦』(一九八三)のフロイは、「宇宙意識体」という目に見えず、かたちをもたない生命体である。ジェンダーはもちろんのこと、あらゆる二分法を超越するエネルギーのような存在であり、テレパシーで人間と交信するフロイを美輪の声が演じる。『もののけ姫』(一九九七)で美輪は、主人公の少女・サン(石田ゆり子)を育てる森の神・モロとなる。母親という女性ジェンダーを刻印されてはいるものの、人間の言葉を話す際に、モロのジェンダーは不明瞭になる。三〇〇歳になる巨大な白いオオカミの姿をした神であり母でありつつ人間の言葉を操るモロの超自然性を、美輪の声は浮き彫りにする。もうひとつのジブリ作品『ハウルの動く城』(二〇〇四)で、美輪は悪魔と契約を交わし「荒地の魔女」となった登場人物の声を演じるが、呪いが解けたあとは老女となる。人間ならざるものに命を吹き込み、人間と超自然の境界線を行き来するのが美輪の声なのである。

共振するゾーン——一九六〇年代の新宿文化

最後に、美輪明宏というスターの誕生を一九六〇年代の新宿との関係で見てみよう。シャンソン歌手として活動を始めた美輪明宏といえば、銀座のイメージが強いかもしれないが、実際には、美輪のスターダムは一九六〇年代の新宿と密接に結びついている。安保闘争、高度経済成長による開発、さまざまなアヴァンギャルド運動が混在していた新宿は、その時代、政治と文化の交差が明確に視覚化された場所であった。そして、それらが衝突しては混じり合うダイナミズムを捉えたメディアのひとつが映画であった。大島渚の『新宿泥棒日記』(一九六九)や、松本俊夫の『薔薇の葬列』(一九六九)の舞台が新宿であったのは偶然ではない。アートや舞踏、演劇と映画が触発し合い、人やアイデアがジャンルやメディアの境界を跨いで動いていたのが、一九六〇年代の新宿だったからである。

当時の文化的アイコンが多々出演した『新宿泥棒日記』の真の主人公は新宿という街であろう。[*28] 新宿を「俺の場所」と呼んだ大島は、「新しい芸術は先ず風俗の形で出現する」と語ったが、大島にとって新しい芸術とは、現実と非現実の境目をなくすことであった。[*29]

美輪を含む多くのアーティストやミュージシャン、演劇人なども大島の語るような創造的衝動によって突き動かされていた。パフォーマンス集団の「ゼロ次元」、唐十郎率いる「状況劇場」、寺山修司の「天井桟敷」は、しばしば観客を巻き込むことによって新たな形式や様式の実験をおこなっていた。ジャンルの境界を越境するようなこうした動きにとってきわめて重要な役割を果たしたのが、非商業的な映画や演劇のための場を提供した「アートシアター新宿文化(新宿文化劇場)」と、同じビルの地下にあって、さらに実験性の強い作品を上映・上演した「アンダーグラウンド蠍座」である。[*30]「蠍座」は、三島由紀夫がケネス・アンガーの『スコピオ・ライジング』(一九六三)にちなんで命名したものだが、そこにも当時の新宿文化の一部をなしていたクィアなネットワークを見ることができるだろう。

美輪明宏はこうした状況から生まれた表現者であった。寺山修司によって(演劇の)役者として再発見された美輪は、天井桟敷の旗揚公演『青森県のせむし男』(一九六七)に主演、次いで『毛皮のマリー』（一九六七）では異性装の男娼を演じた。詩人としてすでに名をなしていた寺山だが、演劇や映画へと活躍の場を広げることができたのは、アートシアター新宿文化の強力なバックアップがあってのことである。『毛皮のマリー』が一週間そこで上演された際に、三島は毎日劇場を訪れては熱心に美輪を観察し、自らの戯曲『黒蜥蜴』で美輪を主演にすることに決めている。[*31]『薔薇の葬列』は、そのクィアな主題において、「共振ゾーン」としての新宿を見事に描き出す作品である。新宿で働く「ゲイボーイ」のエディ（ピーター／現、池畑慎之介）とその恋人（土屋嘉男）との関係は、エディプス・コンプレックスが下敷きにされている。ただし、それは母親への性的欲望とライバルである父殺し（「陽性形式」）を反転させた、父親への性愛的欲望と母親の憎悪からなる陰性形式の「エディプス・コンプレックス」である。映画における時間の形式を探求するこの作品は、成長、発展、生産、再生産といった高度経済成長のナラティヴに必要不可欠な直線的進歩のロジックを拒み、新宿のゲイの世界を通してオルタナティヴな時間の観念を提示する。大島渚の新宿とは異なり、松本の描く新宿は非規範的な時間と性的実践が同時に生起する空間だといえよう。[*32]

一九六〇年代の新宿でゲイ、レズビアン、異性装者が増え、その存在が可視化されていく様子については多くの証言がある。例えば、新宿騒乱（新左翼による暴動事件）や赤テント（状況劇場による花園神社でのテント公演）、ハプニングを含め当時の新宿の文化や風俗を記録した『新宿考現学』のなかで、深作光貞は一二〇軒以上のゲイ・バーやスナック、三、四軒のレズビアン・バー、ゲイとレズビアン両方の集まる場所（スナック「ナジャ」）に言及し、「新宿の若者の間に驚くほどひろがってきているのは同性愛であろう」と述べている。[*33]

また、風俗ドキュメントという副題をもつ『新宿物語』のなかで、伊東聖子は新宿をゲイおよびバイセクシュアル男性との強い結びつきをもった街として描き出すとともに、それらを文化的混淆と関連づけている。「原エネルギーが集結していて、街中に、映画監督だカメラマンだ、編集者だ役者だ、作家だ、という人間たちがあふれ、また性風俗としてのホモセクシュアルやオカマ文化も爛熟の度を極めつつある」[34]と伊東は新宿を描写している。

社会・文化史研究者の三橋順子はゲイ・バーの新宿への集中化は売春防止法の施行にともない赤線（売春を目的とする特殊飲食店街）が廃止された一九五八年に始まったとしている。[35]二丁目の旧赤線や、衰退した青線（売春を目的とする非公認の特殊飲食店街）にゲイ・バーが進出し、それまでは浅草、銀座、新橋、新宿に散らばっていたゲイ・バーが新宿に集中することによって今、わたしたちが知るような「新宿二丁目」が出来上がってきたのである。[36]

美輪は公私両面で新宿と深く関わっていた。アートシアター新宿文化で芝居をし、新宿五丁目にある花園神社前に住み、近くの自ら経営するクラブで、友人たちと多くの時間を過ごした。非規範的なセクシュアリティは新宿文化の重要な一部をなしており、大島や松本に限らず、セクシュアリティを通して、あるいはそれを用いて政治的な感情を表現したアーティストや映画人は少なくない。レズビアンやゲイ、異性装者が集合的に可視化されていった新宿は、非規範的なジェンダーとセクシュアリティ、政治運動、文化やアートに関する実験的な動きが収斂する空間であった。美輪のキャリアは新宿文化とともに花開いたのである。

戦後の日本では、戦争の「敗北」が異性愛的男性性の敗北と重ねられてきた。同時に戦後の自由や解放もまた、セクシュアリティの自由や解放と結びつけられてきたが、政治とセクシュアリティの連結は、さまざまな問いを誘発せずにはおかない。それは誰の自由や解放だったのか。誰がそれを享受していたのか。「肉体文学」（肉体の解放を主題にした文学）から「太陽族映画」を経て一九六〇年代以降のアングラ演劇や映画にいたるまで、戦後の文学や映画では、女性に対する暴力が頻繁に描かれてきた。「傷ついた」男性による暴力や復讐は、ときに戦争の敗北からの回復と脱却の兆候として正当化され、また美化されてきた。一九六〇年代の「政治的映画」の多くは、女性の身体とセクシュアリティ、ひいては女性の主体性を傷つけ、侵犯することによって、その「政治性」を立ち上げてきたのではなかったか。

美輪のジェンダー表現やセクシュアリティに対する認識と実践は、戦後文化に蔓延していた異性愛的男性性の支配的な表象とは大きく異なっていた。それは、単にジェンダーやセクシュアリティを超越していたということではない。ジェンダーとセクシュアリティを規制する秩序やルールに逆らって「シスター・ボーイ」、ファム・ファタル、老いゆく異性装の男娼、女賭博師、異性愛者の男性会社員、さらには不可視の宇宙のエネルギーや犬神といった多様なイメージと声を演じた美輪明宏は日本映画をクィアなものにしたのである。

決して固定化されない美輪のジェンダーやセクシュアリティを適切に表現する言葉を見つけるのは難しい。だが、そのクィアなペルソナは、ゲイ男性やドラァグクィーンを含む異性装者に少なからぬ影響を与え、今日にいたる道を切り拓いてきたのである。美輪のクィアネスは、映画やテレビ、ラジオ、舞台において繰り返し表出されてきたホモフォビアに対する容赦ない批判や、ジェンダーとセクシュアリティの規範性に対する強い抵抗、女と男、女性性と男性性、ホモセクシュアルとヘテロセクシュアルの境界の撹乱にある。二元論を拒み、つねに変容しながら、美輪明宏のスターダムはいつも未知の、すなわちクィアなものとしてある。

註

＊1　丸山明宏から美輪明宏への改名は一九七一年である。本章では、混乱を防ぐために一九七一年以前の活動についても一部を除き、美輪という表記を用いる。

＊2　「美輪明宏インタビュー「わたくしの出発点はイデオロギー」」、『ユリイカ』三〇巻二号、一九九八年二月号、六〇－六一頁。

＊3　Lawrence Bommer, "Aids, Motherhood among Subjects at Gay Film Festival," *Chicago Tribune*, 20 September 1985.

＊4　Miryam Sas, *Experimental Arts in Postwar Japan: Moments of Encounter, Engagement, and Imagined Return* (Cambridge and London: Harvard University Asia Center, 2011), p. 132.

＊5　例えば、リチャード・ダイアーは「乗り物」という観念の重要性を指摘し、映画が「スター・イメージを軸に組み立てられる」点を強調する。リチャード・ダイアー『映画スターの〈リアリティ〉――拡散する「自己」』浅見克彦訳、青弓社、二〇〇六年、一一五頁。

＊6　Martin Shingler, *Star Studies: A Critical Guide* (London: Palgrave Macmillan, 2012), p. 16.

＊7　例えば、性科学者の羽太鋭治は一九二八年に『キネマスターの素顔と表情』を、映画監督、脚本家、役者でもあった田中栄三は『映画俳優論』を一九三五年に出版している。映画評論家の岩崎昶の『映画スター小史』は一九五一年である。

＊8　Ronald Roden, "Taisho Culture and the Problem of Gender Ambivalence," in *Culture and Identity*, ed., Thomas Rimer (Princeton: Princeton University Press, 1990), pp. 37–55.

＊9　藤木秀朗『増殖するペルソナ――映画スターダムの成立と日本近代』名古屋大学出版会、二〇〇七年。

＊10 Kano Ayako, *Acting Like a Woman: Theater, Gender, and Nationalism* (New York: Palgrave, 2001) p. 31.

＊11 Morinaga Maki, "The Gender of Onnagata as the Imitation Imitated: Its Historicity, Performativity, and Involvement in the Circulation of Femininity," *positions* 10:2 (2002), pp. 245–284.

＊12 Esther Newton, *Mother Camp: Female Impersonators in America* (Chicago: University of Chicago Press, 1979), p. 104.

＊13 Moe Mayer, "Reclaiming the Discourse of Camp," *Queer Cinema, The Film Reader*, ed. Harry Benshoff and Sean Griffin (New York and London: Routledge, 2004), pp. 137–150.

＊14 Mayer, "Reclaiming the Discourse of Camp," p. 139.

＊15 スーザン・ソンタグ「《キャンプ》についてのノート」、『反解釈』高橋康也訳、ちくま学芸文庫、一九九六年、四三一－四六二頁; Andrew Ross, "Uses of Camp," in *No Respect: Intellectuals and Popular Culture* (London: Routledge, 1989), pp. 135–170; Richard Dyer, "It's Being So Camp as Keeps Us Going," *The Culture of Queers* (London: Routledge, 2002), pp. 49–62.

＊16 スタンディッシュは太陽族映画のエートスを以下のように的確に言い当てている。「女性が新たに見出した政治的・法的自律性のもとであっても、太陽族映画のファロス中心的な機構における女性の位置は、男同士の間で交換されるフェティッシュへと還元され、彼女たちの能動的な立ち位置も無害なものとされる」。Isolde Standish, *A New History of Japanese Cinema: A Century of Narrative Film* (New York and London: Continuum, 2005), p. 228. 石原裕次郎に関しては、以下も参照されたい。Michael Raine, "Ishihara Yūjirō: Youth, Celebrity, and the Male Body in late 1950s Japan," in *Word and Image in Japanese Cinema*, ed., Dennis Washburn and Carole Cavanaugh (Cambridge: Cambridge University Press, 2001), pp. 202–225.

＊17 斉藤綾子「高倉健の曖昧な肉体」、四方田犬彦・斉藤綾子編『男たちの絆、アジア映画――ホモソーシャルな欲望』平凡社、二〇〇四年、一〇〇頁。

＊18 佐藤忠男『日本映画女優史』芳賀書店、一九七五年、一四四頁。

＊19 笠原和夫『破滅の美学――ヤクザ映画への鎮魂歌』幻冬舎アウトロー文庫、一九九七年。

＊20 竹内佳代「でもこれが恋だとしたら、明智に恋してゐる私はどの私なの？」、お茶の水女子大学21世紀COEプログラムジェンダー研究のフロンティア プロジェクトD「日本文学領域」編『文化表象を読む――ジェンダー研究の現

在』二〇〇八年、六七頁。

*21 Luce Irigaray, *This Sex Which Is Not One*, trans. Catherine Porter (Ithaca, NY: Cornell University Press, 1985), p. 193.

*22 エドガール・モランは映画スターを以下のように定義する。「俳優が登場人物を飲み込んでしまうわけではないし、登場人物が俳優を飲み込んでしまうわけでもない。映画が終われば俳優はまた俳優に戻り、登場人物は登場人物のままであるが、両者の結合から生まれ、両方の要素からなり、両方を包み込む合成的創造物こそがスターなのである」。Edgar Morin, *The Stars*, trans. Richard Howard (Minneapolis and London: University of Minnesota Press, 2005), p. 29.

*23 Michel Chion, *The Voice in Cinema*, trans. Claudia Gorbman (New York: Columbia University Press, 1999).

*24 Chion, *The Voice in Cinema*, p. 119.

*25 Kaja Silverman, *The Acoustic Mirror: The Female Voice in Psychoanalysis and Cinema* (Bloomington and Indianapolis: Indiana University Press, 1988), pp. 38–39.

*26 Roland Barthes, *The Responsibilities of the Forms: Critical Essay on Music, Art, and Representation*, trans. Richard Howard (Berkeley: University of California Press, 1991), p. 255.

*27 Barthes, *The Responsibilities of the Forms*, p. 279, 255.「ロマン派の歌」において、バルトは女性と男性のどちらが歌ってもよいという前提で作曲された「ドイツ・リート」が声の性別を無効化した革新性を指摘している。声を脱ジェンダー化する際、バルトは性別化された身体との関連を棄却することに加え、聴衆の役割を強調するが、そうした議論は美輪の声を考えるうえでも示唆に富むものである。Barthes, *The Responsibilities of the Forms*, pp. 286–292.

*28 登場人物には、横尾忠則、唐十郎、田辺茂一（紀伊國屋書店の創業者で、随筆家）などが含まれている。

*29 大島渚『解体と噴出』芳賀書店、一九七〇年、一五〇–一五一頁。

*30 「アートシアター新宿文化」は、外国のアート・フィルムの配給・上映や、大島渚や吉田喜重、松本俊夫など大手映画会社に属さずに映画を撮っていた若手監督たちの作品を製作した日本アート・シアター・ギルド（ＡＴＧ）の劇場であった。アートシアター新宿文化やＡＴＧについては以下を参照されたい。牛田あや美『ＡＴＧ映画＋新宿——都市空間のなかの映画たち！』Ｄ文学研究会、二〇〇七年。『アンダーグラウンド・フィルム・アーカイブス』

平沢剛編、河出書房新社、二〇〇一年。Yuriko Furuhata, *Cinema of Actuality, Japanese Avant-Garde Filmmaking in the Season of Image Politics* (Durham, N.C.: Duke University Press, 2013).

＊31　豊田正義『オーラの素顔——美輪明宏の生き方』講談社＋α文庫、二〇〇九年、二二九－二三二頁。

＊32　新宿に焦点を当て、『薔薇の葬列』と『新宿泥棒日記』について論じた以下も参照されたい。Taro Nettleton, "Shinjuku as Site: *Funeral Parade of Roses* and *A Diary of a Shinjuku Thief*," *Screen* 55:1 (2014), pp. 5–21.

＊33　深作光貞『新宿考現学』角川書店、一九六八年、一五九－一六八頁。

＊34　伊東聖子『新宿物語——風俗ドキュメント』三一新書、一九八二年、八九頁。

＊35　三橋順子「戦後東京における「男色文化」の歴史地理的変遷——「盛り場」の片隅で」、『現代風俗学研究』一二号、二〇〇六年、一－一五頁。新宿の歴史とゲイの歴史の交差については以下も参照されたい。砂川秀樹『新宿二丁目の文化人類学——ゲイ・コミュニティから都市をまなざす』太郎次郎社エディタス、二〇一五年。またゲイ・バーが濫立するようになる前からの地元住民をはじめとする関係者への取材を通じて新宿二丁目の成立を論じたものに、伏見憲明『新宿二丁目』新潮新書、二〇一九年がある。

＊36　一九六〇年代新宿におけるゲイ・エリアの拡張については以下を参照されたい。井上章一・三橋順子編『性欲の研究——東京のエロ地理編』平凡社、二〇一五年。伏見『新宿二丁目』。大塚隆史『二丁目からウロコ——新宿ゲイストリート雑記帳』翔泳社、一九九五年。

連累の観客論——原節子とクィアなジョーク

誰かの性的な活動やセクシュアリティの証拠があるとはどういう意味なのだろうか。幻想の投影という構造を経ることなく、そうした知に関する推測をし始めることなど、どうやってできるというのだろうか。[*1]

イリット・ロゴフ「証言としてのゴシップ——ポストモダンな署名」

ジョークはテクスト的な出来事であるが、それは読みの効果を生み出す際に最も強制的な力を発揮するように思われる[*2]

メアリー・アン・ドーン『ファム・ファタル——フェミニズム、映画理論、精神分析』

原節子という謎

一九四〇年代後半から六〇年代にかけて、いわゆる日本映画第二の黄金期へと向かっていたこの時代の日本映画ファンにとって、原節子という名前は特別なノスタルジアを掻き立てる。原節子の主演作によって「古き良き日本」を発見した若い世代の観客にとっても、その名が想起させるノスタルジアは経験したことのない何かに対する想像的な憧憬である。
「中産階級家庭の理想的な娘」という神話化されたイメージは、原節子が小津安二郎の三本の映画(『晩春』(一九四九)、『麦秋』、『東京物語』(一九五三))で演じた「紀子」と強く結びついている。これら「紀子三部作」は、突然の引退とあいまって、原節子のイメージをナショナルな想像力のなかで、永遠の「小津的女優」として投錨するのに大きな役割を果たしてきた。[*3]
東京の映画文化に遅れてやってきたわたしが紀子三部作を初めて見たのは一九九〇年代の初め、今はなき銀座の並木座でのことである。映画というものに夢中になり始めたばかりで、映画の知識も何もない一介の映画ファンの目に映った原節子は衝撃的であった。だがその衝撃とは、世に広く喧伝された「美しさ」によるものではなく、今なら「クィア」と呼べる感覚からくるものであり、また彼女がときに体現したと言われる保守的な女性性のイメージに対する違和感によるものであった。結婚に対してかたくなな抵抗を示しておきながら、はっきりした理由もなく突然翻意したり、ほかの女性たちと楽しく親密な時間を過ごしたりする紀子に感じたのは、奇妙で、不気味で、過剰な何かであった。そうした感覚は、それぞれ少しずつ異なってはいるものの、三人の紀子に共通して感じたものであった。強烈に感じていながらも、当時は言葉にすることのできなかった「正しくない」感情の意味は、ずっとあとになってから「回顧的に」理解されたように思う。
本章では、映画と女優と観客が交差する地点として紀子三部作を取り上げ、「連累」のクィア観客論の可能性について考えてみたい。連累という言葉が指し示すのは、過去の映画テクストの歴史性と同等の重要性をもつ現在の観客の歴史性である。[*4] それは、紀子三部作が作られ、受容された当時の、閉じたひとつの世界を抽出するのではなく、過去のテクストを固有のやり方で読もうとする「現在」に重点を置くことであり、紀子という人物を含んだ過去の映画テクストのクィアネスを、現在において再構築することである。過去のテクストの意味を「過去」に囲いこむことなく、現在の観客へと開き、過去のテクストを現在にとって意味のあるものにしてみたい。連累という言葉が示しているのは、過去のテクストや出来事が、現在のわたしたちを作ったという認識である。そこから紀子というテクストを読む現在の観客が、過去のクィアな観客を想像することができるかという問いも生まれてくるだろう。

映画研究において、一九八〇年代に起こった観客論をめぐるパラダイム・シフトは、（装置とテクスト分析の両方を含む）制度の理論から歴史的で実証的な受容の研究への転換として語られてきた。[*5] だが、そこではテクストと映画鑑賞者（the viewer）が分断されているだけでなく、観客（the spectator）もまた「概念的なもの」と「現実のもの」とに分けられてきた。ここでは、フェミニスト映画研究者のジュディス・メインにならって、映画的主体と作品の鑑賞者との間の緊張点に位置する者を「観客」と呼ぶことにしたい。[*6] そして、テクストと鑑賞者を繋ぎ直すそうした観客論の例として『麦秋』を考えてみたい。この作品では、鑑賞者とテクストの関係が、抵抗するものとされるものではなく、相互に嵌入（かんにゅう）する関係となっている。連累の観客はテクストの「前」には存在せず、読むという行為によって初めて生まれる。現代のクィアな主体性が過去のクィアなテクスト、生、経験から生成されるように、過去もまたわたしたちの現在の欲望と視点から再構成される。過去のテクストと観客をひとつの世界に押し込める時間の地平を破り、クィアな欲望によって現在の観客と過去の観客を構築し、呼び起こすことが「連累の観客論」の試みである。

原節子は生涯で六本の小津監督作品に出演しているが、紀子三部作は小津との協働が始まったばかりのころの作品である。紀子が最初に登場するのは、一九四九年に公開された『晩春』である。ここでの紀子は、父の行末を心配するあまり叔母が世話する縁談を断り続ける娘である。二年後の『麦秋』で、原は二度目の紀子を演じる。両親、兄夫婦とその息子たちと同居している会社員の紀子は、前作同様に「適齢期」を過ぎつつあるにもかかわらず、結婚に無関心であるどころか、それに抵抗する女性である。三部作の最後である『東京物語』で、紀子は既婚者となる。戦争で消息不明となった夫の帰りを半ば諦め、自ら生計を立てて暮らしているのがこの作品の紀子である。

紀子三部作は、結婚への無関心や抵抗とともに、「夫」の視覚的不在によって特徴づけられる。紀子が結婚を決めることによって物語が閉じられる『晩春』では、未来の夫の姿は決して映し出されることがなく、『麦秋』で夫となる予定の人物は、近所に住む昔からの知り合いであるが、あくまでも夫になる前のイメージしかない。『東京物語』の夫は、紀子の住む質素なアパートに飾ってある不可視の写真として存在するのみである。

小津批評のパイオニアであるドナルド・リチーは、小津が映画で扱った主要なテーマは「家族の崩壊」のみであると語ったが、もしそうだとすれば、三部作で家族の崩壊を引き起こす原動力となるのは、きまって紀子（とその結婚）であった。だが、家族に負けない重要性をもつにもかかわらず、これまであまり論じられてこなかったのが紀子をめぐる女性同士の親密な関係についてである。[*7] 三部作において描かれた女友だち（『晩春』では月丘夢路が演じ、『麦秋』では淡島千景によって演じられた親友のアヤ）や親戚の女たち(『晩春』で杉村春子演じる叔母のまさ、『麦秋』で三宅邦子が演じた義姉の史子、『東京物語』で東山千栄子が演じた義母・とみや香川京子演じる義妹・京子)は家庭の内外に浸透するネットワークを築いていたのである。

『麦秋』は、そうした「女のネットワーク」に加え、もうひとつの女同士の関係を描き出す。スターとファンの関係である。紀子の女学校時代からの親友アヤの家は、料理屋を営んでおり、その顧客のひとりに紀子の上司の佐竹(佐野周二)がいる。会社を訪ねたアヤと佐竹が会話する場面で、自分の友人と紀子との縁談をすすめようとする佐竹が、紀子の色気の有無や、かつての恋愛関係について尋ねる。「誰かに惚れたこと」はないのかと問われたアヤはジェスチャーでその厚みを示しながら、「学校時分、(キャサリン・)ヘプバーンが好きでブロマイドこんなに集めてたけど」と答える。それがアメリカの女優の名前であると知った佐竹は「じゃ、女じゃないか。変態か?」と言い放つのだ。一応は否定するアヤに、その可能性を佐竹がたたみかける(「いやぁ、そんなとこだよ。おかしなやつだよ」)とき、紀子のクィアネスが突如浮上する。

黒澤明の『白痴』や成瀬巳喜男の『めし』に主演した一九五一年は、原節子が大根女優という汚名を返上し、演技の幅を一層広げ始めていた時期である。人気、実力ともにスターダムの絶頂期にあった原節子が、女性スターに夢中のファンを演じることは、自らのスター性への再帰的な言及であるとともに、同一化と欲望の両方を呼び込む両義的なふるまいとなる。ヘプバーンのファンである紀子を「変態」と呼ぶ佐竹の行為は、『麦秋』をクィアな映画テクストへと変容させるきっかけとなっていくのである。

『麦秋』に埋め込まれたスターダムとファンダム(熱狂的なファンの集団およびその世界や文化)の言説

は、日本の伝統を描く小津や、モダニストとしての小津という枠組みを超えて、モダニティのヴァナキュラー（土地やその文化に固有の）経験との関係においてこの作品を位置づける必要性を物語る。映画スターとファンの関係は、とりわけその情動的な次元において、モダニティの経験の主要な部分をかたちづくってきたからである。[*8] だが、日本のモダニティのヴァナキュラーな経験における性的でエロティックな意味の多様性と重要性は、十分に検討されずにきたのではないだろうか。[*9] 初期の研究や批評では、原節子／紀子に異性愛の理想的な姿を重ねる傾向が強くあったが、『麥秋』を丁寧に読んでみれば、この作品はむしろ異性愛主義的な関係と制度に対する抵抗を示すテクストであることがわかる。[*10] 原節子を、そして彼女の演じた紀子を「理想的な日本の女性」としてきたナショナルな語りと記憶に逆らって『麥秋』を読んでみる必要があるのだ。[*11]

戦前からの長いキャリアをもつ原節子の人気は、戦後、とりわけ女性の理想的なあり方や、女性の国家への統合が解体されつつあったこのころに一層高まっていた。三部作の紀子は、女性というもののあり方が再考されつつあった時期に、女性の行為主体性（エージェンシー）の曖昧な連続性を示していたのではなかったろうか。「モダン」であると同時に「日本的」である紀子の両義性は、原節子自身にもつねに投影されてきた矛盾である。その意味で、紀子は女性史を研究するバーバラ・サトウが指摘したように、日本的な女性性という概念に内在する矛盾を露にする存在だったといえる。[*12] だが、その矛盾ゆえに、原節子は予期せぬクィアなネットワークの結節点となっていったのである。

キャサリン・ヘプバーンのクィア・ペダゴジー

『麦秋』の紀子は二八歳である。ということは、紀子が過去に熱烈なファンであったヘプバーンとは、一九三〇年代のヘプバーンということになる。それは、一九四〇年代以降、公私ともに異性愛主義的言説に囲い込まれていく前の、最もクィアなスターであったころのヘプバーンである。レズビアン・アイコンとなったヘプバーンは、アメリカおよびヨーロッパのレズビアン文化の形成に重要な役割を果たした女性スターであった。[*13]

ヘプバーンが体現するレズビアン的魅力は多彩であるが、とりわけ『人生の高度計』(一九三三)、『若草物語』(一九三三)、『男装』(一九三五)、『女性の反逆』(一九三六)、『ステージ・ドア』(一九三七)で演じた登場人物には、それが顕著に表れている。初期作品に現れるトムボーイ(おてんば娘)、異性装者、自立した女性などは、その性的曖昧さとともに、レズビアン的欲望の磁場となってきた。また、ヘプバーンの演じる登場人物は、姉妹や友人との親密な関係を通じて「女性性」を構築し、そうした「女性性」によって姉妹や友人との親密な関係を築いていく。映画批評家のアンドリュー・ブリトンは、「ヘプバーンの映画では、家庭や女性のコミュニティで、女性たちが互いに助け合い、「潜在的に」レズビアン的な関係が描かれる」と述べている。[*14] ヘプバーンというスターが示すのは、家族、女性のコミュニティ、レズビアン的関係や、異性装と同性愛的エロティシズムが互いを排除することなく、ときに連結されうる可能性なのである。

官能と憧れのどちらの要素も引き寄せるヘプバーンのスターダムは、欲望と同一化をめぐって「ペダゴジー(教育学)」と呼ぶのにふさわしい効果を発揮する。[*15] ヘプバーンとその作品からレズビアン的な欲望と幻想が呼び起こされ、それが集合的に記憶されるときにレズビアンの文化は形成されるのではないだろうか。非規範的な女性を演じ、自らもそれを様式化したヘプバーンから、わたしたちはジェンダーやセクシュアリティについて学び直すことができるのだ。

アーティストのデボラ・ブライトによる「ドリーム・ガールズ」シリーズは、ヘプバーンのクィア・ペダゴジーを組み込むことによって成立した作品である。ハリウッド映画のスチール写真に自らのイメージを挿入したフォト・モンタージュによって、映画の観客がレズビアン的主体へと変容する視覚空間が創造される。シリーズ中の作品のなかで、ブライトは、ヘプバーンが実際のパートナーであった（とされる）スペンサー・トレイシーと共演した『アダム氏とマダム』（一九四九）のスチール写真を流用する。オープンカーに乗ってキスをしているふたりの横で、不満そうにそっぽを向く自身のイメージを写真にコラージュするブライトは、ヘプバーンの単なるファンから、嫉妬する恋人へと自らのポジションを書き直すのである。この作品は、映画を読み直すことによって書き直すという、クィアな観客が長年実践してきた戦略を示している。従って、ここでおこなわれる『アダム氏とマダム』の書き換えは、「受容は欲望によって作動する」（ブライト）ことを具体化するものであり、レズビアンが、どのように「ストレートな」作品を読み替え、映画と自らの関係を作り直すかを視覚化しているのである。[*16]

映画作品のこうした「再意味化」は、古典的ハリウッド映画の異性愛規範的な視覚と物語の快楽を流用してきたクィアな読み替えに根ざすものであり、そこでは、レズビアン・ファンが「テクストの密猟者」となる。[*17] そうして意味づけ直されたグレタ・ガルボ、キャサリン・ヘプバーン、マレーネ・ディートリッヒといった女性スターは、クィアな観客を論じるための重要なテクストとなってきた。ロラン・バルトがかつて述べたように、わたしたちは読んでいるとき、すでに書いているのである。[*18] テクストを読み直すことによって、書き直し、意図に還元されない意味を付与すること、それはクィアな観客が実践し続けてきた批評的態度であり戦略なのである。

日本でキャサリン・ヘプバーンの人気を決定的にしたのは一九三四年に公開された『若草物語』である。公開後、さまざまな映画雑誌がこの作品を取り上げ、特集を組んでは、座談会や合評会を開催しているが、この映画への反応の中心にいたのがヘプバーンである。男性批評家たちがヘプバーンを「男まさり」と形容し、強烈な違和感や抵抗感を露呈させるのに対して、女性の多くは、言語化するのに苦心しながらも、その不思議さや奇妙さについて言及し、魅了されていた。例えば、舞踊家の高田せい子は、ヘプバーンについて「女性的とは反対」で、「あまり美人ではない」と述べながらも、このスターには「何か魅力がある」と語っている。[*19] ヘプバーンのジェンダー表現やパフォーマンスが体現している非規範的な女性性に対する反応が、ジェンダーの曖昧さや、ジェンダー化されている点は興味深い。男性批評家や知識人の敵意とは対照的に、ジェンダーの曖昧さや、理想的な女性の美しさからの逸脱に鋭く反応した女子学生や女性批評家は、このスターのうちに、これまで知っていたのとは異なるジェンダーやセクシュアリティの可能性を見出していたのではないだろうか。[*20]

『麦秋』のなかで、ヘプバーンの名前が言及される場面に立ち戻ってみたい。高校時代ヘプバーンのファンであった紀子が突然「変態」と呼ばれるのは、紀子が不在の場面である。ローアングルのカメラが、右から斜めにアヤと佐竹を捉えるとき、慎みを欠いたカメラとマイクは、ふたりのゴシップを目撃し、聞き耳をたてる観客の共犯者となる。ようやくカメラが佐竹を正面から映し出すと、まるで、自らの発した「変態」という一言を追い払うかのように、佐竹は甲高い声で笑い飛ばすのである。

映画批評家のロビン・ウッドは、活動的で反抗的なヘプバーンのファンである紀子を冗談めかして呼ぶその言葉に、レズビアニズムを読み解くが、ここでのレズビアニズムとは、女性運動によって再定義された広義のレズビアニズム（政治的レズビアニズム）のことである。[*21] それと同時に、ウッドは紀子が男性に性的に惹かれていることを示すものはなく、『晩春』でも『麦秋』でも男たちは「友人」として扱われていると述べている。紀子が（ひいては原節子が）男性に惹かれている証拠がないにもかかわらず、当然のように異性愛者として語られ、構築されてきた事実は、レズビアンの表象可能性に関する根本的な問題を示しているように思われる。すなわち、異性愛は証拠を必要としないが、レズビアニズムには確固たる事実や証拠が要求されるという問題である。性的欲望や実践の「証拠」がない限り、ひとはレズビアンになれないのだろうか。

自然化され、当然の前提とされる異性愛は、同時に「すべてであって無である」ような公的なポジションであるが、紀子三部作は、まさにこうした異性愛的な枠組みでのみ論じられてきた。有徴化されない異性愛は、可視化されていると同時に不可視化されている。では、規範からはみ出していく欲望を想像することはどうやって可能になるのだろうか。公式に「認可」されてない性的欲望は、一見そうとはわからないかたちで表象されることも少なくないが、『麦秋』も例外ではない。

クィア映画研究者のアレクサンダー・ドティもまた、特定のハリウッド・スターがレズビアン・アイコンとして国境を越える例として、『麦秋』の紀子を挙げている。[*22] ヘプバーンのレズビアニズムがもつグローバル性や、日本で実際にそのような受容があったかどうかについては、より丁寧に検証される必要があるが、少なくとも、ウッドやドティの議論は、原節子や紀子をめぐる異性愛主義的な語りの枠組みを揺るがすものである。

とはいえ、『麥秋』においてヘプバーンが召喚されるのは、そもそも紀子にはつかみどころがなく、男性への関心が希薄だと佐竹が感じているからであることを思い出しておきたい。ヘプバーンへ引き寄せられる紀子の、また結婚への抵抗やアセクシュアリティの可能性も含めた紀子の謎が、クィアネスを呼び寄せるのだ。

ジョークの失敗と明滅するクィアネス

佐竹が発する「変態」という言葉と、それに続くアヤとの会話をわいせつなジョークという観点から考えてみたい。「機知——その無意識との関係」のなかでフロイトは、わいせつなジョークとは「性的な事実や関係を言葉によって故意に際立てる」ことを目的とし、それが向けられている異性を露出させようとする語りであると述べる。[*23]「変態」の一語は、突然、紀子の性的な次元を強調するものだが、それはまさにジョークの目的である。三者間の心的プロセスであり、三角形の構造をもつジョークにあってはジェンダーの関係が重要な役割を担っている。フロイトの想定によれば、話し手と聞き手は両方とも男性で、前者は能動的、後者は受動的な存在である。そして、ジョークによって「性的な攻撃」の対象となりつつも、それに抵抗するのが女性である。ジョークの「成功」は、話し手が聞き手のうちに快感を生み出すことができるかどうかにかかっているのだが、ジョークの目的とされる性差の露呈において、快感を得ることができるのは、話し手と聞き手の男性ふたりのみということになっている。

では、『麥秋』における佐竹のジョークは、一体誰のための快感を生み出しているのだろうか。紀子からアヤへと「性的な攻撃」の対象が移るとき、快感の享受者として想定されているのは、この場面にはいない観客である。フロイトは、わいせつなジョークの聞き手を、まるで現場にいたかのように性的攻撃の行為を目撃する「不可視」のエージェントとして記述する。だが、『麦秋』のジョークはそうした効果を発揮して「成功」しているのだろうか。フロイトによるジョーク理論をクィア理論家のイヴ・セジウィックのホモソーシャルな欲望の概念と重ねて読んでみれば、佐竹の一見異性愛主義的な冗談は、性的攻撃性から誘惑までを含んだ複雑な欲望のあり方を示すもの、すなわち、同性愛嫌悪と同性愛的欲望のダブルバインドを抱えたホモソーシャルな欲望のシナリオへと移行する。[24] とすれば男性の同性愛的欲望を隠蔽する欲望の三角形において、ふたりの男の間で交換される「笑いという快楽」はつねに女の犠牲のうえに成り立つわけではなさそうである。[25]

『麦秋』で紀子が不在のうちにアヤと佐竹の間で起こるジョークの場面に、観客もまた招き入れられているのだが、話し手である佐竹を除き、ジョークの対象と聞き手というふたりのポジションは動き続けている。ここで重要なのは、セクシストとして振る舞う佐竹の同性愛的欲望が露呈される点である。佐竹によるジョークは、そもそも紀子の縁談相手として紹介しようとしている大学時代の先輩・真鍋の存在に端を発しているのだが、そこには、佐竹自身の社会的で性的な欲望が表れている。

紀子やアヤをジョークの対象として性的な攻撃を仕掛ける佐竹は、同時に、真鍋に執着する男である。真鍋の名前をつねに口にし、自分と比較する佐竹は、（紀子に相手が佐竹ではなく自分だったらどうかと問うことによって）想像的に真鍋と入れ替わり、同一化までしてしまう。ヘプバーンの写真を大量に集めていたことを理由に紀子を「変態」と呼ぶならば、真鍋の写真を同じように集めては持ち歩く佐竹も変態なのではないだろうか。佐竹の真鍋に対する欲望を、ヘプバーンに対する紀子の欲望と二重化するこの映画は、知らず知らずのうちに、ジョークの話し手（佐竹）をジョークの対象へと変える。

性的攻撃から誘惑まで、わいせつなジョークのスペクトラムを横断しつつ、佐竹の対象は紀子からアヤへと移ってゆく。男性経験の豊富さをほのめかされるアヤと、男性と付き合ったことのない紀子の「捉えどころのなさ」が対照的に言及されるとき、「永遠の処女」と呼ばれた原節子の少女性が喚起されるだろう。吉屋信子の少女小説をはじめとするクィアな少女文化が花開き、女性同士の親密な関係が文学的にも視覚的にも広く表現されていくと同時に、そうした関係が実際の社会問題となっていく二〇世紀前半の日本において、少女は、宝塚歌劇団についての研究をおこなったジェニファー・ロバートソンの表現を借りるならば、異性愛的「未成熟」と同性愛的「成熟」を示す存在であった。[*26] 男同士の絆に対する佐竹の欲望は、現れては消える紀子のクィアネスと、男の間で交換されるアヤを通じて生成されている。その意味で、ジョークを通してホモフォビアとセクシズムの組み合わせを提示する『麦秋』は、セクシュアリティとジェンダーの差異を劇的に表現する重層的なテクストとなる。

佐竹のジョークは、聞き手の快を呼び起こすというジョークの目標を達成できているのだろうか。ジョークが成功するために、すなわち、そのジョークが聞き手に「通じる」ために、観客はどのようなポジションをとったらいいのだろうか。[*27] あるいは、ジョークの失敗からわたしたちは異なる快楽を得ることができるのだろうか。フェミニスト映画研究者であるメアリー・アン・ドーンとタニア・モドゥレスキーの議論を参照してみよう。両者ともジョークは読みの快楽と性差の問題に関わるものだと考えている。

「フィルムと仮装──女性観客の理論化」において、ロベール・ドアノーの写真《斜めの視線》[*28]を取り上げたドーンは、この作品が、映画における女性の視線とその否定を完璧に捉えており、「見ることの様態において性差の映画的刻印の構造を縮図として表現している」と語る。[*29] 写真のなかで女性の欲望が沈黙させられ、女性的存在が浮遊する視線であることは、ドーンにとって「みだらなジョーク」そのものである。「ドアノーの写真は女性観客には読まれえない──女性はマゾヒズムによってのみ、この写真から快楽を得ることができる。ジョークが「わかる」ためには、女性観客はまたしても異性装者のポジションをとらなければならない[*30]」

ドーンによれば、女性観客がドラァグするのは、ジョークがわかりたいためであり、ジョークがわからない限り、女性は観客としての快楽を経験することができないという。

ジョークがわかることと、ジョークから快感を得ることのふたつをドーンは混同していると批判するモドゥレスキーは、ジョークが「わかる」からといって、それを楽しむとは限らないと述べる。[*31] そして、ドアノー的な視覚的ジョークに対するマゾヒスト的快感や、男性観客の直接的楽しみではなく、「怒り」という反応が女性観客の理論化にとって重要であると主張する。「私の考えでは、フェミニズム映画理論はこれから先この怒りを詳しく研究する必要がある。そして、その怒りは女性たちにとってこれまでずっとそうであったように、これからもすべての感情のなかでも最も受け容れ難いものであり続けることだろう[*32]」

モドゥレスキーの批判に対し、ドーンはドアノーの写真におけるジョークは女性を犠牲にすることによってのみ理解されるのだと、すなわちそれは、女性の構造的排除の表れなのだと反論している。そして、すべてはタイミングの問題であるとして、ジョークを「わかること」と「読むこと」の違いを時間性の問題としてフレーム化し直す。[*33]「わかること」はジョークの効果が即座に与えられるような、すなわち、理解と快楽が同時に起こるような機械的な受容を意味するが、「読むこと」は、「第二の瞬間――フェミニスト理論によって可能になるある瞬間」に起こる批評的な行為なのだとドーンは論じるのである。[*34]

タイミングの問題は、歴史の問題でもある。「読み」の時間性は、すでに読者の歴史性に織り込まれているからである。過去の映画テクストを掘り起こし、それを別のやり方で読み、意味付けし直そうとするとき、歴史的過去と現在の時間は切り離すことができないものとなる。ドーンはフェミニスト理論に親しんだ観客の批評的行為と、一般的な観客による機械的な受容（そのなかには、「警戒をゆるめている」ときの自分自身も含まれている）との間に明白な境界線を引いているが、ジョークに対する不快感というかたちで、その理解を拒む観客もまた、批評的行為をおこなっているとはいえないだろうか。フェミニストたちは、女性観客に理論を提供するだけでなく、観客から学ぶことによって理論的な営みをおこなっているのだから。

ジョークをわかろうとしないことは、それ自体が「女性をサカナにして」男性同士の絆を深めようとするホモソーシャリティへの抵抗なのだ。[*35]佐竹のジョークに抗議することによってそれを即時的に拒絶するアヤの怒りは、それ自体が「快楽を与える」というジョークの効果を拒む批判的なジェスチャーであろう。その意味で、『麦秋』のジョークは、性差の探求とその失敗を露呈させるものにほかならない。

ジョークは誰かに発せられることによって初めて成り立つ。クィアな可能性をもつ存在として紀子を呼び起こす『麦秋』のジョークの優れた効果とは、物語世界の人物や観客の間に性的欲望の循環する流れを生み出す点にある。わずか三分程度という短いジョークの場面に凝縮されたその効果は、物語世界を超えて、原節子、キャサリン・ヘプバーン、吉屋信子（映画『若草物語』の字幕も監修している）や女学生といった女性たちを出会わせる。紀子というテクストから広がるのはこうしたクィアな女性のネットワークなのである。

註

＊1 Irit Rogoff, "Gossip as Testimony: A Postmodern Signature," in *The Feminism and Visual Culture Reader*, ed. Amelia Jones (London: Routledge, 2003), p. 275.

＊2 Mary Ann Doane, *Femmes Fatales: Feminism, Film Theory, Psychoanalysis* (New York and London: Routledge, 1991), p. 39.

＊3 原節子をめぐるナショナリズム（およびナショナリストとしての原節子）については以下を参照されたい。四方田犬彦『日本の女優』岩波書店、二〇〇〇年。「永遠の処女」と呼ばれた原節子のスター・ペルソナに含意された人種とセクシュアリティについては拙稿で論じている。Yuka Kanno, "Eternal Virgin Reconsidered: Hara Setsuko in Context," *ICONICS* 10 (2010), pp. 97–118. また語の歴史性や文脈を鑑みて、本章では文脈に応じて「女優」を用いる。

＊4 連累とは、テッサ・モーリス゠スズキが、自分が関与しなかった歴史的不正義によって受益した社会に生きることの責任を問うために用いた概念であり、過去の直接的・間接的関連の存在と「事後共犯」の現実を認知するという意味をもつ。テッサ・モーリス゠スズキ『批判的想像力のために――グローバル化時代の日本』平凡社、二〇〇二年、五六－五八頁。

＊5 観客論の展開については以下に詳しい。Judith Mayne, *Cinema and Spectatorship* (London: Routledge, 1993)、お

よび岩本憲児・武田潔・斉藤綾子編『「新」映画理論集成2——知覚／表象／読解』フィルムアート社、一九九九年。

*6 この観客は、端的に言えば、折衝（せっしょう）するのである。「折衝」は、カルチュラル・スタディーズの影響下から出発した受容研究で発展してきた概念だが、映画装置の一枚岩的な決定論を批判し、鑑賞者とフィルムの間のより流動的な相互作用を好むフェミニスト映画理論家たちにとっても重要な概念である。以下を参照されたい。Stuart Hall, "Encoding/Decoding," in *Culture, Media, and Language: Working Papers in Cultural Studies, 1972-79*, ed., Stuart Hall et al., (London and New York: Hatchngson, 1980), pp. 108–119; Mayne, *Cinema and Spectatorship*; 斉藤綾子「女優は抵抗する」、四方田犬彦・斉藤綾子編『映画女優　若尾文子』みすず書房、二〇〇三年、一一一–一二四九頁。

*7 紀子および小津作品以外にも、原節子演じる登場人物とほかの女性との友情や連帯を論じたものとして以下を参照されたい。田村千穂『マリリン・モンローと原節子』筑摩選書、二〇一五年。拙稿「原節子の再発見」、『NFAJニューズレター』一〇号、二〇二〇年、八–九頁、および Kanno, "Eternal Virgin Reconsidered".

*8 Miriam Hansen, "Fallen Women, Rising Stars, New Horizons: Shanghai Silent Film as Vernacular Modernism," *Film Quarterly* 54:1 (2000), pp. 10–22; Zhang Zhen, "An Amorous History of the Silver Screen: The Actress as Vernacular Embodiment in Early Chinese Film Culture," *Camera Obscura* 16:3 (2001), pp. 220–262.

*9 映画史家ミリアム・ハンセンのヴァナキュラー・モダニズムを援用し、日本の文脈で論じたものとして以下のものがある。長谷正人『ヴァナキュラー・モダニズムとしての映像文化』東京大学出版会、二〇一七年。

*10 例えば、紀子三部作を「至福のイメージ」と呼ぶ映画評論家の佐藤忠男は、紀子の結婚をめぐる出来事を、（異性愛）恋愛の理想的ななりゆきであると述べている。だが、むしろ非ロマンティックともいえる紀子を演じた原節子によるこれらの作品は、女友だちや義理の姉や妹との愛情に満ちた楽しげな関係によってクィアなイメージに満ちているように思われる。佐藤忠男『小津安二郎の芸術』上巻、朝日選書、一九七八年、一五五–一五六頁。

*11 以下を参照されたい。四方田『日本の女優』。

*12 Barbara Sato, *The New Japanese Women: Modernity, Media, and Women in Interwar Japan* (Durham: Duke University Press, 2003), pp. 2–4.

*13 アメリカおよびヨーロッパのレズビアン・サブカルチャーの形成においてヘプバーンが果たした役割については以下を参照されたい。Amy Villarejo, *Lesbian Rule: Cultural Criticism and the Value of Desire* (Durham: Duke University Press, 2003); Andrea Weiss, *Vampires and Violets: Lesbians in the Cinema* (London: Jonathan Cape, 1992); Patricia

White, *Uninvited: Classical Hollywood Cinema and Lesbian Representability* (Bloomington: Indiana University Press, 1999); Jackie Stacey, *Star Gazing: Hollywood Cinema and Female Spectatorship* (London: Routledge, 1994).

＊14 Andrew Britton, *Katharine Hepburn: The Thirties and After* (Newcastle Tyne, U.K.: Tyneside Cinema, 1984), p. 49.

＊15 クィア理論家のパトリシア・ホワイトもまた、レズビアンの大衆的な記憶におけるヘプバーンの役割を論じるにあたって、「ペダゴジー」という表現を用いる。White, *Uninvited*, p. 43.

＊16 Deborah Bright, "Dream Girls," in *Stolen Glances: Lesbians Take Photographs*, ed., Tessa Boffin and Jean Fraser (London: Pandora Press, 1991), p. 152.

＊17 ファンがおこなう集合的な戦略としての「テクストの密猟」に関しては、以下を参照されたい。Henry Jenkins, *Textual Poachers: Television Fans and Participatory Culture* (London: Routledge, 1992).

＊18 Roland Barthes, "The Death of the Author," *Image Music Text*, trans. Stephen Heath (New York: Hill and Wang, 1977), pp. 142–148.

＊19 飯田心美、飯島正、内田岐三雄、岸松雄、清水千代太による「若草物語 合評」、『キネマ旬報』五一六号、一九三四年九月一日号、一五〇－一五二頁。武者小路実篤、高田せい子ら一二名の出席者による「『若草物語』座談會」、『映画評論』一九三四年一〇月号、二三六頁。

＊20 ある映画雑誌に収録された座談会では、出席者の女子学生たちがヘプバーンの「精悍さ」や「強さ」に言及したり、その「不思議な顔」の魅力について語ったりしている。『若草物語』および、ヘプバーンが当時のジェンダー規範を揺るがすことによってもたらしたクィアな可能性については別稿で論じる予定である。『映画之友』一九三四年九月号、六〇－六四頁。

＊21 Robin Wood, *Sexual Politics and Narrative Film: Hollywood and Beyond* (New York: Columbia University Press, 1998), p. 123. 本稿には邦訳がある。ロビン・ウッド「定義づけへの抵抗——小津安二郎の「紀子」三部作」早川由真訳、『ムービーマヨネーズ』三号、グッチーズ・フリースクール、二〇二二年、七九－一一二頁。

＊22 アヤから紀子がキャサリン・ヘプバーンのファンであったと聞き、上司は「当然のように彼女はレズビアンであったのか尋ねている」とドティは記しているため、「変態」が正確に字幕で翻訳されていなかった可能性もある。Alexander Doty, *Making Perfectly Queer: Interpreting Mass Culture* (Minneapolis and London: University of Minnesota Press, 1993), pp. 112–113.

＊23 ジークムント・フロイト『フロイト著作集　第四巻』生松敬三・懸田克躬ほか訳、人文書院、一九七〇年、三一〇－三一一頁。

＊24 イヴ・K・セジウィック『男同士の絆——イギリス文学とホモソーシャルな欲望』上原早苗・亀澤美由紀訳、名古屋大学出版会、二〇〇一年。

＊25 フェミニスト文学批評家のショシャナ・フェルマンは、フロイトを再読しつつ、ジョークを「女性たちをサカナにして男と男の間で笑いという快楽をとりかわすこと」と再定義する。ショシャナ・フェルマン『女が読むとき　女が書くとき——自伝的新フェミニズム批評』下河辺美知子訳、勁草書房、一九九八年、一三五頁。

＊26 Jennifer Robertson, "Gender-Bending in Paradise: Doing 'Female' and 'Male' in Japan," *Gender* 5 (1989), p. 56.

＊27 フロイト『フロイト著作集　第四巻』、三〇九頁。

＊28 画廊のウィンドウの前にいる女性と男性を、画廊のなかから捉えた写真で、女性は男性に熱心に何かを語っているが、男性は裸婦画を覗き見している姿が切り取られている。

＊29 Doane, *Femmes Fatales*, p. 31.

＊30 Doane, *Femmes Fatales*, p. 32.

＊31 タニア・モドゥレスキー『知りすぎた女たち——ヒッチコック映画とフェミニズム』加藤幹郎・中田元子・西谷拓哉訳、青土社、一九九二年、五九頁。

＊32 モドゥレスキー『知りすぎた女たち』、六〇頁。

＊33 Doane, *Femmes Fatales*, p. 41.

＊34 Doane, *Femmes Fatales*. もっとも、ジョークの時間性に関するドーンの議論については、一九八〇年代後半、映画研究や批評にまだ根強い規範があり、さらには、フェミニストといえばユーモアのセンスがない、ジョークの通じない人々だとされていたフェミニスト理論の歴史性そのものも念頭におくべきだと思われる。

＊35 ジョークを「女性たちをサカナにして男と男の間で笑いという快楽をとりかわすこと」と定義するフェルマンは「そうだとすれば、自分たちが置かれた立場からジョークの意味がわからなくても、それは女性にとって全くあたりまえのことなのである」と述べている。フェルマン『女が読むとき　女が書くとき』、一五五頁。

ゴシップ、あるいはラディカルな知
──高倉健のスター・イメージ

もうひとつの知

高倉健がいかにプライバシーを重んじていたかはよく知られている。私生活をメディアに晒すことを嫌うそのあり方は、高倉健のスター性の重要な部分であった。例えば、最後の主演作品となった二〇一二年の『あなたへ』の公式サイトを見てみると、作品が完成すると「公の場から姿を消してしま」い、その「プライベートは謎に包まれています」とある。最後の最後まで、高倉は私生活を語らず、晒さず、孤高のスターというペルソナを守り通した。だが、私生活に関する情報の徹底したコントロールは、逆に憶測を掻き立てる。その閉ざされた私生活や親密な交遊関係について知りたいという、攻撃的で窃視症的なわたしたちの欲望は「ゴシップ」を呼び込むことになる。

スターがスターであるために、ゴシップは欠かせないもののひとつである。映画研究者のリチャード・ダイアーは、スターのイメージを作り上げるメディア・テクストのひとつにプロモーション（意識的なイメージの創出や加工）、フィルム、批評、解説と並んでゴシップを含むパブリシティを挙げている。

ここでのパブリシティとは、意識的におこなわれる広報活動とは区別された、いつのまにか知れ渡ってしまう評判のことである。パブリシティは「スターの真実の人格に特権的にふれる機会を与えるものと理解される」が、それと同時に、「人物としてのスターとそのイメージとのあいだにある緊張関係、あるいは別のレヴェルでそれ自体としてイメージにとって決定的な要素になるような緊張関係を読み取ることもできる」ものである。[*1] 高倉健においてもまた、その謎に包まれたプライバシーが、ゴシップを誘い、さらにそのゴシップは高倉健というスターのスクリーン上のペルソナとは異なる「真実の高倉健」に触れるような親密さの感覚を与える。だが、そのゴシップはまた、寡黙さや不器用さによって特徴づけられるスター・高倉の「男らしさ」のイメージとは緊張関係を孕んだものとなる。

その長きにわたるキャリアを考えれば、高倉健は驚くほどゴシップが少ないスターであった。そんな高倉でも、さまざまな憶測に包囲されざるをえなかったのが、江利チエミとの離婚という出来事であろう。そして、この離婚の原因をめぐって浮上したゴシップのひとつが高倉健の「ゲイ説」であった。そもそも、ゴシップとは、人や出来事に関する慎みを欠いたお喋りであり、興味本位で語られ、伝播する根拠のないうわさ話である。多分に欲望の投影という側面を持つゴシップは、その攻撃性をもって破壊的な力を発揮する場合もある。同時に、それは公的な言説とは異なる創造的な言説であり、承認された公式的な知に対抗する「べつの知」を可能にする実践ともなる。つまり、ゴシップはわたしたちがすでに「知っている（と思っている）」ことをラディカルに再審する契機であり、また、そこから今までとは違った「知」を生成していく可能性を秘めているのである。そこで本章では、高倉健にまつわるゴシップがもつ創造性や、既成の知を問う批評的可能性について考えてみたい。

映画、観客、コミュニティ

誰が、いつ、どこで高倉健のゴシップを語り出したのだろうか。なんのためにそれを語ったのだろうか。雑誌等のマスメディアでは、一九七五年にはすでに高倉の「ゲイ疑惑」が浮上しており、そのゴシップは二〇一四年まで生き続けていた。始まりも終わりもなく、目的ももたない語りとしてのゴシップは、つねに流動し循環する言説である。線的な時間の流れに乗ることもなく、論理的な因果関係に囚われることもないゴシップには、無軌道さと無責任さ、自由と創造性がある。文学とゴシップの結びつきについて考察した英文学者のパトリシア・メイヤー・スパックスによれば、ゴシップとは、「視点」の交換である。親密性から生じる視点の交換も、視点を交換する際に生じる親密性もあるだろうが、いずれにせよゴシップは、「親密性で結ばれた者たちが共有する価値を暗黙裏に表現する」行為であり、その結果「親密性の空間」を作り出す。[*2] 親密性の空間は「公」と「私」との間を行き来しながらその境界線を何度も引き直す情動の空間でもある。

例えば、ゲイ/レズビアン/クィア・コミュニティにおいて、高倉健「ゲイ説」はよく知られたものである。「証拠」を欠いた細部のアート（技法）であるゴシップは、友だちや友だちの友だちから聞いた話としてコミュニティを駆けめぐってきた伝聞情報である。だが、ゴシップはコミュニティに流入し、その「なか」で動き回るだけではなく、コミュニティそのものをつくり出す要因ともなる。

映画と観客を繋ぐ回路のひとつであるゴシップは、ひとりの映画観客を、ゲイ/レズビアン/クィアな主体へと生成するのに、また個人をコミュニティへと架橋するのに大きな役割を果たしてきた。『映画と観客論』のなかでフェミニスト映画研究者のジュディス・メインは、ゲイとレズビアンの観客性がいかにゴシップに依存しているかに触れつつ、ゲイやレズビアンの観客がコミュニティを生成する際、映画がオルタナティヴな公共圏となる可能性について述べている。

ロック・ハドソンがエイズで亡くなった際明らかになった彼のゲイ・セクシュアリティは、衝撃的だったということになっているが、ハドソンのゲイ・アイデンティティは長い間ゲイ／レズビアンたちにとってすでに常識であった。議論を醸した「アウティング」とは、ゴッシプやゲイ／レズビアン情報を公にするものであったが、それはまた固有のオルタナティヴな公共圏――ゲイやレズビアンの文化的生からなるオルタナティヴな公共圏――を、出版や放送といったジャーナリズムからなるより支配的で匿名である一般の公共圏へと投影したものでもあった。[*3]

また、映画スターとそのゴシップはゲイやレズビアン、クィアの欲望やアイデンティティという概念そのものの重要な構成要素となってきた。[*4] ゴシップによってクィアが直面することになったのは、「自分たちのアイデンティティの構築と再構築である」と美術批評家のダグラス・クリンプが語るように、自らの価値を貶められてきたゲイ、レズビアン、クィアは、「ホモ疑惑」や「レズ疑惑」をささやかれる映画スターとの同一化に、自らの下落しきった価値から再浮上してくるチャンスを見出す。[*5] 高倉健はゲイ「かもしれない」と考えることは、一人称の同一化のみならず、たとえ束の間であっても、集合的な同一化を可能にし、クィア・ヒストリーへの道を開くきっかけとなる。[*6]

高倉健がゲイかどうかが問題なのではなく、「ゲイである」というゴシップこそが重要なのは、ゴシップがセクシュアリティについて「知る」ことの意味をラディカルに問うからである。高倉健のセクシュアリティについて、あるいは彼の欲望やアイデンティティについて、そもそもわたしたちは何を、どうやって知ることができるのだろうか。ゴシップが、「起源」も「証拠」も欠いた語りであるならば、セクシュアリティに関する「証拠」とは、何を指しているのか。それがどのようなものであるにせよ、異性愛社会では、異性愛者であることを証明する必要はない。だが、レズビアンであること、ゲイであること（あるいは、ないこと）については、その証明や説明が必要なのだ。セクシュアリティは、本来、可視的なものでもないし、証明できる、あるいはその必要があるものでもないが、わたしたちにはそれを読むことができる。読むという行為によって、初めてセクシュアリティは感知され、名前を与えられる。セクシュアリティの「証拠」もまた、おのずと見えるものではなく、読まれることによって遡及的に構成されるものなのではないだろうか。とすれば、高倉健の「ゲイ説」とは、スター・高倉健のイメージや語りをアクティヴに「読む」という行為によって感知され、交換され続けてきた「視点」にほかならない。

「健さん」のエロティックな肉体

では、具体的に高倉健のどのようなスター・イメージが「ゲイネス」を召喚したのだろうか。東映任侠映画のスターとしての高倉が、いかに「ホモソーシャルな欲望」を喚起し続けたかは、すでに斉藤綾子が詳細な分析をおこなっている。[*7] 異性愛の取り込みとその棄却、ホモフォビアによってホモソーシャルな絆を示す『人生劇場 飛車角』(一九六三)、異性愛とホモソーシャリティとが一見均衡を保っているように見えながら、実際には後者に重きがおかれる『日本侠客伝』(一九六四)、より直接的に異性愛からホモソーシャリティへ、さらにはホモソーシャリティからホモセクシュアリティへと接近していく『昭和残侠伝』(一九六五)。力点を微妙に変えながら、「ホモエロティックとホモセクシュアルの境界線上を曖昧に揺れる」上記三シリーズが体現する「ホモソーシャルな欲望」の中心に斉藤が置くのは、高倉健の肉体である。鶴田浩二や池部良とは異なる現代的な硬質さと躍動感をあわせ持つ高倉の肉体は、物語世界内の「ホモソーシャルな欲望」だけでなく、任侠映画とそのスターに対する観客の欲望をも掻き立てるだろうか? 高倉健のスペクタキュラー(壮観)な肉体は、ホモセクシュアルな欲望の源泉となりうるのだろうか?

高倉の肉体がもつ固有の強度が、最もスペクタクル化した例を一九七四年のアメリカ映画『ザ・ヤクザ』に見ることができるだろう。シドニー・ポラックが監督し、高倉健、岸恵子、ロバート・ミッチャムが欲望の三角形を構成するこの映画は、まさに高倉の肉体を提示するためにあるかのような作品である。斬り込みの型や殺陣の美学などは二の次に、高倉の肉体のエロスを追求するカメラは、そのアングルや距離、動きをさまざまにフレーミングすることによって、高倉の肉体の厚みとその弾力性とを効果的に画面に定着させようとする。高倉の肉体の躍動性は、東映時代の作品にも見られるが、この映画における高倉の肉体は、ボディビルダーよろしく大胸筋や上腕二頭筋といった身体の部位によっても強調され、筋肉にぴたりと貼りついた皮膚の表面がオイルでてかてかと輝いている。こうして、映画的に視覚化された高倉の筋肉は、たしかにこの作品の、そしておそらくスター高倉健の肉体のスペクタクルの頂点をなしているにもかかわらず、エロティシズムが凝縮されているのは、どこか別の場所であるように思われる。例えばそれは、高倉がミッチャムと斬り込みをかけた結果、切り落とされる小指であり、高倉の払った犠牲に報いるためにミッチャムがつめる小指である。命の代替物として互いの身体の一部を交換するという行為に潜む倒錯性——とりわけこのアメリカ映画においては過剰に意味づけされる倒錯性——は、ふたりの男を結びつける強度の絆をエロス化する。

高倉が任侠映画で最大限に発揮したエロティシズムは、ある映画史家が語るように、一九七六年以降、「純情で誠実な内面を持つ中年男」へと変化したことによって、その身体から失われてしまったものなのであろうか。高倉の肉体のエロティシズムは、若さとともに蒸発してしまったのだろうか。

任侠映画のあとで

東映退社以後は、寡黙で不器用で真面目な善人を繰り返し演じ、「国民的スター」になったとされる高倉健だが、そのエロティシズムは、一九七六年以降も失われるどころか、より細微に映画のなかに埋め込まれていく。高倉のエロティシズムが拡散されていく様子は、『地獄の掟に明日はない』（一九六六）から始まり、二〇一二年までともに映画を作り続けた監督・降旗康男の作品群に最もよく現れているといえる。降旗作品は、高倉健の（知られざる）プライベートを巧みに映画世界のなかに引き入れながら、この大スターのペルソナをもまた一層神話化させる。「高倉健さんにプライベートでお世話になることが芸能界で一番多い」役者であることを自称し、「徒党を組むのが嫌いな」健さんに初めて声をかけてもらったその日から「もうずっと、健さんのそばにいます」と語る小林稔侍は、『冬の華』（一九七八）や『駅 STATION』（一九八一）、『夜叉』（一九八五）といった降旗作品で高倉を慕う部下や同僚を繰り返し演じている。[*8]

だが、とりわけその友情が「友情を越える」強度を持って表象されるのは、『鉄道員』（一九九九）であろう。長年の親友である乙松（高倉健）を訪ねてきた杉浦（小林稔侍）が、正月で飲み過ぎ、横になってしまう場面がある。その体を起こそうとする高倉も、小林の腕を摑んだまま引きずられて、彼の上に覆い被さってしまう。すると、酔っていたはずの小林は、そこでぐっと高倉の襟を引き寄せ、語りかける。「俺をもう一度助けるつもりで、乙さん、俺とずっと一緒にいてくれないか」。汽笛の音が汽車のイメージを先取りして聞こえてくるこのシーンで、高倉と小林は、長くはないが短くもない奇妙に宙吊りにされた時間のなかで見つめ合ったまま静止している。妻に先立たれ、ひとりでいる乙松の定年後を案じている、という物語上のアリバイも、「俺と一緒にいてくれないか」と懇願する杉浦の前には、簡単にその力を失い、乙松と杉浦の、いや高倉と小林とが絡み合う身体的イメージと、それ以上に強度のあるふたりの間で交わされる視線が前景化する。高倉の「ゲイ説」のパロディかと疑いたくなるほど、男同士の絆が過剰にエロス化される瞬間である。

『鉄道員』ほど直接的ではないにせよ、『居酒屋兆治』（一九八三）でも同様の事態が生じる。ここでの相手は、やはり長年高倉のスクリーン上の相棒を演じてきた田中邦衛である。田中は、函館で居酒屋「兆治」を営む藤野（高倉）を影に日向に支える無二の親友・岩下を演じているが、そのふたりが連れ立ってキャンプに行く場面がある。ここにきて初めてわたしたち観客は、自転車に乗るときも、もつを串に刺すときもまっすぐ背中を伸ばし、店では直立している高倉が、重力に逆らうのをやめ、体を大きな岩の上で弛緩させるのを目撃する。「まっすぐ」だった身体が解放されるこの瞬間に高倉はしみじみとつぶやくのである。「俺はお前が店に来てくれるだけでうれしいんだよ」と。北海道の自然を背景にテントが置かれた男ふたりのキャンプという設定は、まさに日本版『ブロークバック・マウンテン』である。この映画のなかで、妻、かつての恋人、会社の元同僚、地元の友人といったほぼすべての登場人物に節度と距離をもって接してきた藤野が、その禁欲的なまでに抑制された身体から逸脱する瞬間がこのシーンでようやく訪れるのだ。

『八甲田山』（一九七七）や、『南極物語』（一九八三）など、降旗作品以外でも、男同士の強い絆は、東映任侠映画以降も高倉健のスター・イメージの根幹をなすものである。だが、『居酒屋兆治』や『鉄道員』といった降旗作品は、愛とも友情ともつかぬ強度を有した親密性を高倉演じる主人公とその相手役に共有させることにより、「私生活が謎に包まれた」スターの、イマジナリーな親密空間を創造する。こうして、高倉健のエロティシズムは一九七六年以降も衰えることなく、映画のなかに入り込み、増殖していったのである。

映画スターは、さまざまなゴシップに否応無く巻き込まれる。ゴシップがもちうるすさまじい破壊力は、身体的であれ社会的であれ、スターの生存可能性を奪いうる力ともなりうるものだ。と同時に、客観性や証拠を欠く語りとしてのゴシップは、固有の「視点」を交換することによって、公式的な知に疑念を差し挟み、社会が公的に承認する支配的な価値や規範に対抗する語りともなりうる。コントロール不能なこの言説が生み出すのは、欲望が露骨に投影された「ラディカルな知」なのである。[*9]

その意味において、高倉健の「ゲイ説」はある種のクィア・ペダゴジーだったともいえる。[*10] 高倉のスターダムが体現する「男らしさ」は、男同士の絆に由来するばかりか、その強度が強まれば強まるほど、エロティックな親密性を増してゆかざるをえないということを明らかにし、理想的な男性であることが含意する男同士の親密性を、ひとつの「知」として教えてくれたのである。

註

＊1　リチャード・ダイアー『映画スターの〈リアリティ〉――拡散する自己』浅見克彦訳、青弓社、二〇〇六年、一一四頁。

＊2　Patricia Meyer Spacks, *Gossip* (New York: Knopf, 1985), pp. 16, 21–22.

＊3　Judith Mayne, *Cinema and Spectatorship* (London: Routledge, 1993), pp. 161–162.

＊4　ローラ・マルヴィもまた、ゴシップやスキャンダルによって生み出される映画スターの物語世界外的な「イコノグラフィー」の効果について論じ、どんなにスターのパフォーマンスが優れたものであっても、こうした物語世界外の存在が予期せぬかたちでスクリーンの内部に闖入し、スターのスクリーン内パフォーマンスを弱めてしまう可能性を指摘している。詳しくは、Laura Mulvey, *Death 24x a Second: Stillness and the Moving Image* (London: Reaktion Books, 2006) を参照のこと。

＊5　Douglas Crimp, "Right on, Girlfriend!" *Melancholia and Moralism: Essays on AIDS and Queer Politics* (Cambridge: MIT Press, 2002), pp. 177–188.（後半部分の抄訳については、ダグラス・クリンプ「オネエさん、そのとおり!」河口和也訳、『ユリイカ』二八巻一三号、一九九六年一一月号、二一六－二二八頁を参照のこと）

＊6　例えば、ゴシップの時間性をめぐる議論のなかで、スパックスはゴシップが「一時的な「わたしたち」」を創造すると述べ、この集合的「わたしたち」を一時的で不安定ではあっても、ある種の「連帯」へと導くことを指摘する。Spacks, *Gossip*, p. 78.

＊7　斉藤綾子「高倉健の曖昧な肉体」、四方田犬彦・斉藤綾子編『男たちの絆、アジア映画――ホモソーシャルな欲望』平凡社、二〇〇四年、六三－一二〇頁。

＊8　野地秩嘉『高倉健インタヴューズ』プレジデント社、二〇一二年、三六頁。

＊9　「ラディカルな知」としてのゴシップについては、Irit Rogoff, "Gossip as Testimony: A postmodern Signature," in *The Feminism and Visual Culture Reader*, ed., Amelia Jones (London: Routledge, 2003), pp. 268–276. を参照のこと。

＊10　クィア・ペダゴジーについては以下の本書収録の拙稿「連累の観客論」を参照されたい。

第4部

クィア・シネマと上映空間

政治的なことは映画的なこと——一九七〇年代の「フェミニスト映画運動」

フェミニスト映画運動

第二波フェミニズム（一九六〇年代に米国やヨーロッパで再興した女性解放の運動と思想）へ大きな影響を与えた『性の政治学』の著者ケイト・ミレットがドキュメンタリー映画『三つの人生』（Three Lives, 一九七一）を作り、「カウンター・シネマとしての女性映画」を書いたクレア・ジョンストンが自主映画を撮り、上映会を組織したように、あるいは論文「視覚的快楽と物語映画」に先駆けてローラ・マルヴィが『ペンテシレイア——アマゾネスの女王』（一九七四）を制作したように、一九六〇年代後半から七〇年代にかけて北米やイギリスで起こったフェミニズムをめぐる映画実践は、制作、上映、批評、理論が混沌一体となった「フェミニスト映画運動」であった。当時、批評家として、また、映画祭のプログラマーとしてこの動きのなかに身をおいていたB・ルビー・リッチは「映画の分野において、「フェミニズム」とは映画制作と上映と配給と観客が不可分に連結された分野のことを指している」[*1]と語った。

もちろん、フェミニズムと映画の関係は一九六〇年代後半に始まったわけではなく、一九一〇年代の「女性参政権運動映画（suffrage movies）」にまで遡ることができるだろう。だが、本章では、フェミニスト映画の起源や、フェミニズムと映画の関係の始まりを同定するのではなく、女性解放運動とともに生まれたフェミニスト映画運動が、その固有の歴史的条件にあって、フェミニズムと映画の関係をどのように結び直したのかを探ろうと思う。

ミレットがフェミニズムの政治を表現する方法を映画に求めたように、多くの女性が女性運動を可視化し、その目標や戦略を共有するための可能性を映画に見出したとき、映画はフェミニズムを媒介するツールであるだけでなく、やがてフェミニズムという運動そのものになっていった。「政治的であることに自覚的で、本質的に文化的な企てであり、文化と政治の結びつきという問題に真正面から取り組むもの」[*2]としてのフェミニスト映画運動は、女性たちが自分で映画を作り、上映や配給をおこない、映画について語り、書く、という政治的で文化的な企てであり、女性運動に触発されて制作された映画は再び女性運動へと接続された。個人的なことを政治的なこととして位置づけ直したフェミニズムは、政治的なものを映画的なものとしても再創造したのである。

本章では、一九七〇年代のフェミニスト映画運動の歴史を具体的に掘り起こすことによって、フェミニズムと映画の結びつきを再考し、フェミニスト映画文化を再想像するきっかけとしたい。

観客と読者の創造

女性解放運動にあって「女性のイメージ」は当初から重要なアジェンダのひとつであり、映画をはじめとするメディアは介入すべき拠点のひとつであった。だが、一九六六年に設立された全米女性機構（NOW）の「メディアにおける女性」特別委員会に象徴されるように、女性運動の「主流」派がターゲットにしたのは、女性のステレオタイプ化されたイメージと、それが流通させる主流メディアの慣習であり、オルタナティヴなイメージやその作り手の支援にまで関心を向けることはなかった。それが最初におこなわれたのは、雑誌とともに「フェミニスト映画運動の核心」[*3]をなしていた映画祭でのことである。

そもそも映画が映画となるためには、作品が作られるだけでなく、それが流通し、上映されなければならない。女性運動を背景に生まれた多くの自主制作映画は、既存の配給ネットワークに参入できず、制作者たちは自分たちで配給組織を立ち上げ、私的な上映会を開いたり、学校や図書館といった公共施設へと上映の機会を広げていった。[*4]こうした上映活動の延長線上にあったのが映画祭である。

とりわけ、一九七二年にニューヨークで開催された「国際女性映画祭（Women's International Film Festival）」は上映という側面からフェミニスト映画運動を牽引する原動力となった。アメリカ国内外で作られた作品（長編あるいは短編のドキュメンタリー映画、アヴァンギャルド映画、物語映画、アニメーション）を幅広く紹介したこのイベントは、映画祭が単に作品を上映する機会を提供する以上の役割を果たすという点において、現在にまで続く女性映画祭の基本的フォーマットをすでに胚胎させていた。また、この映画祭が発行したプログラム・ノートはフェミニスト映画運動を定義し、この運動に関する広範な情報を提供するなど、フェミニスト映画についての初めての総合的な印刷物となったという重要性についても指摘しておきたい。[*5]女性のオルタナティヴで独立した映画制作の推進を目的に掲げた「国際女性映画祭」は、フェミニズムと映画の結びつきを可視化する出来事であった。フェミニスト映画の「観客」を創造し、「作り手」を支援することによって女性映画祭が拓いたのは、まさに公的なフェミニスト映画空間だったのである。

「国際女性映画祭」の成功は、各地で同様の女性映画祭を誕生させることになる。エディンバラ映画祭では、クレア・ジョンストン、ローラ・マルヴィ、リンダ・マイルズによって「女性イベント（The Women's Event）」が組織されたが、ここで開催された映画制作ワークショップは、観客を創造するだけでなく、観客を作り手として再創造する試みであった。ジョンストンによる「カウンター・シネマとしての女性映画」が最初に掲載されたのも女性映画祭をもとに自身が編集し、一九七五年に発表した（執筆は一九七三年）小冊子『女性映画についてのノート』であった。フェミニスト映画の作り手と観客が出会い、互いに触発し合う関係性を紡ぎ、フェミニズムが社会運動であると同時に映画運動となるような磁場を創出したのが女性映画祭であったのだ。一九七〇年代と比較して、今日、フェミニスト映画が上映される機会は格段に増えたように思えるかもしれない。だが、ドキュメンタリーをはじめ、女性が直面する喫緊の問題を扱う非商業的で、政治的な作品を公的に発表できる場所はまだまだ不足している。周縁化された女性が問題を提起できる機会を提供し、国境を超えて問題を共有しうるトランスナショナルな連帯や実践のプラットフォームとして女性映画祭はその重要性をいまだ失ってはいない。

映画祭とともにフェミニスト映画運動を大きく駆動させた映画雑誌の重要性は、批評という言説活動と密接に結びついている。一九七一年から現在まで続く『ヴェルヴェット・ライト・トラップ』、一九七二年から一九七五年にかけて発行された『女性と映画』、一九七四年から現在まで続く『ジャンプ・

カット』といった雑誌によって、明確にフェミニスト的視座をもった映画批評が登場したのは一九七〇年代初めのことであったが、映画を制作しながら上映会を組織し、批評を書いたジョンストンやマルヴィの実践が示すように、一九七〇年代の映画とフェミニズムの関係は多面的で重層的なものであった。[*6]映画雑誌を媒介とした批評はやがて理論へと結実していくが、その後のフェミニスト映画理論の展開にとりわけ大きな影響を与えた雑誌が『ジャンプ・カット』と一九七六年から続く『カメラ・オブスクラ』である。政治的革新性を全面に打ち出した『ジャンプ・カット』や、当時最先端の記号論や精神分析を取り入れ、より理論的な方向性を志向した『カメラ・オブスクラ』は、映画研究の制度化にとっても重要な役割を果たすことになる。社会的かつ政治的な領域へと映画研究を拡張しながら、通常の研究にあっては分断されている分野を横断し、接合し、先鋭的な理論を構築することに貢献したのがこの二誌によって代表されるような映画批評であったからだ。

だが、映画研究に居場所を確保したフェミニズムの専門化、職業化は、フェミニスト映画運動に変容をせまるものであった。この変容を、行動の領域から研究の領域への移行とみなしたひとりであるリッチによれば「フェミニストによる映画の実践は、広い社会的状況を含めた初期の政治的コミットメントや、形式を超えた生／生活の問題、(家父長制的資本主義を分析し、それと闘うための武器としての)戦闘性から離れて、単なる表象へと引きこもってしまった[*7]」ということになる。

映画祭が「観客」を創造しつつ公的なフェミニスト映画文化を形成したように、映画雑誌もまた「読者」を創造し、フェミニズムと映画が交差するフェミニスト映画空間を作り出したが、そうした成果の一端が、逆説的にもフェミニスト映画運動における理論と実践の分離であった。

ドキュメンタリーの衝動とコンシャスネス・レイジング

社会変革を目指す政治的実践としてのフェミニズムは、女性としての経験や立場をもとにした現状の分析と批判をおこなったが、映画は、単にフェミニズムに奉仕するツールではなく、その分身となり、運動そのものとなっていった。例えば、初期のフェミニスト・ドキュメンタリーを代表する『女性として育つこと』(Growing Up Female, 一九七〇)や『ユニオン・メイド』(Union Maids, 一九七六)を撮ったジュリア・ライカートは当初、映画を「女性運動が発展するのを助けるツール」とみなし、自らをアーティストや作家ではなく「映画を作るスキルをもったアクティヴィスト」とみなしていたが、次第にフィルムに固有の力や美学の可能性を感じ関心を向けるようになっていったと語っている。[*8]ライカートに限らず、フェミニズムをきっかけとして映画に入っていった作り手たちも、フェミニスト的テーマや内容と、映画形式のどちらかを優先させるのではなく、フェミニズムと映画の両方を重視するようになってゆく。彼女たちはフェミニストから映画作家へ移行したのではなく、フェミニストであると同時に映画の作り手であるような存在になっていったのである。

フェミニズムの高まりとともに、一九七〇年代米国の映画産業および映画文化は大きな転換期を迎える。[*9]一九二〇年代以降四〇年間にわたって、女性監督といえばドロシー・アーズナーかアイダ・ルピノであったハリウッドでさえ、七〇年代に入ってから一六人もの女性映画監督が誕生した。とはいえ、当時の女性による映画制作の中心は、ハリウッドではなく、オルタナティヴ/インディペンデント系のアヴァンギャルド映画やドキュメンタリー映画であり、とりわけ圧倒的な数の作品を生み出していたのは後者であった。例えば、先述した一九七二年開催の「国際女性映画祭」では五〇〇本を超える作品が上映されたが、その半数は短編を含むドキュメンタリー作品であったという。[*10]

アヴァンギャルド映画はその後のフェミニスト映画の正典（キャノン）となり、その意義を高く（そして正しく）評価されていったが、リアリズムを基本とするドキュメンタリーのほうは、フェミニズムや女性運動との強い結びつきにもかかわらず、あるいはその強い結びつきゆえに、理論的にも歴史的にも周縁化されていった。実際、フェミニスト・アヴァンギャルド映画を代表する作品、イヴォンヌ・レイナーの『…するある女性についてのフィルム』（Film About a Woman Who..., 一九七四）、シャンタル・アケルマンの『ジャンヌ・ディエルマン　ブリュッセル１０８０、コメルス河畔通り23番地』（一九七五）、ローラ・マルヴィとピーター・ウォーレンの『スフィンクスの謎』（Riddles of the Sphinx, 一九七七）、サリー・ポッターの『スリラー』（Thriller, 一九七九）などに比べ、ケイト・ミレットとスーザン・クレクナーの『三つの人生』、ジュディ・スミスとルイーズ・アレイモとエレン・ソレンの『女性の映画』（The Woman's Film, 一九七一）、キャサリン・アレンとジュディ・アイロラとアリー・ライトとジョアン・ムサンテの『セルフ・ヘルス』（一九七四）といった初期のドキュメンタリー作品を見ることはきわめて困難である。一六ミリフィルムが残っていればまだ幸運だが、配給元がすでに消滅していたり、作品の所在が不明であったりする場合も少なくない。[*11] フェミニスト映画研究において一九七〇年代以降続く「アンチ・リアリズムのヘゲモニー」[*12]によって、初期フェミニスト・ドキュメンタリーは歴史的に忘却され、理論的にも周縁化されてきたといえる。

初期フェミニスト・ドキュメンタリーの重要性がその政治性にあることは言うまでもない。だが、作り手となった多くの女性たちは、映画よりも政治を優先させたり、政治のために映画を利用したりしただけではないことは先述した通りである。彼女たちは、社会変革への想像力を視覚化し、政治的目標や戦略を共有しうる媒体としての映画に深い関心を寄せたのである。それは、映画の政治的可能性の模索であった。当時の女性運動がもっていた協働的な指向性は、複数の人間やグループによる集団的制作という形態とともに、作り手と被写体との関係にも反映されている。そして、自らの手で表象を作り出し、その意味をコントロールしようとするフェミニスト映画運動のあり方は、後にＨＩＶ／ＡＩＤＳアクティヴィズムに引き継がれた文化実践の形態でもある。

なぜ、女性たちはドキュメンタリーを選んだのだろうか。「最も簡単で、安上がりな[*13]」映画の形式、とときに揶揄して言われるその理由は、実はとても重要なことのように思われる。技術的にも経済的にも「アクセスが容易である」ことによって、必ずしも専門的な知識や訓練がなくても、あるいは資金がなくても映画を作ることができるからである。実際にはドキュメンタリーはそう単純に作られるものでも、また形式的実験性を欠いたものでもないにせよ、今日でも多くの女性がドキュメンタリーを選択し、制作し続けている大きな要因はそうした物質的条件と無関係ではない。[*14]

より明瞭に政治的な理由もある。初期のフェミニスト・ドキュメンタリーでは、女性が「女性として」直面している緊急で固有の問題（生殖に関する選択、ヘルスケア、性暴力、組合運動における性差別など）がテーマとして取り上げられ、それらについて女性が自分で語ること、あるいは語る主体としての女性を視覚化することが重要であったからだ。そのために、映画というメディアの固有性に対する注視を最小限に抑えられるドキュメンタリーが選ばれたのではなかったのだろうか。シネマ・ヴェリテの技法によるリアリズムがもつ「ナイーブ」で「素朴な」構造と形式は、映画と現実の距離をなるべく縮めようとする直接性と、映画が映し出す世界への観客の同一化の効果を戦略的に選び取った結果である。形式的な敷居の低さは、映画言語にあまりなじみのない観客にもより積極的な反応を促すことが可能となる。ドキュメンタリーが「コミュニティを構築するのにとりわけ効果的な形式[15]」とされるゆえんである。映画研究者のジュリア・レサージュによれば、フェミニスト映画の作り手たちが、リアリスト・ドキュメンタリーの構造を用いたのは、そうした映画作りを「喫緊の公的行為」とみなしていたからであり、映画館や美術館ではなく、学校、教会、組合、YWCA（キリスト教女子青年会）といった16ミリフィルム教育映画の回路に参入しようとしたからであった。[16]

フェミニスト・ドキュメンタリーを触発し、その形式と構造に大きな影響を与えたのはコンシャスネス・レイジング（以下、CR）である。CRは、女性の経験が個人的なものではなく、より構造的な条件の一部であるとし、女性の抑圧に関する意識をほかの女性たちと共有するために実践された、第二波フェミニズム期の主要な戦略である。「私的」とされてきた経験を語り合い、それぞれの語りから浮かび上がってくる共通のパターンを知ることによってCRは、個人としての女性から集合的な女性へと意識を覚醒し、女性を抑圧する社会を変革するために集合的行為を起こすことを目標としていた。フェミニスト・ドキュメンタリーが用いたのは、女性の私的とされた経験を政治的に分析するための方法としてのCRであった。

フェミニスト・ドキュメンタリーは、語るべきではないとされてきた、あるいは、語るに値しないとされてきた女性の経験を自身の声で語るよう促しながら、その経験が社会的な条件と地続きであることを観客に呼びかけようとする。映画のなかの語り手は、自己の経験に意味と価値を与えることによって、他の女性の「私的」な経験にも価値があることを表現するが、それを可能にするひとつの技法が、トーキング・ヘッズであった。[*17]テレビのニュースや教育映画でおなじみの面白みのない慣習的な方法でも、文脈が異なれば、全く別の意味をもつ。専門的な知識や権力のある人間に特権的に与えられてきた「語る主体」というポジション、歴史的に男性に占有されてきたこのポジジョションを女性に取り戻そうとする技法としてフェミニスト・ドキュメンタリーはトーキング・ヘッズを再発明したのである。「自らを表象する人々を表象し、それによって、わたしたちはみな自分を表象することができることを、また、自分たちによる現実の解釈とその解釈に基づいて行動することができることを示唆」するのがこの技法であった。[*18]

初期のフェミニスト・ドキュメンタリー作品『セルフ・ヘルス』に見られるクロースアップからミディアムショット、ロングショットへの変化も、個人から集合性への移行というCRの構造をショットのスケールとして視覚化したものと考えることができる。上映後の議論というフォーマットも、フェミニスト・ドキュメンタリーという文脈にあっては、CR的実践そのものであった。私的とされる経験を社会的な経験へと繋ごうとするCRにあっては、意識の変容から行動へという目標がいつも達せられたわけではない。経験の共有には多くの困難や抵抗があっただろうし、意識の変容をどのように把握するのかという問題もある。CR（そして第二波フェミニズム）の集合主義自体には当然、抑圧的な側面もあったはずである。だが、当時のフェミニストたちが目指した集合性は、女性が家庭において、あるいは個人的な問題という名のもとに孤立してきた状況に対抗するための戦略であった点を思い出しておきたい。

それがどんなにユートピア的な理想であったとしても、「個人的なこと」という考え方が助長してきた女性の非力さや従属の感覚を変えるために集合性が必要だったのである。

「リアリズム論争」とフェミニスト映画理論

「アンチ・リアリズムのヘゲモニー」の出発点ともいえる初期フェミニスト・ドキュメンタリーに対する批判は、フェミニスト批評の内部から出てきたものであった。手持ちカメラを用いて、ロケーション撮影をおこない、インタビュー形式や、ナレーションによって「普通の」女性たちが自分の経験を語るというドキュメンタリーのリアリズムが、当時、記号論や精神分析、哲学者のルイ・アルチュセールを介したマルクス主義などの影響によって理論を先鋭化させていたフェミニスト批評家によって厳しく批判されたのである。クレア・ジョンストンは次のように語っている。

出現しつつある女性映画の多くが、テレビとシネマ・ヴェリテの技法からその美学を引き出している（例えば、『三つの人生』や『語る女性』）。（中略）こうした映画は自らの経験についてカメラに向かって話しかける女性のイメージを映し出すが、作り手はほとんど、あるいは全くそこに介入していない。（中略）カメラが実際に把握しているのは、支配的イデオロギーの「自然な」世界である。女性映画はそのような理想主義に関わっている場合ではない。わたしたちの抑圧の「真実」はカメラの「無垢さ」でもってフィルムに「捉えられる」ことなどできない。それは、構築され／作り上げられなければならないのだ。新しい意味はフィルムのテクスト内部で男性ブルジョア映画の構造を分裂させることによって作り出されなければならない。[*19]

フェミニスト・ドキュメンタリーのリアリズムは、映画という装置がすでにもつイデオロギーによって侵食されており、映し出された現実はイデオロギーの効果にほかならないことにあまりに無自覚であると非難するジョンストンにとって、それらの映画は、従来の映画の慣習を覆すようなカウンター・シネマとしての女性映画にはなりえていないと思われたのだ。映画研究者のエイリーン・マックギャリーも同様の批判を向ける。ドキュメンタリーに描かれているのは現実ではなく、すでに「前フィルム的」な出来事としてコード化されたものなのだと。[*20]一九七〇年代に女性によって作られた映画の多くが女性運動の産物であり、その政治的意識が映画に向かったところにフェミニスト映画実践の出発点があるとするローラ・マルヴィもまた、初期フェミニスト・ドキュメンタリーの欠点をシネマ・ヴェリテと結びつけている。「透明な媒体としての映画という概念によって、その美学は制約され、カメラを魔術的道具に還元するような企てを問題にするどころか再生産している。そこで前提となっているのは、カメラ本来の性質とそれを操作する者の善意とによって本質的な真実を把握することができるということ、また典型的な経験の共有を刻印することによって、カメラが同一化のプロセスを通じて政治的統一を作り上げることができるということである」[*21]

フェミニスト・ドキュメンタリーのリアリズムを支えるものとしてジョンストンらに言及されているシネマ・ヴェリテは、一九五〇年代後半からフランスで広がったドキュメンタリーのスタイル、技法であり、会話の「自然さ」や行為・行動の「真正さ」によって特徴づけられてきた。だが、ディレクト・

シネマとは異なり、シネマ・ヴェリテは、映像作家が主観に基づいて観察しており、作家が被写体（と被写体を取り巻く状況）に主体的な介入をおこなうということを前提にしている。[*22]

ジョンストンはフェミニスト・ドキュメンタリーを「非介入の映画」と呼び、分析をしない受動的な主体性の形成を促す危険性について述べたが、実際には、多くの作品において作り手は被写体や出来事に関与し、映画の描き出す「現実」は作り手の主観によって捕捉されたものであることが示されている。例えば、「ニューズリール」コレクティブによる『ジェイニーのジェイニー』（一九七一）、ジョイス・チョプラの『ジョイス、34歳』（Joyce at 34, 一九七二）、『女性の映画』といった作品では、作り手が被写体へと語りかけ、聞き手となることによって、被写体となる女性たちの語りが促される。それは、作り手の介入によってかたちづくられ、変化する「現実」であって、無媒介に存在する現実ではない。カメラの前で語り始める女性たちは、カメラを介して初めて自らの「女性」としての位置を認識し、その経験に意味を与えるのだ。シネマ・ヴェリテが本来もっている自己言及性は、カメラの存在とそれを用いて撮影する人間と被写体との関係性を前景化し、映像の「真実」とは、作家を媒介として開示される「真実」であることを露呈させる。だが、フェミニスト・ドキュメンタリーにおいては、作り手自身のポジショナリティや政治的コミットメントが明らかにされるがゆえに、複数の語る主体が出現する。それはフェミニスト映画運動のエートスともいえる、複数かつ集合的な主体性である。

『ジョイス、34歳』、『女性の映画』、アメリー・ロスチャイルドの『おばあちゃん、おかあさん、わたし』（Nana, Mom and Me, 一九七四）といったフェミニスト・ドキュメンタリーの自己言及性は、映画内映画という構造にもよく表れている。それは、内省的で自己満足的な映画内映画や、アイロニーに満ちた遊戯的な映画についての映画ではなく、さまざまなレベルでジェンダー化されている映画や映画制作をめぐる状況をフェミニスト的視点から批判的に捉え返す自己言及性である。例えば、自伝的なドキュメンタリー作品『ジョイス、34歳』が映し出すのは、主人公であるジョイスが妊娠し、母親となることによって、思うように映画を撮ることができない状況や、映画作家としての自己アイデンティティが脅かされることに対する不満と苛立ちである。ジョイスには、フリーランスの作家で育児に協力的な夫や、育児の援助をしてくれる両親がいるのだが、彼女がその白人中産階級的な特権に自覚的であるかどうか、映画からは判然としない。この作品が階級や経済的関係への言及を欠き、観客にそうした側面を気づかせないと論じるフェミニスト映画理論家のアン・カプランは、構造的にも『ジョイス、34歳』は「個人によって変化が成し遂げられる可能性」や「個人が象徴界や他の社会的制度の外部にいる」というブルジョワ的幻想を存続させていると批判する。[*23]

だが、ジョイスが白人中産階級の異性愛女性として享受する特権に十分に気づきながらそれでも感じている、不安や焦燥感に観客が同一化する可能性こそを、『ジョイス、34歳』は示しているのではないだろうか。というのも、この映画は、夫や両親（とりわけ母親）が暗示する家族規範やジェンダー規範に対するジョイスの抵抗とアイデンティティの葛藤を炙り出しながら、中産階級の女性に固有の抑圧の形態や、ジョイスが個人として抱える問題や経験――母親との関係や、育児とキャリア、アイデンティティのゆらぎ――が、ほかの女性にも共通する社会的広がりをもった問題であることを明らかにしているからである。

映画の最後に、『ジョイス、34歳』の制作者であるクローデット・ウェイルとジョイスが機材を抱えてロケーション現場に到着し、撮影の準備に没頭する様子が映し出される場面がある。ジョイスの声によるナレーションは、クローデットとの仕事は自分が一人前に扱ってもらえるか心配しなくていい初めての経験だったと語る。ジョイスは、ひとりで社会を変革する勇敢なフェミニストでもなければ、社会や制度、法の外部に生きている個人でもない。母親としての「責任」と妻の役割、映画を作る欲望の間で葛藤しつつも、映画を作る人間としてのアイデンティティを手放さないひとりの女性を、ドキュメンタリー・リアリズムにおいてこの映画は明確に表現しているのだ。

ところで、ジョンストン、マルヴィ、パム・クックらのシネ・フェミニストによるリアリズム批判は、ドキュメンタリー映画だけでなくハリウッド映画にも向けられたものであった。当然のことながらハリウッド映画のリアリズムとドキュメンタリーのリアリズムは同じものではない。ハリウッド映画が作り出す現実のイリュージョンは、とりわけ編集によって時間と空間をスムーズに繋ぎ、語りの連続性を担保することによって作り出されるが、ドキュメンタリーのリアリティは、シネマ・ヴェリテに見られるような撮影方法やナレーション、インタビューによって作り出される場合がほとんどである。リアリズムと一口にいっても、その方法や効果は大きく異なっている。観客というコンテクストも重要であろう。個人の経験を社会的なものや構造的なものとして捉えようとするフェミニスト・ドキュメンタリーの場合、リアリズムの行き着く先は、ある意味、女性登場人物への同一化ではなく、登場人物の置かれた環境や状況への同一化である。レサージュは、シネマ・ヴェリテが映画作りを学ぶ女性にとって魅力的で有益な芸術的、政治的表現の様態であった理由をその習得の容易さに加え、「女性のリアルな環境を記録することができたから」[*24]だと述べるが、女性のリアルな環境を記録することで起こるのは、まさに女性への同一化ではなく、女性としての同一化であったといえないだろうか。

ドキュメンタリー・リアリズムを批判した批評家たちにとって、フェミニズムの思想と方法を表現するのにふさわしい形式とはアヴァンギャルド映画であった。[*25] アケルマン、マルヴィ、サリー・ポッターらによる作品は、家父長的で性差別的なイデオロギーに浸されてきた映画の構造や形式、言語をラディカルに問い直し、それは、映画と女性（あるいはイメージとしての女性）の関係を根本的に変容させる試みであった。集合性に重きを置くドキュメンタリー映画とは異なり、アヴァンギャルド映画では、アーティストとしての個人が前景化し、映画テクストは、とりわけ個人の内面、技法、スタイルが表出される場となる。そして、男性と対等な人間、あるいは等しい権利を有する人間とみなされてこなかった女性が個人として映画を作ることは、映画や芸術における女性の主体性を取り戻そうとする優れてフェミニスト的な企てでもある。だが、フェミニスト・クィア研究者のテレサ・デ・ラウレティスが示唆したように、フェミニストによるアヴァンギャルド映画もまたモダニズムの「既存の伝統[*26]」に含まれているきわめて男性的なイデオロギーと無縁ではないし、そうした作品が依拠した理論的モデルに内在するセクシズムや異性愛規範についてもすでに少なからぬ議論がなされてきた。フェミニスト・アヴァンギャルド映画が形式を通して模索した視覚的快楽の破壊や映画言語と美学の問い直しは重要なものであったし、今でもその有効性は失われていない。だが、アヴァンギャルド映画と同様に、強くフェミニズムと結びつき、きわめて政治的であったドキュメンタリー映画は「フェミニスト理論の隠された過去[*27]」になってしまった。

現在ではほとんど顧みられることのないもうひとつの過去にも言及しておきたい。一九七〇年代前半に生まれたマジョリー・ローゼン『ポップコーン・ヴィーナス』、モリー・ハスケル『崇拝からレイプへ――映画の女性史』、ジョーン・メレン『ニュー・フィルムにおける女性とそのセクシュアリティ』といった「社会学的」あるいは「反映論的」批評とされ、フェミニスト映画理論「前史」に位置づけられてきた仕事のことである。

例えば、映画に描かれた女性の歴史を崇拝からレイプへの歴史とするハスケルの語りは、白人女性以外の表象を扱っておらず、また、映画の歴史が異性愛ロマンスの歴史として記述されているなど多くの問題があるのはたしかである。だが、その議論は、映画には社会的現実や社会における女性のあり方が映し出されているというような単純な反映論とはほど遠く、むしろ女性像が歪曲されてきた歴史を問うものである。さらに、女性映画に、家父長制資本主義における女性の矛盾する経験の表象を見出すなど、その後のメロドラマ研究を先取りするような視点もある。[*28]

ハスケルやローゼンらの仕事はそもそも本当に社会学的なのだろうか。もし、映画をより広い社会的コンテクストに位置づけて論じる彼女たちのスタイルを社会学的アプローチと呼んでいるのであれば、それは、社会学という分野の説明としても不十分であるように思われる。「ほとんどのアメリカ的批評には、方法論と映画の理論に対する関心が欠如しており、それは特徴的でさえあり、驚くべきものでもある。多くの批評家は大衆社会学として書いており、映画のプロセスそのものや、フィルム製作、観客とスクリーンの関係、形式的、理論的問題を扱えていない」と述べたカプランは、マルヴィらによるアヴァンギャルド映画を「理論映画」と呼ぶ。[*29]一九七〇年代の米国のフェミニスト批評を大衆的なジャーナリズムとして「社会学的」批評とし、それに記号論や精神分析を取り入れたイギリスの「理論的な」

批評を対置させるフェミニスト映画史の公式的な語りの背景には、映画研究の制度化をめぐって、大衆的なフェミニスト批評がより知的で専門的なフェミニスト理論となり、社会運動と一体化したドキュメンタリーもまた歴史的に忘却されなければならなかったという側面があるはずだ。

米国とイギリスにはそれぞれ固有のフェミニズムや映画の歴史的発展があるのは当然としても、「社会学的」アプローチと「理論的」アプローチ、ドキュメンタリー映画とアヴァンギャルド映画を対立させ、それを米国とイギリスのナショナルな差異としてフェミニスト映画運動の分断を強調することには大きな問題がある。実際、ドキュメンタリーとアヴァンギャルドを架橋するようなミシェル・シトロンの作品や、批評が理論であるようなジョンストンやリッチの仕事もある。[*30]

一九七〇年代に米国やイギリスで起こったフェミニスト映画運動は、女性たちが自分たちで映画を作り、上映し、議論をすることによって女性の空間と文化を創造しようとする運動であり、映画に関する領域で、（それ自体が資本主義的原則に基づく）分業と専門化に抵抗する社会実験であった。第二波フェミニズム同様に、フェミニスト映画運動にも白人および中産階級中心の傾向はあったが、『ユニオン・メイド』、『女性の映画』、『女性として育つこと』、そしてマデリン・アンダーソン監督の『アイ・アム・サムバディ』（一九六九）のように有色の労働者階級の女性を取り上げたドキュメンタリーもたしかに存在していたことを考えるならば、セクシュアリティに関する沈黙は示唆的である。[*31] シングルマザー、貧困、性別役割分業といったそれ自体はきわめて重要なテーマは、異性愛主義的な視点からのみ分析され、女性の抑圧というフェミニスト的問題意識が、非異性愛者のセクシュアリティと関連づけられることはほとんどなかった。十分とはいえないまでも、ジェンダーと人種、階級との交差が扱われるのと比べ、異性愛という前提自体がほとんど問われていないところに、初期フェミニスト映画運動のホモフォビア、あるいは異性愛規範からの逸脱に対する強い抵抗が見えてくる。

日本における映画とフェミニズムの邂逅

最後に日本における映画とフェミニズムの関係について少し言及しておきたい。記録映画と呼ばれるドキュメンタリーは、日本でも長い間、女性が監督としてキャリアを形成できるほぼ唯一のジャンルであった。日本初の女性監督と呼ばれる坂根田鶴子にしても、デビュー作こそ物語映画『初姿』(一九三六)であったが、映画監督としてのキャリアは文化映画を含む記録映画の領域で築かれたものである。[*32]

ドキュメンタリー映画を介して、映画と女性運動を繋いだ重要な映画人に厚木たかがいる。一九三八年、ドキュメンタリー監督で映画史家のポール・ローサによる著書『ドキュメンタリー・フィルム(Documentary Film)』を『文化映画論』の名で翻訳した厚木は、「ドキュメンタリー」概念および初期ドキュメンタリー理論を日本へ紹介し、普及させた人物として知られる。[*33] 映画を企画、製作し、脚本を書き、批評を書いた厚木の仕事は、婦人運動、労働運動、平和運動と密接に結びついており、社会運動へのコミットメントもまた映画によって媒介されていた。[*34] 厚木たかに関する先駆的研究をおこなった堀ひかりによれば、婦人運動と出会う以前から厚木は自分が関わった多くの映画において女性をテーマとしており、そこには「フェミニストとしての意識[*35]」が読み取れるという。とするならば、厚木のそうした意識は、女性運動への関与によってさらに深化し、やがて『或る保姆の記録』(一九四二)に見られるようなフェミニスト的分析や方法、批評的視点へと拡張されていったのではないだろうか。厚木たかがほかの女性たちと築いたネットワークに、日本のフェミニスト映画文化の萌芽を見出すことは決して不可能ではない。

英米のフェミニスト映画運動と同時期に、高野悦子や川喜田かしこが上映や配給において果たした役割はどうだろうか。一九七四年に開始された上映運動「エキプ・ド・シネマ」は、当初、商業映画館で上映される可能性の低い、アジア、アフリカ、中南米の名作映画の上映を目的としていたが、やがて女性監督の作品を数多く取り上げていくことになる。後に高野は、女性ドキュメンタリストである羽田澄子らと、女性監督支援を目標に東京国際女性映画祭（前・カネボウ国際女性映画週間、一九八五–二〇一二）を立ち上げたが、こうした動きもまた日本のフェミニスト映画文化を創造する端緒であったと考えることができよう。

女性運動とドキュメンタリーを繋いだ厚木や、上映会や映画祭を組織し、女性映画監督を育てていった高野や川喜田らの仕事からは、北米やイギリスのそれとは異なるフェミニズムと映画の邂逅を、あるいは日本におけるフェミニスト映画運動の可能性を考えることができるかもしれない。また、女性映像作家の作品やフェミニスト映画を数多く手がけてきた映画製作・配給会社パンドラや、フェミニストの視点から上映活動をおこない、映像の記録や制作を支援してきたグループ連連影展FAV（フェミニスト・アクティブ・ドキュメンタリー・ビデオフェスタ）が、日本のフェミニスト映画文化に加え、クィア映画文化の展開に果たしてきた役割についても考えるべきであろう。[*36]

女性「個人」の経験を政治的なものとして再発見したのが、フェミニズムであったとするならば、フェミニスト映画運動は、その政治を映画として実践した運動であった。一九七〇年代には北米やイギリスで「政治的であることに自覚的で、本質的に文化的な企て」としてのフェミニスト映画運動が立ち上がっていたが、フェミニズムと映画を結ぶこうした運動は、一九七〇年代の北米やイギリスで起こっていたのとは別のかたちで、さまざまな時代と空間に存在していたはずである。複雑で多様で矛盾に満ちたフェミニスト映画文化を再創造するために、わたしたちは複数のフェミニスト映画運動とそれが国境を超えて繋がるようなネットワークを必要としている。

註

＊1 B. Ruby Rich, *Chick Flicks: Theories and Memories of the Feminist Film Movement* (Durham: Duke University Press, 1998), p. 63.

＊2 Jan Rosenberg, *Women's Reflections: The Feminist Film Movement* (Ann Arbor: UMI Research Press, 1979), p. 1.

＊3 Rosenberg, *Women's Reflections*, p. 78.

＊4 そうして生まれたのが「ニュー・デイ・フィルムズ（New Day Films）」、「ウィメンズ・フィルム共同組合（Women's Film Coop）」、「アイリス・フィルムズ（Iris Films）」、「ウィメン／アーティスト／フィルムメーカー（Women/Artist/Filmmakers）」といった配給組織である。

＊5 Rosenberg, *Women's Reflections*, p. 99.

＊6 この時期には、女性映画やフェミニスト映画批評に特化した雑誌が創刊されるだけでなく、『テイク・ワン』や『フィルム・コメント』といった映画雑誌も女性と映画に関する特集を組んだり、女性映画監督のフィルモグラフィーを掲載したりしている。ドイツ（ベルリン）でも一九七四年に『女性と映画（Frauen und Film）』が創刊されているが、ほかの国の女性映画雑誌の状況、そしてフェミニスト映画文化が一九七〇年代初頭にどのような広がりをもち、トランスナショナルなネットワークを構築していたのかに関しては、今後もう少し詳しく調査してみたい。

＊7 B. Ruby Rich, *Chick Flicks: Theories and Memories of the Feminist Film Movement* (Durham and London: Duke

University Press, 1998), p. 65.

＊8 Julia Reichert, "Julia Reichert," in *Women of Vision: Histories in Feminism Film and Video*, ed., Alexandra Juhasz (Minneapolis and London: University of Minnesota Press, 2001), p. 124.

＊9 Maya Montañez Smukler, *Liberating Hollywood: Women Directors and the Feminist Reform of the 1970s American Cinema* (New Brunswick, NJ: Rutgers University Press, 2019).

＊10 Shilyh Warren, *Subject to Reality: Women and Documentary Film* (Urbana, Chicago, and Springfield: University of Illinoi Press, 2019), pp. 7–8.

＊11 例えば、自身も映画やヴィデオの制作をおこなう映画研究者アレクサンドラ・ユハスは、ニューヨークでの一九八〇年代の大学院生時代を振り返り「授業ではイヴォンヌ・レイナー、サリー・ポッター、シャンタル・アケルマン、ローラ・マルヴィらの作品をたくさん見たけれど、リアリスト・フェミニスト・ドキュメンタリーを見たのは、自分が女性のドキュメンタリーに関する授業を教えるようになってからだった」と語っている。Alexandra Juhasz, "'They Said We Were Trying to Show Reality — All I Want to Show Is My Video': The Politics of the Realist Feminist Documentary," *Screen* 35:2 (1994), pp. 171–190.

＊12 Jane M. Gaines, *Collecting Visible Evidence*, ed., Jane M. Gaines and Michael Renov (Minneapolis and London: University of Minnesota Press, 1999), p. 10.

＊13 E. Ann Kaplan, *Women and Film: Both Sides of Camera* (New York: Methuen, 1983), p. 125.

＊14 サンディエゴ州立大学テレビ・映画女性研究センターでエグゼクティブディレクターを務めるマーサ・ローゼンの報告書によれば、今日のインディペンデント映画制作においても、物語映画と比較してドキュメンタリーは女性が製作者、監督、脚本家、撮影者として関わる比率が高い分野である。Martha Rosen, "Indie Women: Behind-the-Scenes Employment of Women in Independent Film, 2017–18," *The Center for the Study of Women in Television and Film* at San Diego State University. 1-7 (2018).

＊15 Patricia White, "Feminism and Film," in *Film Studies: Critical Approaches*, ed., John Hill and Pamela Church Gibson (Oxford: Oxford University Press, 2000), p. 127.

＊16 Julia Lesage, "The Political Aesthetics of the Feminist Documentary Film," in *Issues in Feminist Film Criticism*, ed., Patricia Erens (Bloomington and Indianapolis: Indiana University Press, 1979/1990), p. 223.

＊17 インタビュー形式を用いてカメラに向かって直接語る人物をクロースアップやミディアムショットで捉える技法。

＊18 Barbara Halpern Martineau, "Talking about Our Lives and Experiences: Some Thoughts about Feminism, Documentary and 'Talking Heads,'" in *"Show Us Life," Toward a History and Aesthetics of the Committed Documentary*, ed., Thomas Waugh (Metuchen, NJ: Scarecrow Press, 1984), p. 263.

＊19 Claire Johnston, "Women's Cinema as Counter-Cinema," in *Movies and Methods: Anthology I*, ed., Bill Nichols (Berkeley: University of California Press, 1976), p. 214.

＊20 Eileen McGarry, "Documentary, Realism, and Women's Cinema," *Women and Film* 2:7 (1975), p. 50.

＊21 Laura Mulvey, *Visual and Other Pleasures* (Basingstoke: Macmillan, 1989), p. 117.「リアリズム論争」に加わったほかのメンバーには、ジュリア・レサージュ(Lesage, "The Political Aesthetics of the Feminist Documentary Film")、クリスティン・グレッドヒル(Christine Gledhill, "Recent Developments in Feminist Film Criticism," *Quarterly Review of Film Studies* 3:4 (1978), pp. 458–493.)、ノエル・キング（Noel King, "Recent 'Political Documentary: Notes on 'Union Maids' and 'Harlan County USA'," *Screen* 22:2 (1981), pp. 7–18.）などがいる。

＊22 一九六〇年代に合衆国で生まれたドキュメンタリーの技法で非干渉の観察的スタイルを特徴とする。

＊23 Kaplan, *Women and Film*, pp. 128–129.

＊24 Lesage, "The Political Aesthetics of the Feminist Documentary Film," p. 229.

＊25 本章は、初期のリアリスト・ドキュメンタリーやリアリズム論争を主な関心とするため、とりわけマルヴィの批評と制作において顕著にみられるアヴァンギャルド映画への志向性については詳述しない。マルヴィの「視覚的快楽と物語映画」の翻訳をはじめ、英米のフェミニスト映画理論を日本に紹介するとともに、自身も一貫してフェミニスト的視点から映画の分析をおこなってきた斉藤綾子の仕事は、日本におけるフェミニスト映画研究のパイオニアとして大きな意義をもつものである。岩本憲児・武田潔・斉藤綾子編『「新」映画理論集成１――歴史／人種／ジェンダー』フィルムアート社、一九九八年。

＊26 テレサ・デ・ラウレティス「女性映画再考――美学とフェミニスト理論」斉藤綾子訳、『「新」映画理論集成１』、一四四頁。

＊27 Juhasz, "'They Said We Were Trying to Show Reality — All I Want to Show Is My Video': The Politics of the Realist Feminist Documentary," p. 190.

*28 例えば、フェミニストの映画史研究者であるパトリス・ペトロは、理論的価値が低い（あるいはほぼない）とされてきたハスケルの仕事を再評価し、その「社会史」的仕事が今日の映画研究においてより有効に拡張され、参照されるべきであると述べている。Patrice Petro, *Aftershocks of the New: Feminism and Film History* (New Brunswick, NJ: Rutgers University Press, 2002), pp. 35–36.

*29 E. Ann Kaplan, "Interview with British Cine-Feminists," in *Women and the Cinema: A Critical Anthology*, ed., Karyn Kay and Gerald Peary (New York: Dutton, 1977), p. 394.

*30 シトロンの『娘儀式』(Daughter Rite, 一九七八）は、母と娘の、そして姉妹の関係を中心的なテーマとし、ドキュメンタリー形式の慣習とアヴァンギャルドの映画言語に関する批判をオルタナティヴなドキュメンタリーとして実践している。それまでは、フェミニスト的視点を強調するドキュメンタリーと、より実験的な映画言語による構造映画を区別して制作していたシトロンだが、この作品によって初めて形式的実験性とフェミニスト的内容／主題とを融合させたといえる。『娘儀式』をはじめとするシトロンの仕事については稿を改めて論じたい。

*31 もちろんコンスタンス・ビーソン監督の『ホールディング』(Holding, 一九七一）のような例外もある。

*32 理研科学映画（理研）でアイヌ民族を題材とした『北の同胞』（一九四一）を撮った坂根は、その後満洲映画協会（満映）で、『開拓の花嫁』（一九四三）をはじめとする国策に沿った文化映画を多数制作した。堀ひかりによれば、文化映画は劇映画の添え物であり周縁的なジャンルであるという映画業界のヒエラルキーによって、坂根のような女性が映画界に参入することが可能になったのだという（堀ひかり「ジェンダーと視覚文化　一九三〇－五〇年代日本における女性と映像を中心に」、『Rim』四巻二号、二〇〇二年、四四頁）。女性が映画を撮れるほぼ唯一の場所（満洲）とジャンル（文化映画）の結節点において「帝国」の映画監督（池川玲子『「帝国」の映画監督　坂根田鶴子——『開拓の花嫁』・一九四三年・満映』吉川弘文館、二〇一一年）となった坂根が、国策映画による思想の統制をはかり、植民地政策を宣伝し、浸透させるための機関であった満映に対する批判的視点を欠いていたことは、池川玲子や堀ひかりも指摘する通りである。

*33 日本における「ドキュメンタリー」概念や方法論の変遷については森田に詳しい（森田典子「芸術映画社による製作現場の変容——戦時期日本における「ドキュメンタリー」の方法論の実践」、『映像学』一〇〇号、二〇一八年、一〇－三一頁）。厚木と日本プロレタリア映画同盟（プロキノ）の関係についてはノーネスを参照されたい（Abé Mark Nornes, *Japanese Documentary Film: The Meiji Era through Hiroshima* (Minneapolis and London: University of Minnesota Press, 2003))。

＊34　映画と婦人運動や組合運動、平和運動との関係や、「強力な男女同権主義者」として入籍を拒んできた厚木のジェンダー観などについては、以下の自伝を参照されたい。この本のあとがきで、厚木は「婦人運動と平和運動は人間らしく生きることの根幹」であるとも語っている。厚木たか『女性ドキュメンタリストの回想』ドメス出版、一九九一年、一二三、二四四頁。

＊35　堀ひかり「厚木たかと『或る保姆の記録』――戦時下の「働く女性」たちと抵抗の表現をめぐって」、『映像学』六六号、二〇〇一年、二三‐三九頁。堀「からだで書いたシナリオ――戦時期における女性表象と厚木たかの抵抗」、斉藤綾子編『映画と身体／性』森話社、二〇〇六年、一一一‐一三五頁。

＊36　パンドラを立ち上げた中野理恵による以下の本を参照されたい。『すきな映画を仕事にして』現代書館、二〇一八年。

参考文献

Christine Gledhill, "Developments in Feminist Film Criticism," in *Re-Vision: Essays in Feminist Film Criticism*, ed., Mary Ann Doane et al., (Frederick: University of Publications of America, 1984), pp. 18–48.

Lesley Stern, "Feminism and Cinema-Exchanges," *Screen* 20:3–4 (1979), pp. 89–105.

Thomas Waugh, "Walking on Tippy Toes: Lesbian and Gay Liberation Documentaries of the Post-Stonewall Period 1969–84," in *Between the Sheets: Queer, Lesbian, and Gay Documentary*, ed., Chris Holmlund and Cynthia Fuchs (Minneapolis: University of Minnesota Press, 1997), pp. 107–124.

クィア・LGBT映画祭試論
――映画文化とクィアの系譜

クィアの胎動

クィアという語が日本の人文科学系アカデミズムにおいて広く流通し、認知された契機のひとつが『ユリイカ』一九九六年一一月号の「クィア・リーディング」特集と、その翌年に『現代思想』の五月臨時増刊号として特集された「レズビアン／ゲイ・スタディーズ」である。北米を中心とする英語圏の論文が翻訳されるだけでなく、当時の日本国内の状況について、「クィア」とセオリー、アイデンティティ、パフォーマンスが接続されつつ論じられたこの二冊の存在は、日本のクィア研究の発展にとって大きな意義をもつものであった。

もっとも、「クィア」がアカデミアに占有されていたわけでは決してない。それ以前に、掛札悠子は一九九二年刊行の『「レズビアン」である、ということ』をもってレズビアン差別と「抹殺」に抗し、レズビアンとしてのアイデンティティと欲望について、また、自ら「レズビアンである、ということ」を引き受けることの意味を思索的な営みから紡ぎ出していた。[*1]『プライベート・ゲイ・ライフ――ポスト恋愛論』でデビューした伏見憲明もまた、「ジェンダー／セクシュアリティ」三部作の第一作目、「存在編」として構想された、『クィア・パラダイス——「性」の迷宮へようこそ 伏見憲明対談集』を一九九六年に上梓し、作家や映画監督、ドラァグクィーンや、レズビアンマザーとの対談を通して、複雑で多面的な性の有りようを捉えようと試みていた。「クィア・ジェネレーションの誕生！」を副題にもつクィア・スタディーズ編集委員会編『クィア・スタディーズ'96』もまた同時期に、日本のクィア・レズビアン／ゲイに関わる歴史、文化、運動などについて多層的に分析、考察し、異性愛規範に対するラディカルな批判的視座を提供していた。当事者と研究者、実践と理論、批評性と連帯とを分断することなく「クィア」がもつ可能性を読者に感じさせる出来事であったといえる。

こうした理論的かつ実践的な言説が生み出されていた一九九〇年代に、「クィア」が、オルタナティヴな文化としてその力を発揮していたもうひとつの領域が映画であった。すなわち、「クィア」は、アカデミズムや運動と関わる理念、用語として流通すると同時に、映画文化を活性化し、その射程をラディカルに広げるものであったのだ。その痕跡を伝えるのが、一九八〇年代から九〇年代にかけてアート、映画、演劇、文学など多様なジャンルを横断しながら先鋭的な文化を紹介していたいくつかのクロス・カルチャー／サブカルチャー系の雑誌である。

映画文化とクィア

そうした雑誌のひとつである『銀星倶楽部』は、一九九三年という早い段階で、「クィーア（マ）・フィルム」特集を組み、日本や海外のクィア・カルチャーを、批評的な言説とともに伝えている。[*2]一九九〇年代、サブカルチャーの隆盛に大きな役割を果たしたアップリンク発行の雑誌『骰子』も、一九九六年に「レズビアン&ゲイフィルム・フェスティバル」と題した特集号で、当時の新作クィア映画や作家について詳細に紹介しているが、ここで注目しておきたいのは、クィア・LGBT映画と映画祭との結びつきである。こうした映画を語る言説には、なぜ映画祭がつねにぴたりと寄り添っているのだろうか。

例えば、『銀星倶楽部』に掲載された、正木健太郎による「ニューヨークのゲイ映画祭」を見てみよう。正木は、一九七九年に誕生したこの映画祭の歴史的背景から、映画祭の会場、上映作品、同時代のコミュニティでの出来事にいたるまで詳細に記述し、この映画祭の政治的意義や映画表象上の新しさにまで踏み込んで論じている。また、日本で始まったばかりの東京国際レズビアン&ゲイ・フィルム&ビデオ・フェスティバル、および東京レズビアン・アンド・ゲイ・フィルム・フェスティバルについては、第一回、第二回のすべての上映作品がリストアップされている。映画祭自体を特集のタイトルに掲げた『骰子』も、北米やヨーロッパだけでなく、ブラジル、香港、南アフリカを含む世界二〇カ国で開催されているレズビアン&ゲイ映画祭について記し、日本未公開作品についての解説もある。

『銀星倶楽部』や『骰子』といった当時のカルチャー雑誌によって示されているのは、「クィア」が一九九〇年代の日本の首都圏の映画文化に接続され、新たな文化表現として息づいていた様子である。このことは、クィアという語が英語からカタカナの日本語へと翻訳された際、少なくとも、映画文化をめぐる受容のコンテクストでは、LGBT当事者と非当事者というカテゴリー（あるいは境界）を撹乱するような回路が生成され、「クィア」が文化的可能性として存在していたことを示唆している。

もちろん、その背景には、バブル経済（とその余波）による映画文化の拡張と多様化があったのはいうまでもない。「クィア」がその先端的部分をなしていた一九九〇年代初めのアート映画、ミニシアター文化の隆盛は、セゾングループ（かつて存在していた、西武百貨店や西友などを中核とする流通グループ）が体現したような企業主導型の消費文化、都市文化なくしてはありえないものであった。一九九〇年代前半には、崩壊したとはいえ、バブル景気の余波は、小規模で実験的なマイナー映画作品の配給や上映を可能にし、それによって、東京のような都市の映画文化空間が拡張されていったのである。実際、初期の東京レズビアン・アンド・ゲイ・フィルム・フェスティバルは、セゾングループのひとつであったパルコが共催し、渋谷パルコのスペースパート3を会場として開催されたのである。[*3]

ニュー・クィア・シネマ、その条件と受容

「クィア」と「映画祭」との結びつきを考える際、すぐに思い出されるのが、一九九〇年代初頭にアメリカ合衆国で起こった「ニュー・クィア・シネマ」と呼ばれる波である。『僕たちの時間』、『恍惚』、『リヴィング・エンド』、『パリ、夜は眠らない。』、『ポイズン』、『ヤング・ソウル・レベルズ』（一九九一）といった一連の映画作品を、「ニュー・クィア・シネマ」と呼んだのは批評家のB・ルビー・リッチである。「単一の美学的語彙や戦略、関心事」を欠いたそれらの作品群にあって、リッチが見出した共通のスタイルとは、「従来のレズビアン・ゲイ映画に見られたヒューマニズムのアプローチやアイデンティティ・ポリティクスとは袂を別つ、些細だが、エネルギーに満ち、ミニマリストかと思えば、過剰だったりする」スタイルであった。[*4] ポジティヴで正しいLGBTのイメージ、語り、キャラクターに抵抗

し、内容と形式において欲望を徹底的に肯定するような映画的実践こそが、ニュー・クィア・シネマであった。そして、クィア映画の新しい波の誕生を可能にした条件こそが、映画祭だったのである。ニュー・クィア・シネマの到来を告げた一九九二年のエッセイ「ニュー・クィア・シネマ」をリッチは以下のように書き出している。

過去数ヶ月にわたって、映画祭のニュースを追いかけていたひとなら誰でも、一九九二年が独立系ゲイ・レズビアン映画・ヴィデオの転換点となった年だということを知っているはずだ。[*5]

「クィア・フィルム現象」が起こったとされる一九九一年のトロント・フェスティバル・オブ・フェスティバル(現在は、「トロント国際映画祭(TIFF)」)、一九九一年のサンダンス映画祭、一九九二年のニュー・ディレクター/ニュー・フィルム映画祭といった映画祭なくしては、一九九〇年代の合衆国においてLGBTの表象を刷新し、欲望や同一化、非同一化といった主体の生成に関する実験によって映画的実践そのものを革新していったニュー・クィア・シネマは存在しなかったであろう。

クィアやLGBTをテーマにする作り手にとっても、映画祭の存在は小さくない。現在では、映画祭も細分化し、クィア・LGBT以外のさまざまな映画祭も増え、さらに、そうしたテーマを扱った作品の流通経路も飛躍的に拡大してはいる。だが、それでもやはり実験的な作品や短編映画をはじめとして、商業マーケットに乗りにくい作り手にとって、映画祭は唯一、作品を上映し、その存在を認識される場所であることが少なくない。その意味で、映画祭はクィア文化の担い手や表現者たちが、現在どのような状況に置かれているのかを知るための格好の指標となる。また、観客として考えれば、クィアおよびLGBT当事者にとって、映画祭は自らの欲望やアイデンティティに向き合い、あるいはその開示に恐怖を感じなくてすむ比較的安全な公的空間となっている点も見逃してはならないだろう。

ところで、ニュー・クィア・シネマの日本における受容は、先に『銀星倶楽部』に関して触れたように、当時の首都圏での映画文化という文脈と大きく関わっている。クィア、あるいはLGBT当事者をコアな観客層とする合衆国と日本との違いに戸惑う映画作家の来日経験についてリッチが興味深いエピソードを紹介している。『ルッキング・フォー・ラングストン』(一九八九)や、『ヤング・ソウル・レベルズ』を監督し、ニュー・クィア・シネマの旗手であったアイザック・ジュリアンは、一九九三年に東京で上映ツアーをおこなったが、彼がリッチに語ったところによれば、自作を含むゲイ映画の観客の多くは、一〇代の少女たちであったという。[*6] 日本では、ニュー・クィア・シネマが、当事者や性的アイデンティティをもとにした観客層に限定されることなく、新しく先鋭的な表現として、映画文化という枠組みを通して受容されていたことがわかる。そして、観客の中心が「一〇代の少女たち」であった点については、日本におけるクィア映画批評の先駆けでもあった石原郁子を例に挙げるまでもなく、今日にまで連なるやおい/BL文化との接点を見出すことができるかもしれない。[*7]

一九九〇年代の日本においては、映画文化がメセナ(企業による芸術文化活動の支援)型の消費芸術文化に後押しされるなかで、英語圏のニュー・クィア・シネマをはじめとするクィア映画が流入し、消費されていったのだが、この時期には女性誌『CREA』の「ゲイ・ルネッサンス'91」などで知られるような「ゲイブーム」が起こり、ゲイをテーマにした長編の劇映画も公開されている。中島丈博監督による『おこげ』、松岡錠司監督の『きらきらひかる』はともに一九九二年の公開だが、いずれも、ゲイ男性のカップルと異性愛女性による「家族」形成が物語の核になっている。「ゲイブーム」の消費者は、この映画の観客を含めて、主に若い異性愛女性だったといわれるが、その点については、これまでも異性愛者によるゲイ文化やアイデンティティの搾取であるという非難があった。たしかに、これらの映画が差し出すのは、ふたりのゲイ男性と異性女性によるユートピア的にオルタナティヴな家族幻想ではある。だが、そこには異性愛者であれ、非異性愛者であれ、日本で女性が女性として生きることによって直面せざるをえない困難や不平等がファンタジーとして投影され、昇華されている側面もあるのではないだろうか。

この時期にあったのは消費としての「ゲイブーム」だけではない。一九九三年には橋口亮輔の『二十才の微熱』が公開、大木裕之の『ターチ・トリップ』が製作され、日本でも新たなクィア映画が台頭しつつあった。このように、一九九〇年代の首都圏における映画文化は、当事者と非当事者の境界線を何度も引き直しながらクィアを受容し、流通させていたのだが、同時に、クィアが体現する文化的先鋭さは、ゲイ男性をめぐるものとしてのみ視覚的に顕在化したように思われる。ニュー・クィア・シネマやゲイブームによって新たなクィア映画が出現しつつあったそのときに、視覚のフィールドからこぼれ落ちていったのは、レズビアンやバイセクシュアル、トランスジェンダーのイメージや語り、テーマをもつ映画であり、そうした観客に向けられた映画であった。ゲイ以外のクィア映画が唯一、公的な場で視覚的承認を得られたのは、LGBT映画祭であった。

レズビアンやゲイを名称に掲げた映画祭が日本で登場してくるのは、一九九〇年代前半のことである。「東京国際レズビアン・ゲイ・フィルム・ビデオ・フェスティバル」（Gay Art Project主催）および「東京レズビアン・アンド・ゲイ・フィルム・フェスティバル」（スタンス・カンパニー&パルコ企画・制作、崟利子・鈴木章浩ディレクター）が、ともに一九九二年三月に第一回の映画祭を開催している。前者は、二〇〇一年に「東京国際レズビアン&ゲイ映画祭」へと名称を変更し、二〇一六年にはＮＰＯ法人の設立にともなって、名称を「レインボー・リール東京」へと再び変更したが、現在にいたるまで活動を継続しているＬＧＢＴ系映画祭のパイオニアである。[*8] 一九九六年から四年間、後者の映画祭のディレクターを務めたダンサーの川口隆夫は、この映画祭を「いわゆるヘテロ社会とゲイコミュニティの接触点」であり「ダイナミックな場所」であると表現する。[*9] だが、ヘテロ社会という名の主流社会からの承認と、さまざまなかたちでの公的援助を得るようになれば、そこにはある種のジレンマも生じる。異性愛社会とのコンタクトに「成功」すれば、それは、同時に主流化と同化の問題を引き起こし、当事者からの批判を招き寄せることになる。それは、マイノリティに関する社会運動がこれまでも直面してきたジレンマである。二〇〇〇年以降、日本各地で続々と誕生する映画祭（関西クィア映画祭、香川レインボー映画祭、青森インターナショナルＬＧＢＴフィルムフェスティバル、アジアンクィア映画祭〔現在休止中〕、愛媛ＬＧＢＴ映画祭〔現在休止中〕、大須にじいろ映画祭〔現在休止中〕）でも同じような状況が見え隠れする。[*10] 映画祭の運営主体は、セクシュアリティに関する当事者性を大切にしながらも、当事者だけに閉ざされたイベントではなく、地域住民や映画ファンに開かれた「ダイナミックな場所」を目指している場合がほとんどであるが、その代わり、プログラミングなどにおいて、ある種の譲歩や妥協を余儀なくされる場合もあるからである。[*11]

映画祭は、複合的で流動的な現象である。運営主体の組織化、資金の獲得、プログラミング、配給やマーケティング、上映形態や上映後のイベントの企画など、文化、経済、社会、政治の諸層が折り重なるようにして映画祭は構成されている。こうした複合体としてある映画祭が、「閉じた」性質でいることとは困難であろう。

クィア・LGBT映画祭によって当事者にもたらされる重要なことのひとつは、自己表象としてのイメージと語りとの出会いである。クィアやLGBT当事者にとって、映画がこれほどまでにも重要なのは、この表象の装置が提供してきたイメージや、語り、キャラクターというものが、自分たちのアイデンティティを構築するプロセスに深く関与してきたからにほかならない。映画における欲望と同一化は、観客がクィアな主体性を立ち上げる重要なモメントであり続けてきたが、映画祭はそこに「集合性」の次元をもたらす。すなわち、自己表象としてのイメージと語りとの出会いから、集合性による社会空間が創出されてゆくのである。

映画祭において、作品の上映は、あくまでこの社会空間を構成するひとつの要素にすぎない。会場へ出かけてゆく段取りから、上映前後にロビーで出会う人々のたわいないお喋り、上映後のトークや、ディスカッション、シンポジウム、さらには、映画祭後のパーティや懇親会を含め、それらのすべてが、映画祭という社会空間と経験とを構成する。この社会空間こそがコミュニティと呼ばれるものではないだろうか。

映画祭、あるいは「微弱な」コミュニティ

映画祭を内省と刷新の機会であり、「コミュニティが自己を祝福する瞬間」であると語るのは、映画史家のトマス・エルセッサーである。[*12] クィア・LGBT映画祭の現場においても、最もよく耳にする言葉のひとつが、「コミュニティ」である。

さまざまな批判もあり、その意義や必要性を幾度となく再考されながらも、この語は、現在でもなお抗いがたい魅力によって、多くの当事者、アクティヴィスト、研究者（これらはもちろん相互排他的でない）を引きつけている。映画祭に限らずとも、クィア・LGBT、あるいは性的マイノリティにとって、コミュニティは、特別な愛着と重みをもって語られる日常用語であり、同時に、アンビバレンスを引き起こさずにはおかない経験でもある。[*13] 帰属、連帯、ネットワークを想起させる肯定的な響きをもつコミュニティという言葉に含意されているのは、国家や社会とは異なる、オルタナティヴな社会組織、実践、そして経験である。また、情動という重要な契機もある。著書『想像の共同体』において、「国民は一つのコミュニティとして想像される」と論じたベネディクト・アンダーソンは、コミュニティが「常に、水平的な深い同士愛」として心に描かれ、その構成員のうちに「深い愛着」を引き起こすものであると述べる。[*14]

クィア・LGBTコミュニティという理念もまた、ときにはロマンチックでユートピア的に、またときにはノスタルジックに動員され、社会組織や相互作用、地域や場所などに力点を変えながらも、アイ

デンティティ、帰属、集合性といった問題を提起し続けてきた。

いうまでもなく、コミュニティは一枚岩ではない。性的少数者の人権のために活動する組織も、企業におけるLGBTの可視性と地位向上を目指して活動する組織も、バーに通う当事者も、大学のLGBTサークルもコミュニティという経験を構成している。LGBTとしてのアイデンティティ獲得のためには、家族や「地元」を離れて、都会の「コミュニティ」へ参入するという、かつての自己実現の語りは、アメリカ合衆国に固有のクィア進歩史観として批判されてすでに久しい。クィアな視点から社会と文化の分析をおこなうリサ・ドゥガンによるメトロ・ノーマティビティ（大都市規範性）の議論を土台に、クィア研究者のスコット・ヘリングが唱える「批判的田舎性（critical rusticity）」の称揚と反アーバニズム（反都会主義）は、一見、日本におけるクィア・LGBT映画祭の増加と軌を一にしているように見えるかもしれない。[*15] しかし、高松、青森、松山、名古屋といった地方都市で実践されている映画祭を通じたコミュニティ生成の営みは、対抗的というよりも、より「微弱」で「ゆるやか」な集合的経験をなしており、地域で異性愛規範とともに、だが、それに抗して生存していくための戦略をなしている。それは、地域のアイデンティティを称揚しつつ、ローカル「かつ」クィアな主体として日常を生きていくための、アクティヴィズムの一形態であり、強さや勇敢さ、数や規模の大きさによって特徴づけられるアクティヴィズムとは対照的なものである。

映画祭の政治的重要性のひとつは、地域の規範にチャレンジする点であると、リッチはいう。日本各地で増殖しつつあるクィア・LGBT映画祭はそうした映画祭のもつ政治性を、密やかに、しかし着実に具現化する場を創造する。複数の映画祭がおこなってきたように、地方自治体および地域の企業や地元商店街と折衝しながら、LGBT当事者とその家族のための支援をおこなうことは、規範とともに、だが、規範に抗してコミュニティを生成する政治的実践にほかならない。

近年の映画祭研究では、対抗的公共圏としての映画祭に注目が集まっている。ブルジョワ的な公共性の排他的規範に抗し、政治行動の代替様式や、公共の場での言論の代替規範を作り上げていくようなこの理論モデルが、果たして日本の地方都市で開催されるクィア・LGBT映画祭に適用できるかどうかは慎重に検討する必要があるだろう。[*16] というのも、こうした映画祭が生成するコミュニティは、帰属やアイデンティティを保証するというよりも、当事者と地域住民、映画ファンが混じり合い、映画祭という場所と時間を共有するコミュニティであり、複数性と偶発性、予測不可能性によって構成される社会的時空間を生きる微弱なコミュニティだからである。

註

＊1 この掛札の思索を継承し、レズビアン・アイデンティティの複数性についてさらに議論を発展させたものが、堀江有里『レズビアン・アイデンティティーズ』(洛北出版、二〇一五年)である。

＊2 この雑誌では、デレク・ジャーマン論の「Queer Politics」(浅田彰)、「レズビアン・フィルムの現在・過去・未来」(とちぎあきらと崟利子)、同じく崟がスー・フレドリックを中心に論じた「レズビアン・セクシュアリティと映像」、橋口亮輔、大木裕之、鈴木章浩による対談「日本のニュー・クィーア・フィルム」など、充実した内容のクィア・フィルム特集が組まれている。

＊3 この時代の映画文化を牽引したもうひとつの行為体は『ぴあ』であろう。一九七二年に創刊され、二〇一一年に休刊したこの雑誌は、当時大学四年生だった矢内廣が、友人たちと始めた映画、演劇、音楽の総合情報雑誌である。

関東地方（主に、東京、神奈川、千葉、埼玉）を拠点とし、一九八〇年代から九〇年代にかけての文化や芸術に関する重要な発信源となった。『ぴあ』は、メジャーな文化とマイナーな文化を等しく扱うこと、また「思想性」や「イデオロギー」の排除を創刊以来の編集方針とし、ジャンルを横断して、さまざまな文化的イベント情報を提供していたが、最も注目度が高かったのは映画であり、名画座や二番館にくるのを待って映画を見に行くファンたちが、読者層の中心であったという。一九八〇年代、映画撮影所システムがその機能をほぼ完全に停止し、製作・興行システムも崩壊しつつあるなかで、大学や個人が映画制作を活発化させたが、自主上映会をおこなう際にも、『ぴあ』は、他の商業作品と並べてそうした情報を掲載した。後に、自主映画を一般公募した「ぴあフィルムフェスティバル」（PFF）や、『ぴあシネマクラブ』の発行など、一九八〇年代から九〇年代に『ぴあ』から派生した「ぴあ文化」が（関東地方という限定つきではあるが）、映画文化に果たした役割はきわめて大きい。詳しくは以下を参照のこと。掛尾良夫『『ぴあ』の時代』小学館文庫、二〇一三年。

*4 B. Ruby Rich, *New Queer Cinema: The Director's Cut* (Durham and London: Duke University Press, 2013), p. 16.

*5 B. Ruby Rich, *New Queer Cinema*, p. 16. 傍点は引用者による。

*6 B. Ruby Rich, "Reflections on a Queer Screen," *GLQ: A Journal of Lesbian and Gay Studies*, 1:1 (1993), p. 88.

*7 日本において本格的にレズビアン、ゲイ、クィア、トランスジェンダー／セクシュアルに焦点を当てた映画批評は、奇しくも映画祭なる語をタイトルにもつ、一九九六年に刊行された石原郁子の『菫色の映画祭——ザ・トランス・セクシュアル・ムーヴィーズ』（フィルムアート社）であったが、彼女の批評言説は現在のBL文化との強い親和性を感じさせる。また日本の映画文化が歴史的に構築してきた固有のクィアネス（クィア性）については、二〇〇二年に刊行された出雲まろうの『チャンバラ・クィーン』（パンドラ）を参照のこと。映画史的に見れば、一九二〇年代初めまで、日本では女形と呼ばれる男性演技者が映画における女性を演じていたが、これは、単に男性が女性、あるいは女性性を演じる、というジェンダーの構築性にとどまらず、セクシュアリティの視覚化と欲望の喚起というきわめてクィアな問題を提起せずにはおかない。映画および舞台における女形をジェンダーとセクシュアリティの交差と絡めて考察したものとしては、本書所収「クィアな共振」のほか、以下を参照のこと。藤木秀朗『増殖するペルソナ——映画スターダムの成立と日本近代』名古屋大学出版会、二〇〇七年。Kano Ayako, *Acting Like a Woman in Modern Japan: Theatre, Gender, and Nationalism* (New York: Palgrave Macmillan, 2001).

*8 レインボー・リール東京のプログラマーである今井祥子氏には、名称変更の経緯についてご教示いただくとともに、

「第一回東京国際レズビアン・ゲイ・フィルム・ビデオ・フェスティバル」に関する資料や情報を提供していただいた。ここに記して感謝したい。なお、一九九二年から一九九三年までの「東京国際レズビアン・ゲイ・フィルム・ビデオ・フェスティバル」および「東京レズビアン・アンド・ゲイ・フィルム・フェスティバル」の上映リストや作品解説については、以下に詳しい。『銀星倶楽部』一七号、ペヨトル工房、一九九三年。

*9 川口隆夫「私を映画祭に連れてって」『アニース』創刊号、テラ出版、一九九六年、一〇頁。

*10 また、「中国×クィア×映画祭」のような新しいタイプの映画祭も登場してきている。二〇一四年にスタートしたこの映画祭は、北京クィア映画祭との協力関係において、中国のクィア映画を上映する意欲的な試みであった。

*11 本章は、二〇一一年以降継続しておこなってきたクィア・LGBT映画祭に関する調査（各地での映画祭に参加および主催者、主催団体、運営・企画・ボランティアスタッフへのインタビュー）をもとにしている。こうした調査を含むクィア・LGBT映画祭に関する研究は、JSPS科研費25570016（「クィア・LGBT映画祭とオルタナティヴなコミュニティの生成」）の助成を受けたものである。

*12 Thomas Elsaesser, "Film Festival Networks: The New Topographies of Cinema in Europe," in *The Film Festival Reader* ed., Dina Iordanova (St. Andrews: St Andrews Film Studies, 2013), pp. 69–96.

*13 小説家で批評家のレイモンド・ウィリアムズは、コミュニティが他の社会組織と異なり、「否定的に使われることが全くない」と述べている。レイモンド・ウィリアムズ『完訳　キーワード辞典』椎名美智・武田ちあき・越智博美・松井優子訳、平凡社ライブラリー、二〇一一年、「コミュニティ」の項を参照。

*14 ベネディクト・アンダーソン『定本　想像の共同体——ナショナリズムの起源と流行』白石隆・白石さや訳、書籍工房早山、二〇〇七年、二二頁。

*15 Lisa Duggan, *The Twilight of Equality?: Neoliberalism, Cultural Politics, and the Attack on Democracy* (Boston: Beacon Press, 2004); Scott Herring, *Another Country: Queer Anti-Urbanism* (New York and London: New York University Press, 2010).

*16 以下の議論を参照のこと。Patricia White, ed., "Queer Publicity: A Dossier on Lesbian and Gay Film Festivals," *GLQ* 5 (1999), pp. 73–93; Cindy Hing-Yuk Wong, *Film Festivals: Culture, People, and Power on the Global Screen* (New Brunswick, NJ, and London: Rutgers University Press, 2011). また、女性、ゲイとレズビアンといった従属的な地位にある社会集団の構成員が作り上げる公共性を「下位の対抗的な公共性（subaltern counterpublics)」と

呼び、社会哲学者のユルゲン・ハーバマスの公共圏概念の批判的再検討および再構成を通して「対抗的公共圏」を論じたのは政治学者のナンシー・フレイザーである。ナンシー・フレイザー「公共圏の再考――既存の民主主義の批判のために」、クレイグ・キャルホーン編『ハーバマスと公共圏』山本啓・新田滋訳、未來社、一九九九年、一一七－一五九頁。

コミュニティを再考する——クィア・LGBT映画祭と情動の社会空間

はじめに

映画や映像をめぐる集合的経験としてのクィア・LGBT映画祭は、アイデンティティの構築と「コミュニティ」の生成に深く関与する場となってきた。多くの映画祭運営者が、映画祭の意義を「居場所づくり」と簡潔に定義するように、クィア・LGBT映画祭は、空間創出としての文化実践という側面を強くもっている。[*1] そして映画祭が創出する空間は、性的マイノリティのアイデンティティのみならず、地域のアイデンティティとも深く交差しながら生成されてきた。

日本においては、二〇〇〇年代以降、東京や大阪といった大都市以外の地域で、クィア・LGBT映画祭が増加しているという現象が見られるが、本章では、二〇一一年以降継続しておこなってきたクィア・LGBT映画祭での調査をもとに、それが個人的かつ集合的アイデンティティの形成にどのように関わり、また地域とどのような関係を結んでいるのかを考察してみたい。[*2] クィア・LGBTを中心的なテーマに掲げているとはいえ、映画祭は理念上、あらゆる人々に開かれた空間である。性的マイノリティのみならず、映画ファンや地元住民が観客、参加者となる。地方で開催される映画祭の特徴のひとつが、こうした地域社会との強い結びつきである。大都市圏の映画祭ではあまり見ることのない、地域アイデンティティの称揚という戦略は、ジェンダーやセクシュアリティに関わるアイデンティティのみならず、地域アイデンティティが地方のクィア・LGBT映画祭にとって重要な要素となっていること、また、それだけでなく、東京や大阪といった大都市がつねに参照点として存在していることを示唆している。

映画という文化的実践の領域において「クィア」がもたらす可能性を念頭におきながら、映画をめぐる集合的経験としての映画祭が、地方コミュニティ、情動、社会空間といった概念を招き寄せ、これらとどのように関わっていくのかを検討することが本章の目的である。

映画祭の空間

二〇二〇年以降、新型コロナウィルス感染症が世界中に広がりオンラインによる映画祭が出現するまで、映画祭は、ある場所において物理的に生起する出来事であった。国際映画祭の歴史をひもといてみれば、その始まりからして映画祭が、いかに固有の場所と深く結びついてきたかがわかる。例えば、「世界三大映画祭」と呼ばれるヴェネツィア国際映画祭、カンヌ国際映画祭、ベルリン国際映画祭の誕生と発展を考えてみると、規模や目的、観客層の違いにもかかわらず、世界中で増え続けるクィア・LGBT系映画祭との興味深い共通点が見えてくる。

三大映画祭のうち、最も長い歴史を誇るのが、一九三二年に開始されたヴェネツィア映画祭である。[*3]

この映画祭は、観光産業の振興を推し進めたいイタリア・ホテル協会と、プロパガンダのツールとして映画を利用しようとするムッソリーニ政権との思惑が一致して初めて実現したものであった。すなわち、ヴェネツィア映画祭の成立とは、ツーリズムとファシズムとが手を結んだ、商業的かつ政治的な出来事だったのである。この映画祭が当初からもっていた「政治性」は、作品の選定プロセスから受賞作品にいたるまであらゆる面に露骨に反映されており、あたかも枢軸国（日独伊の三国を中心とする連合国と対立した諸国）映画祭の様相を呈していた。一九三八年には、当時「ムッソリーニ杯」と呼ばれていた最高賞をドイツのレニ・リーフェンシュタールによる『オリンピア』（一九三八）と、イタリアのゴッフレード・アレッサンドリーニによる『空征かば』（一九三八）がダブル受賞する。これに反発したフランスは、コンペティションから作品を引き揚げ、イギリス、アメリカの審査員も辞任する事態に発展する。[*4]ヴェネツィア国際映画祭のこうした運営のあり方に対抗すべく、一九四六年に立ち上げられたのがカンヌ国際映画祭であった。一九五一年にスタートしたベルリン国際映画祭もまた、東ドイツの領土に囲まれていた西ベルリンを拠点とし、「西側」の芸術の素晴らしさを宣伝するという政治的意図に支えられていた。

これらの映画祭が開催される時間と場所にも注意したい。ヴェネツィアは、市内の総生産の六〇パーセント以上を観光関連産業が占め、カンヌもまた屈指の高級リゾート地として知られる観光都市である。ヴェネツィア国際映画祭が毎年八月末から九月上旬に、また、カンヌ国際映画祭が五月に開催されるのは、ハイ・シーズンと呼ばれる前後の時期にも観光客を誘致するという目的があったからである。そして、有名スターや監督をゲストや審査員として招く華やかなスペクタクルは、繰り返しメディアに表象され、世界を駆けめぐるため、都市の宣伝としても抜群の効果をもつ。

クィア・LGBT系映画祭のパイオニアとして知られるフレームライン映画祭(Frameline)もまた、サンフランシスコという場所の固有性と強く結びついている。「クィア・シネマの力を通じて世界を変革する」ことをミッションに掲げるこの映画祭は、一九七七年に「サンフランシスコ国際LGBT映画祭」としてスタートした。今では、毎年六万人以上もの入場者を集める巨大イベントであるが、その始まりから現在にいたるまで、ベイ・エリアの「コミュニティ・イベント」であることが強調されている。規模こそ大きく異なるものの、日本の各地域で開催されるクィア・LGBT映画祭も同様の戦略をもっていることが多い。地元の観光地、名物、特産品は、これらの映画祭に観客を呼び込むために頻繁に利用される。政治性と商業性が分かちがたく手を取り合っているのだ。

アイデンティティの集合性と複合性

アイデンティティは、個人、あるいはひとつのカテゴリーに閉じられているものではない。日常を生きるわたしたちにとって、それは、文脈によって異なる様相を帯びて前景化し、また、変化する。非本質的で、不完全で、つねに生成途中にあるもの、というアイデンティティ概念は、今日多くの人々に共有されているものであろう。「経験に意味を与える語りの構造」[*5]としてのアイデンティティは、自律的に、あるいは排他的に生起するものではありえず、社会におけるポジションとして絶えず揺れ動き、構築されるものである。性的アイデンティティ、人種的アイデンティティ、ジェンダー・アイデンティティ、階級的アイデンティティといった、さまざまなアイデンティティは、交差的に作用するものであるし、また、私的なものに見えるアイデンティティは、個人に端を発しながらも、個人と個人を、現在と過去を繋いで、集合的なアイデンティティを醸成するようになる。
映画を見るという行為は個人的なものでありうるが、映画祭で映画を見ることは、集合的な経験である。切符を買う、渡す、誰かの隣の座席に座る、会場で誰かと会話を交わす。関与の仕方に濃淡はあっても、他者とのコンタクトを一切なくして映画祭で映画を見ることは、ほぼ不可能なことのように思われる。そして、映画祭の運営者のほとんどは、そうした物理的で集合的な次元を映画祭の重要な要素とみなしてきた。[*6]
地方都市におけるクィア・LGBT映画祭が重視するアイデンティティは、性的アイデンティティだけではない。同様に大切なのが「地域」アイデンティティである。ここでいう地域とは、都市や都道府県、地方といった行政による区分やカテゴリーではなく、境界がより曖昧で、地理的な指標でありつつも多分に文化的な想像空間としてある地域である。
愛媛LGBT映画祭を見てみよう。[*7]ポスター等の宣伝には、虹色に彩色されたみかんのイメージが用いられ、惹句（「カタチ」はいっこじゃないけんね」）に使われた伊予弁ともあいまって、地域アイデンティティが色濃く刻み込まれている。映画祭パンフレットには、道後温泉への言及もあり、地域の特産品や観光名所が、観客の誘致のために動員されている。香川レインボー映画祭の場合はどうだろうか。この映画祭は「かがわ文化芸術祭」への参加行事となっており、県の文化・芸術振興の一部を担っている。二〇〇五年から映画祭実行委員長を務める藤田博美氏は、映画祭を通して「香川の映像文化が多様化／活性化」すること、また「香川のイメージが「LGBTに寛容な県」になること」を願っているという。[*8]

２０１５年から開催されている大須にじいろ映画祭の場合、一九七〇年代から電気街として発展し、現在でも多様で活気に溢れる商店街として知られる「大須」という区域名を映画祭の名前に掲げるが、この地域への愛着からあえて名古屋ではなく大須を選んだのだという。[*9]

それぞれの映画祭の地域との関係のあり方は一様ではない。ことさら地域色を打ち出さない映画祭もあれば、あえて宣伝で使う映画祭もある。だが、「地域」あるいは「地元」と無関係でありえない地方都市の映画祭運営のあり方は、地域性を映画祭の主要な構成要素として組み込むことのない大都市圏の映画祭とは対照的である。[*10]

地方都市の映画祭運営者が、映画祭を継続していくことを困難にする原因の筆頭として挙げるのが資金の問題である。映画祭はお金のかかるイベントである。会場代、広報宣伝費、映画の輸送費や上映料、ゲスト招聘にかかる交通費などの諸経費は、チケット収入、寄付、広告収入でかろうじて捻出されるものの、赤字を出すことも少なくない。具体的な運営にしても、ボランティア・スタッフの無償労働に依存する場合が多い。そこで頼りになるのが、地方自治体などの助成金である。だが、地方自治体との連携によって、国家との親和性が高まる点についてはどのように考えるべきだろうか。例えば、クィア・ＬＧＢＴ映画祭が、性的マイノリティの人権教育や啓発に取り組む自治体と協力関係を結ぶ場合、そこには、国家との連携が含意されることになる。映画祭が地方の自治体と協働する際には、そうしたナショナルなものに回収されていく回路が開かれる可能性があるのだ。

あるいは、渋谷区での同性パートナーシップ登録制度をめぐる議論が明らかにしたように、地域との連帯は、国との連帯を前提としているだけでなく、資本との連携をも意味することがある。渋谷区に限らずとも、地方自治体と資本との結びつきはどんどん加速しており、公的な空間に「存在しうる」ことの条件が、資本との共犯関係を受け入れた者のみに付与されるような新自由主義的な事態がいたるところで生じている。それは、地域との関係が、ある種の交換条件として成立しうる状況にほかならない。自治体が映画祭の内容にまで直接的に介入するようなケースは今のところ見受けられないが、連携のバランスによっては、さまざまなかたちで、忖度ならぬ自粛の機制が働くことも十分考えられるであろう。

クィア・LGBT映画祭にとって、地域との関係はそうした行政的折衝と表裏一体である。「地元」に根ざしたアクティヴィズムや、当事者を含んだ市民向けの活動の一環として位置づけられたクィア・LGBTを自認する人々が地方に住んでいる理由や背景はさまざまである。そこで生まれ育った人もいれば、移住してきた人、長い不在のあとに戻ってくる人など、地域への関わり方も三者三様である。地方に限らず、生活する環境に不安や困難が少ないことを望むのは当然であるが、映画祭は、束の間であっても、自らの存在や関心、欲望を抑圧する必要のない数少ない場を提供する。その意味で、クィア・LGBT映画祭が地域のアイデンティティを組み込んでいくことには大きな意義がある。参加者が安全に存在できる機会を、公共空間のなかに、集合的に創造することは、映画祭の重要な役割だからである。

映画祭という社会空間

ここで、映画祭を社会空間という視座から捉え直すことによって、社会関係と身体が織りなす空間としてのクィア・LGBT映画祭について考えてみたい。モノ、身体、感情、環境がダイナミックに交差するプロセスとしての「空間」は、直接性や個別性によって特徴づけられる具体的な概念としての「場所」と、ときに重なり合っている。「実践された場所」として映画祭という空間を考えたらどうなるだろうか。[*11] 静止もあれば、大小さまざまの動きにも満たされるような空間は、相互関係の産物でもある。関係的であるということは、空間が、絶えず変化するものであることを、その都度、関係性が作り直されたり、別のかたちで編成されたりする終わりのないプロセスであることを意味する。

クィア・LGBT映画祭の観客は多様である。いわゆる「当事者」も数多く参加するが、まだ当事者なのかどうかわからない観客も、映画が好きで参加する観客も、好奇心からふらりと寄ってみる観客もいる。ターゲットとなる観客の輪郭がかくも曖昧な映画祭のあり方が、この空間を中心や周縁といった構造から比較的自由なゆるやかなものにしている。参加者の半数以上が「非当事者」であるとする映画祭も少なくなく、「当事者中心のお祭りにしないよう配慮している」と明言する映画祭もある。こうした方針は、一見、同化主義的で、主流社会により重きを置いている印象を与える。あるいは、ときにクィアがもちうる政治性や批評性とはまるで相容れないように見えるのも事実である。だが、同化主義も分離主義も、ジェンダーやセクシュアリティの可変性や流動性を考慮に入れていない点では同じであろう。映画祭を市民に向けた啓発活動と位置づけるとき、市民は教化されるべき存在であり、無知な、あるいはまだ気づいていない「非当事者」であることが前提とされてはいないだろうか。そして、啓発の成果は、「当事者」と「非当事者」の線引きはそのままに、後者が前者を受け入れる、という図式になっていないだろうか。性的マイノリティの人権が喫緊の問題であることはいうまでもないが、それとジェンダーやセクシュアリティを固定したアイデンティティとみなすことは別問題である。

とはいえ、こうした映画祭が、主流社会や「非当事者」の方向を向いてばかりいるわけではない。ネーミングの政治学を考えてみよう。映画祭に限らず、昨今のLGBTアクティヴィズムでは、組織やイベントの名称に「にじいろ」や「レインボー」を用いるケースが増えている。一九九二年から始まった東京国際レズビアン&ゲイ映画祭も、二〇一六年からレインボー・リール東京へと名称を変更したが、大須や福岡（福岡レインボー映画祭）といった新しい映画祭もまた、にじいろやレインボーを掲げている。この傾向をどのように考えるべきだろうか。ある映画祭の主催者は、その意図を「わかるひとにはわかるから」と簡潔に語る。それは、公的にLGBTと表象することを避け、暗黙のうちに「当事者」へシグナルを送る、不可視化の戦略だともいえる。地方都市のアクティヴィストにとって、地元には差別や偏見、ホモフォビアが根強くあるため、「当事者」が性的アイデンティティの露呈をおそれるような生きづらい空間として認識されている場合も少なくない。映画祭のミッションに「LGBTの可視化」を掲げつつ、それを到達する手段としては、不可視化の戦略をとるというジレンマをそこに見ることができるだろう。

このように、多種多様な人々とその身体、モノや環境の間にある相互の関係や作用を通して構成されるクィア・LGBT映画祭は「社会空間」である。[*12] ここでの社会空間とは、社会関係の産物であり、同一性や一体性よりも、異質性や不連続性、断片性によって特徴づけられる動的な空間であり、（従来の地理学が重視してきたような）物理性、物質性だけでなく、時間性、関係性、身体性を重視する空間である。「当事者」と「非当事者」の線引きが実際にはそう簡単ではないことに加え、「当事者」のなかにも多様な差異が存在することは強調しておくべきであろう。性的マイノリティ、クィア、LGBTといった表象は、コミュニティの同一性や一体性を印象づけるが、実際には、多くの差異がコミュニティと呼ばれるものを満たしている。

空間の固有性が映画祭という経験を構成する際、そこで大切なのが身体の問題である。「映像は社会的空間を生産する核心的な次元である」と語るマルクス主義社会学者のアンリ・ルフェーヴルは、映像を介し、直接的に生きられる経験の領域を思考する。そして、空間は身体があって初めて生成されるとともに、身体もまた、空間によって変容するという相互性を強調したルフェーヴルにならって映画祭を考えてみるならば、情動が重要になってくる。[*13]

情動の空間

情動は、明確に言語として分節化されえないような経験であり、間主観的な身体的反応としてある。シルヴァン・トムキンズらによる心理学的アプローチであれ、スピノザに端を発する哲学的アプローチであれ、いかなる情動にあっても欠かせないものは「身体」である。[*14] そして、「身体」を起点としつつ、とりわけ後者が焦点化するのは、集合的で政治的な側面である。よく知られているように、ジル・ドゥルーズは、スピノザのアフェクトゥス（情動）に依拠し、人間から人間以外のものへの生成変化を、すなわち、人間を取り囲んでいる身体の枠組みを超えようとする生成変化のあり方をアフェクトと呼んだ。[*15] こうした生成変化は、意識が統御できるものではない。何かを契機に、今あるところの身体とは異なる何かになることが、アフェクトの効果である。

あるいは、名づけられぬ「非意識（nonconscious）」であり、外部からの刺激への反応から生じる身体的なエネルギーとしての強度の経験をアフェクトと呼ぶブライアン・マッスミによれば、アフェクトの重要性とは、それがある身体から別の身体へと伝播するプロセス（アフェクション）という集合的な次元であり、身体間だけでなく、身体を取り囲む環境とも融合して醸成される政治性にある。[*16]

多様な人々が集まり、ある空間にその身体を置く。そこで人々は、観客となり、映画を見ることによって引き起こされる情動的な経験を介して、映画祭という場を創造してゆく。クィア・LGBT映画祭が体現するのは、精神と身体の交感のうちに生起する、そうした情動の空間である。「映画を見る」行為と、それに付随した行為によって引き起こされる精神的かつ身体的な反応は、他者の反応や環境と呼応し、集合的な経験へと変容してゆく。もちろん、ある身体的な反応が、同一の反応を他者のうちに誘発するわけではない。だが、かたちをもたず構造化されてもいない強度の経験としての情動は、共鳴する力、伝染する力によって社会的な次元を獲得し、潜在的に政治的なものとなりうる。もっとも、高揚感や、喜び、安心感や心地よさといった情動的反応は、それが強い一体感として表出するときには、排他性や、潜在的な暴力性とも結びつく点には注意しておかなければならない。人々を参加や実践へと後押ししうる情動は、全体主義的な一体感と背中合わせのものだからである。

眼差しや凝視（gaze）、視線の関係（looking relations）といった従来の分析の基軸に対し、情動論は、映画に関する経験を身体や、感情、環境、そして物質性へと開いていった。もちろん、情動論が盛んになるかなり以前から、感覚（sense）や感情（emotion）、感傷（sentiment）といった情動論につらなるテーマが映画研究に欠けていたわけではない。だが、スピノザの哲学や、認知理論、フェミニズム、クィア理論、現象学などによって後押しされた情動は、身体化された経験としての映画観客論（あるいは、映画観客という身体化された経験）を再浮上させたのである。

映画祭を情動の空間として捉えるためには、方法論としての情動について考えることも必要なのではないだろうか。すなわち、視線や、装置、テクストと対置するのではなく、情動的に映画祭を読むという方法である。映画祭に自らの身体を置き、自らの身体を通してアフェクトに巻き込まれることによって、映画祭を読み、記述すること。イメージや語り、他者、環境といった空間を構成する諸要素との邂逅や、そこから生まれる強度という経験を自らのうちに取り込むことによって初めて、わたしたちは映画とセクシュアリティ、アイデンティティとコミュニティに関する実践的な知を生成していくことができるのではないだろうか。

コミュニティ再考

本書収録の「クィア・LGBT映画祭試論」で論じたように、クィア・LGBTと自らを呼び、また呼ばれる人々にとって「コミュニティ」は特別な意味と重みをもつ言葉である。一般的には「個人と国家（政治的共同体）の間に位置する中間集団のひとつ」[*17]として定義される「コミュニティ」は、仲間、帰属、連帯といった肯定的な観念と結びついて居場所の感覚をもたらすものであり、個人のアイデンティティが集合的なアイデンティティへと架橋される機会を提供してくれるものである。そして、この集合的アイデンティティこそが、フェミニズムやLGBTアクティヴィズムのような新しい社会運動の出発点であり政治の中心をなす概念であったといえよう。[*18]だが、性的マイノリティにとって「コミュニティ」は、暗黙のうちにその理解が共有されうる（あるいは、されるべき）ものとして、あまりに自然化された概念となってはいないだろうか。[*19]「コミュニティ」は、日常生活においても、また、研究においても所与のものとされ、その存在を疑われることのない言語となっている。輪郭が曖昧で、ときに都合よく用いられる「コミュニティ」は、その意味内容の吟味を必要としない、想像の共同体ともいえる。

今日の「コミュニティ」は、移動手段やコミュニケーション手段の変化によって、ある土地に実体的に存在し、その成員が居住空間と利益の共通性という現実的基盤を必ずとも必要とせず、従来とは異なる帰属や、連帯、集合性のあり方をめぐる経験となりつつある。

「コミュニティ」は、包摂と集合性によって特徴づけられると同時に、自らのアイデンティティを確立するために、他者との差異化を図ることが必要となる。包摂しつつ排除するという、相矛盾した論理が「コミュニティ」を貫いているのだ。社会学者のジェラード・デランティは、コミュニティの問題を以下のように指摘する。

> コミュニティにまつわる問題性は、それがアイデンティティに重きを置きすぎる点にある。（中略）アイデンティティはコミュニティと社会運動にとって中心をなす要素であるが、それが運動の唯一の構成要素になってしまうと、その結果は、自己喪失と政治的無力感への過剰なこだわりに行きつく他ない。[*20]

だが、問題なのは、アイデンティティそのものではなく、単一のアイデンティティを運動の唯一の構成要素にしてしまうことではないだろうか。
フェミニスト政治哲学者のアイリス・M・ヤングは次のように述べている。

コミュニティという理想が特権化するのは、差異よりも統一、媒介性よりも直接性、他者を理解することの限界の認識よりも同情である。それは、もっともな夢であって、誰にも隠し立てすることのない自分自身や、相互の同一化に基づく関係、社会的な親密さと心地よさへの欲望を表現している。[*21]

「理解できるもの（"understandable"）」ではあるが、と前置きしながらヤングはいう。それはわたしたちの欲望を投影した夢にすぎないのだと。ヤングにとって、コミュニティは、差異が抑圧されると同時に、差異に基づいた排除によって成立する空間である。[*22] フェミニストとしてのヤングがフェミニストの政治によって動機づけられたグループや議論から導き出した結論がこうした「コミュニティ」批判なのである。ここでいうフェミニストの政治とは、資本主義的で家父長主義の社会にあって支配的な疎外と個人主義に対抗するためのコミュニティの構想であり、その実現のためには不可欠な、同じ理想を掲げる者同士の連帯や一体感の追求である。だが、結果的にそこから生じているのが、境界や分割、排除であると指摘するヤングが、コミュニティの代わりとして提案するのは「差異の政治学」である。
サンフランシスコのクィア・シアター「ライノセラス（Theatre Rhinoceros）」を対象としたエスノグラフィー（民族誌）を通して、「コミュニティ」を再検討したミランダ・ジョゼフもまた、この概念が抱える問題を指摘する。ジョゼフの批判は、修辞学的に用いられるコミュニティも、社会関係を言説的に表現したものとしてのコミュニティも、ともに資本主義に織り込まれており、そのフェティッシュ化によって、支配や搾取に対する介入が困難になるという点にある。[*23]

少なくとも一九八〇年代からあるコミュニティ批判の言説を見ればヤングやジョゼフの指摘は決して目新しいものではない。彼女たちの議論はフェミニズムやクィア・LGBTのみならず、社会運動やアクティヴィズムのほとんどにもあてはまる問題でもあろう。アイデンティティ・ポリティクス批判をもち出すまでもなく、あらゆるコミュニティは、包含と排除の絶え間ない折衝をうちに含んでおり、結束や連帯の政治は、排除や分離と表裏一体である。

だが、コミュニティはある意味、つねに想像の産物であり、理想や幻想であると同時に、現実でもあるのだ。それは不安定で、文脈によって絶えず変化するものであり、リアルに感じられると同時に、その目標の達成はつねに先送りされ続ける理想である。とりわけ、映画祭を運営するクィア・コミュニティは、特定の土地に実体的に存在し、成員が居住空間と利益の共通性という現実的基盤をもつ共同体とは異なり、より漠然として曖昧な帰属意識、連帯感、目標のようなものを共有するゆるやかな共同性に支えられていることが多い。コミュニティへの「帰属」は、今日、その意味や形態が再考を迫られている問題のひとつである。特定の地域や場所、社会組織への忠誠やコミットメントではなく、より流動的で複数性によって特徴づけられるような帰属のあり方がより重要性を増しているからであろう。安定して永続するような領土的な集団ではなく、不均等で創発的な集合体としてのコミュニティが、クィア・LGBT映画祭を考えるうえでは有効なのではないだろうか。

クィア映画祭とは、「そもそも不安定で文脈によって変化し、局面や政治的優先順位に応じて絶えず再評価されるべきものであり、解釈の産物」であるようなコミュニティだとはいえないだろうか。[*24] 安定した伝統的な空間、居心地のいい慣れ親しんだ空間ではなく、「想像の産物」であると同時に「政治的な空間」である映画祭、そして「社会的不正義の分析だけでなく、根本的変革の理念を共有しながら、親近感や愛情や一体感を抱く空間」、政治的連帯と家族のような意識が想像力豊かに融合する「戦略的空間」こそが、映画祭の創造しうるコミュニティなのではないだろうか。[*25]

ヤングが批判を向けたコミュニティの排除の力学については、フェミニズムの歴史が多くの示唆を与えてくれるだろう。それは「女性のための場所の創造」がレズビアンの排除の上に成り立っていた歴史でもある。「安全な空間の記憶や経験があるのは、除外や排除や暴力で守られた場所を土台につくられ、その場所の制約をわたしが受け入れていたからなのだ」[*26]と、詩人でアクティヴィストのミニー・ブルース・プラットが語るように。

その多くが、アクティヴィズムを土台とする地方都市のクィア・LGBT映画祭が強調するのは「当事者」の居場所と安全な場所の確保であり、「主流社会」へと向けられた啓発である。自分が心地よさや安全性を感じる場所が、他者の排除や疎外の上に成り立っていたり、不正義との交換によってもたらされていたりしないかを「コミュニティ」の成員は十分に注意する必要があるだろう。こうした問いとともにある「コミュニティ」は、性的マイノリティにとっては、決して手放すことのできない理想なのである。

都会と田舎の二分法

地方における映画祭を取り上げ、アイデンティティ、社会空間、情動、コミュニティなどについて考えてみたが、「地方における」という言い方は、それこそ問題含みであろう。大都市と地方の格差が広がっている、というときの格差とは、正確にはどのような格差なのだろうか。経済格差も医療格差も、文化格差もすべてひとまとめに「格差」と呼べるのだろうか。あるいは、こうしたもろもろの「格差」は、果たして本当にクィアな生における「格差」なのだろうか。ここで一旦立ち止まり、都会と田舎、大都市と地方という二分法の力学について考えてみたい。

「地方」から「都会」への移動は、性的マイノリティにとって自己実現のための典型的なナラティヴとして機能してきた。都会への移動というナラティヴは、家族からの（一時的あるいは恒久的な）離脱とオルタナティヴなコミュニティへの参入・帰属と一対になっており、性的マイノリティは、不寛容な故郷の町を抜け出して、大都市へと「性的移住」するのが生き延びていく道なのだとされてきた。[*27] 都会とその生活様式がエロス化された様態としての「メトロセクシュアリティ（metrosexuality）」は、もはや異性愛シスジェンダー男性に限定されるものではない。[*28] そこにあるのは、セクシュアリティの都会化という現象である。大都市のみが、いきいきとした日常や社会関係、充実した文化的営みによって、快楽と充足感をもたらし、性的な文化の歓びを約束してくれるのだと。そして、都会とは、まず何よりも、セクシュアリティ自体の可能性を大きく広げてくれる場所なのだと。保守的でホモフォビックで退屈な田舎（＝血縁家族）と、自由で進歩的で、活力に満ちた都会（＝コミュニティ）とが想像的に対置されるのである。

こうした都会と地方の格差言説はどこまで信憑性があるのだろうか。第一に、地方と都会の間の増大する流動性を考えてみるならば、このふたつの地理的かつ象徴的な空間の差は、すでに境界が判然としないものとなっている。地方に住む性的マイノリティも、都会に住むマイノリティもさまざまなタイプの「移動」をおこなう。地方や田舎に住むマイノリティが、必ずしもそこに生まれ育ち、定住しているわけではないのである。都会から移り住むひともいれば、不定期にこのふたつの間を行き来するひとも少なくない。映画祭の調査でも、居住地と勤務地は離れた都市であるにもかかわらず、映画祭の時期には、休暇をとって開催地で運営に参加しているスタッフが複数存在していた。第二に、デジタル・ネットワークの存在である。テクノロジーに媒介された通信手段が地理的物理的な境界を簡単に超えるというつもりはない。だが、「田舎」や「地方」を特徴づけていた不便さ、孤独、情報の不足などの要素が、現在、地方在住者の状況を適切に言い当てているかは疑問である。社会的階層や職業、年齢によって、不便さや孤独の経験が異なるであろうことはいうまでもないが、かつての「田舎」をしるしづけていたそうした否定的な表象の多くは、現実の「田舎」を反映していたわけではなかったし、今も反映していないことのほうが多いのではないだろうか。インターネットの存在は、田舎の「情報不足」を脱神話化したといえよう。第三に、性的マイノリティの社会関係や文化は、都会のほうが本当に豊かなのかという問題である。何を基準にして、社会関係や文化の豊かさや貧しさを測ることができるのだろうか。例えば、家族や友人にカムアウトできない、LGBTが可視化されていない、イベントが少ない、バーが少ない（あるいはない）といった事情は、それがすぐさま性的マイノリティの可能性を閉ざすことにはならない。都会のほうがカムアウトしやすい、そしてカムアウトすれば生きやすいというのは幻想である。また、可視化がいつも最善の策とは限らない。都会であれ、田舎であれ、性的マイノリティが自らの生を選択し、実践していくために有効な戦略は、それぞれ異なっている。性的マイノリティといっても、生きにくさの原因はさまざまであり、地域性がその理由の大きな比重を占めることもあるだろうし、社会的な階層やジェンダーがより大きな要因となる場合もあるだろう。

合衆国で指摘される「LGBTQの政治学とクィア・スタディーズの絶えざる都会化」は、日本においてもある程度あてはまる現象であろう。[*29] クィアやLGBTに関連したイベントやアクティヴィズムは日本各地でおこなわれてはいるものの、アカデミックな言説としてのクィアが流通する機会を提供するのは圧倒的に大都市である。「クィア理論における地方の消去」[*30] は合衆国だけの問題ではない。クィア理論の都市性・都会性は、対象を地方とするか否かの問題に収斂するものではなく、クィア理論自体の地政学と認識論に関わるものである。

映画祭が、完全に「都会規範（metronormativity）」を免れているわけではないにしても、地方都市において、それはアクティヴィズムと連動しながら、性的マイノリティに関する文化的実践をおこなう機会を提供しているのではないだろうか。

おわりに

クィア・LGBT映画祭とは、映画という私的かつ公的な幻想を通して現実を構築する複合的な文化実践である。情動の社会空間として、こうした映画祭を考えてみると、いくつかの問題が明らかになる。

それは、個人的であると同時に集合的なアイデンティティの問題であり、コミュニティの問題であり、さらに、地方と都会という二分法的思考の問題である。

クィア・LGBTのアイデンティティと文化の形成にとって映画は重要な役割を果たしてきた。欲望や同一化、そして非同一化によって自己イメージと社会規範がせめぎ合う場としての映画は、政治的とみなされうるような多面的な表現の媒体としても機能してきた。[*31] 映画を集合的に見る経験として成立する映画祭は、そこに集まってきた人々を観客としてのみでなく、映画祭という出来事を構成するエージェンシーとして含みもつことにより、より錯綜した文化実践となる。映画祭研究において、公共圏の議論が盛んになる以前に、フェミニスト映画研究者のジュディス・メインはレズビアン・ゲイの観客が映画を通して周縁的なコミュニティを形成するあり方を「映画的公共圏」と呼んだが、こうした発想は、女性や人種的・性的マイノリティが構築するとされる「対抗的公共圏」の議論に呼応するものであろう。[*32] だが、日本の地方都市で開催されているクィア・LGBT映画祭は、そのように対抗的だったり、反体制的であったりするよりも、微弱というのがふさわしいコミュニティ生成の実践といえる。[*33] どんなに弱く、また小さいものであっても、これらの映画祭は、多様な観客の身体、感情、感覚を取り巻き、また、それらによっても構成されるという相互の関係で結ばれながら、集合的、連鎖的に反応を喚起し、増幅させてゆく。クィア・LGBT映画祭とは、感情と身体が交感する情動の空間であり、感情=身体的反応が、非意識において共鳴しながら、社会関係を生成し、その変容を促すような潜在的に政治的な空間なのである。

註

＊1 必ずしもクィアやLGBTを映画祭のタイトルに冠しているわけではないが、今日の日本社会に確固として存在するセクシュアリティおよびジェンダー規範に抵抗したり、その意味を問い直すような内容やテーマをもつ作品を選定していたりする場合、また、性的マイノリティの理解を促進したり、その可視化を目的として映画祭を開催している場合、本章では、それらの映画祭をクィア・LGBT映画祭と呼ぶ。今日では、LGBTQ（あるいはLGBT／Q）といった表記が一般的であるが、本章では、クィアとLGBTの関連性や重なり合いを認めながらも、概念上および分析上、区分して議論する必要がある場合も多いため、クィア・LGBTという、いささか不便な表記を用いる。

＊2 本章で主な考察の対象としたのは、青森インターナショナルLGBTフィルムフェスティバル、愛媛LGBT映画祭、香川レインボー映画祭、大須にじいろ映画祭である。これらの映画祭については実際に現地に赴き調査をおこなった。また、各映画祭の主催者や企画・運営・ボランティアスタッフなどにインタビューやメールのやりとりで協力していただいた。ここに記して感謝したい。なお、本章は、二〇一六年三月六日に同志社大学で開催した国際ワークショップ「クィア・LGBT映画祭――コミュニティ、アイデンティティ、アクティヴィズム」（青森インターナショナルLGBTフィルムフェスティバル、愛媛LGBT映画祭、香川レインボー映画祭、大須にじいろ映画祭、レインボー・リール東京の代表者および、ソウル国際女性映画祭の元クィア部門プログラマー、ソ・イン氏、名古屋大学・馬然氏が参加）での発表、意見交換、アンケートを参考に執筆されている。ワークショップの参加者にも感謝したい。前章同様に、本研究はJSPS科研費25570016（「クィア・LGBT映画祭とオルタナティヴなコミュニティの生成」）の助成を受けたものである。

＊3 ヴェネツィア国際映画祭を、最初の国際映画祭と呼ぶのは、わたしたちが今日知るところの「国際映画祭」としての形式や構造をもっていたという意味においてである。当然のことながら、上映会や、コンペティションのように映画を集団で鑑賞したり、順位づけをしたりするといった映画行為は一九三二年以前から存在しており、ヴェネツィア映画祭の成立にも大きな影響を与えている。ヴェネツィア国際映画祭自体、国際美術展（ヴェネツィア・ビエンナーレ）の映画部門として出発しており、美術（とりわけ写真）の展示とコンペティションといった形式が色濃く反映されている。ヨーロッパにおける映画祭の歴史の詳細については、Thomas Elsaesser, "Film Festival Networks: The New Topologies of Cinema in Europe," in *European Cinema: Face to Face with Hollywood* (Amsterdam:

Amsterdam University Press, 2005); Christel Taillibert and John Wäfler, "Groundwork for a (Pre)History of Film Festivals," *New Review of Film and Television Studies* 14:1 (2016), pp. 5–21. を参照のこと。

＊4 Cindy Hing-Yuk Wong, *Film Festivals: Culture, People, and Power on the Global Screen* (Brunswick, NJ, and London: Rutgers University Press, 2011).

＊5 Lisa Duggan, "The Trial of Alice Mitchell: Sensationalism, Sexology, and the Lesbian Subject in Turn-of-the-Century America," *Signs: Journal of Women in Culture and Society* 18:4 (1993), p. 793.

＊6 ある映画祭のプログラマーは、「映画を見るだけならば、現在は日本未公開作品でも簡単にＤＶＤが入手できる時代に、みんなで映画を見ることによって、一体感や興奮や楽しさを体験できる「場」を提供することが、映画祭の最も重要な目的」と語り、別の運営者は「交流のできるサロンを併設したり、終了後に懇親会を開いて、観客とスタッフの交流に繋げ、孤立していた当事者が映画祭をきっかけにコミュニティで友だちをつくったり、コミュニティに貢献したり」することを、映画祭の効果として語る（二〇一六年三月六日に同志社大学で開催されたＬＧＢＴＱ映画祭ワークショップでの回答から）。

＊7 二〇一一年にスタートした愛媛ＬＧＢＴ映画祭は、二〇一六年から休止中である。

＊8 二〇一四年一一月三〇日、京都でのインタビュー。

＊9 二〇一五年五月、名古屋でおこなった運営スタッフへのインタビュー。なお、大須にじいろ映画祭は、二〇一九年から休止中である。

＊10 とはいえ、一見、地域と無関係に見えても、例えば、大企業の協賛を得られるという事実は、やはり国内外の資本が集中する都市性、地域性のひとつの表れであろう。

＊11 ミシェル・ド・セルトー『日常的実践のポイエティーク』山田登世子訳、国文社、一九八七年。

＊12 例えば、人類学の領域における社会空間を考察する西井涼子は、異質なものが共存する日常的実践の場としての社会空間を概念化するにあたり、生成や変容といった可変性や流動性、動態性や時間性の視点を導入する。西井涼子・田辺繁治編『社会空間の人類学——マテリアリティ・主体・モダニティ』世界思想社、二〇〇六年。

＊13 アンリ・ルフェーヴル『空間の生産』斎藤日出治訳、青木書店、二〇〇〇年、五七八頁。

＊14 竹内勝徳は、アフェクト研究の潮流として、トムキンズの提起した心理学分野の研究と、スピノザに端を発し、ブライアン・マッスミやドゥルーズ＝ガタリが補強して発展してきた理論として社会学分野を挙げるが、後者は、思

想・哲学史の分野という側面も強くもっている。竹内勝徳・高橋勤編『身体と情動――アフェクトで読むアメリカン・ルネサンス』彩流社、二〇一六年、四頁。情動は論者によって、定義や射程が異なるやっかいな概念であるが、例えば、近現代の英米文学および批評理論における情動を、遠藤不比人は「一九世紀的な「個人」が抱く「感情(emotion)」を逸脱する「もの」、あるいは個人的な主観性ではなく「間主観的」な集団性を希求する政治的欲望」であると述べている。遠藤不比人『情動とモダニティ――英米文学／精神分析／批評理論』彩流社、二〇一七年、七頁。

*15 ジル・ドゥルーズ+フェリックス・ガタリ『哲学とは何か』財津理訳、河出文庫、二〇一二年、二八五頁。

*16 Brian Massumi, *Parables for the Virtual: Movement, Affect, Sensation* (Durham, Duke University Press, 2002).

*17 広井良典『コミュニティを問いなおす――つながり・都市・日本社会の未来』ちくま新書、二〇〇九年、一二頁。

*18 ジェラード・デランティ『コミュニティ――グローバル化と社会理論の変容』山之内靖・伊藤茂訳、NTT出版、二〇〇六年。

*19 社会学者のジグムント・バウマンによれば、「「コミュティ」とは、「自然」で「暗黙」であるような理解の共有を意味する」。ジグムント・バウマン『コミュニティ――安全と自由の戦場』奥井智之訳、筑摩書房、二〇〇八年、二〇頁。

*20 デランティ『コミュニティ』、一六三頁。

*21 Iris Marion Young, "The Ideal of Community and the Politics of Difference," in *Feminism/Postmodernism*, ed., Linda J. Nicholson (New York and London: Routledge, 1989), p. 300.

*22 ヤングが批判する、コミュニティの排除の力学については、フェミニズムにおけるレズビアンと有色の女性の排除の歴史が多くの示唆を与えてくれるだろう。すなわち、「女性のための場所」がレズビアンや非白人女性の排除の上に創造されてきた歴史である。「安全な空間の記憶や経験があるのは、除外や排除や暴力で守られた場所を土台につくられ、その場所の制約をわたしが受け入れていたからなのだ」。Minnie Bruce Pratt, "Identity: Skin Blood Heart," in *Yours in Struggle: Three Feminist Perspectives on Anti-Semitism and Racism*, ed., Elly Bulkin, Minnie Bruce Pratt, and Barbara Smith (Ithaca: Firebrand Books, 1984), pp. 25–26.

*23 Miranda Joseph, *Against the Romance of Community* (Minneapolis and London: University of Minnesota Press, 2002).

＊24 チャンドラー・タルパデー・モーハンティー『境界なきフェミニズム』堀田碧監訳、菊地恵子・吉原令子・我妻もえ子訳、法政大学出版局、二〇一二年、一五一頁。

＊25 モーハンティー『境界なきフェミニズム』、一八九頁。

＊26 Pratt, "Identity: Skin Blood Heart."

＊27 ゲイル・ルービン「性を考える——セクシュアリティの政治に関するラディカルな理論のための覚書」河口和也訳、『現代思想』二五巻六号、一九九七年五月臨時増刊号、一二〇頁。

＊28 メトロセクシュアリティについては、以下を参照のこと。Jack Halberstam, *In a Queer Time and place: Transgender Bodies, Subcultural Lives* (New York and London: New York University Press, 2005); David Bell, "Eroticizing the rural," in *De-Centering Sexualities: Politics and Representations Beyond the Metropolis*, ed., Richard Phillips et al., (London: Routledge, 2000), pp. 83–101.

＊29 Scott Herring, *Another Country: Queer Anti-Urbanism* (New York and London: New York University Press, 2010), p. 6.

＊30 Robert McRuer , *The Queer Renaissance: Contemporary American Literature and the Reinvention of Lesbian and Gay Identities* (New York and London: New York University Press, 1997), p. 69.

＊31 Cindy Patton, *Cinematic Identity: Anatomy of a Problem Film*, (Minneapolis and London: University of Minnesota Press, 2007).

＊32 Judith Mayne, *Cinema and Spectatorship* (London: Routledge, 1993); ナンシー・フレイザー「公共圏の再考——既存の民主主義の批判のために」、クレイグ・キャルホーン編『ハーバマスと公共圏』山本啓・新田滋訳、未來社、一九九九年。

＊33 本書収録「クィア・LGBT映画祭試論」。

あとがき

こうして過去一〇年間に書いてきたものをまとめてみることは、自分の研究の出発点に立ち返り、現在の自分の立ち位置を確認する作業となった。

一〇年前の自分と今の自分は、明らかに違うところもあれば、それほど変わらないと思える部分もある。あまりに稚拙であるかと思えば、過剰だったりする文章を読みながら、自分の不十分さ、物足りなさ、至らなさに赤くなったり青くなったりしていたとき、クィアな時間をめぐる議論が脳裏をよぎった。本書でも触れているように、クィアな時間性は、クィア理論における「転回」のひとつとされ、さまざまに論じられてきた。転回（turn）は、「循環する動き」を語源にもち、直線や進歩と異なる動きや動向を指す言葉である。クィア理論における「時間論的転回」とは、時間的逸脱にクィアネスを見出そうとする試みであった。

かつての自分の未熟さや不十分さが克服されているとか、今のほうが少しはマシな文章を書けていると思うこと自体、進歩史観にどっぷり浸ったきわめてクロノノーマティヴ（時間規範的）な発想であろう。成長ではなく、変化する、成熟することなく、行きつ戻りつする重層的な時間のなかで、本書を読者の方々と共有しながら、希望としてのクィアを考えていけたらと思う。

本書に集められた文章は、これまで出会ってきた研究者や友人、同僚から多くの恩恵を受けて書かれた。カリフォルニア大学アーヴァイン校のジェニファー・テリー、インデパル・グリュウォル、ブリス・リム、ファティマ・ロニーの各氏ならびにパトリシア・ホワイト氏（スワースモア大学）、斉藤綾子氏（明治学院大学）に感謝を捧げたい。

紙幅の関係でお名前をすべて挙げることはできないが、とりわけ以下の方々には日々励まされ、支えられている。「日本映画における女性映画パイオニア」プロジェクト、クィア・スタディーズ研究会のメンバーの皆さん、赤枝香奈子氏、秋田祥氏、秋林こずえ氏、出雲まろう氏、岡野八代氏、川上幸之介氏、木下千花氏、久保豊氏、高美哿氏、佐々木裕子氏、清水晶子氏、志村三代子氏、菅原有香氏、冨田美香氏、長島佐恵子氏、新田啓子氏、クレア・マリィ氏、そしてサラ・エリス氏に心からの感謝を。

最後に、本書の刊行まで辛抱強く伴走してくれたフィルムアート社の伊東弘剛氏にも改めてお礼を申し上げます。

菅野優香

二〇二三年三月一〇日

初出一覧

第1部　映画文化とクィア・スタディーズ

「クィア・シネマの場所――歴史を変えるために」、「ニュー・クィア・シネマ、あるいは歴史をやり直すということ」、『女たちの21世紀』七六号、二〇一三年一二月号をもとに大幅な加筆増補。
「クィア・シネマを知るために――クィアの理論と歴史」　書き下ろし
「クィア・シネマの可能性――映画の外側へ」　書き下ろし

第2部　クィア・シネマの再発見

「ヒッチコック問題――『レベッカ』と『マーニー』をめぐるフェミニスト／クィア批評」、佐野亨編『文藝別冊　ヒッチコック――完全なる殺人〝芸術〟家』河出書房新社、二〇一八年。

「ハイスミス映画のクィアと逸脱――冷戦下のホモセクシュアリティ」、綾部六郎・池田弘乃編著『クィアと法――性規範の解放／開放のために』日本評論社、二〇一九年。

「ヘプバーンの脆弱さと自由――『ローマの休日』から『噂の二人』へ」、佐野亨編『文藝別冊　オードリー・ヘプバーン――妖精、そして女性として』河出書房新社、二〇一九年。

「ジュディ・ガーランドを愛するということ――キャンプ、ドラァグ、フェミニズム」、『映像学』一〇三号、二〇二〇年。

「時間の映画――グザヴィエ・ドランのスローモーション」、『ユリイカ』五二巻四号、二〇二〇年四月号。

「最愛の夫――ヴァルダの「ドゥミ映画」を読む」、シモーヌ編集部編『シモーヌ』VOL.4、現代書館、二〇二一年。

「話者の遍在――『ニューヨーク、ジャクソンハイツへようこそ』における移民／クィアのコミュニティ」、『ユリイカ』五三巻一五号、二〇二一年一二月号。

「水平の美学――セリーヌ・シアマによる親密性の技法」、『ユリイカ』五四巻一二号、二〇二二年一〇月号。

「『ウォーターメロン・ウーマン』とオルタナティヴ・ヒストリー――黒人女性映画とレズビアニズムの邂逅」

書き下ろし

第3部　クィア・シネマとスターたち

「パンパン、レズビアン、女の共同体──女性映画としての『女ばかりの夜』」、小山静子・赤枝香奈子・今田絵里香編『セクシュアリティの戦後史』京都大学学術出版会、二〇一四年。

「人種化される欲望──三池崇史と「沖縄」をめぐる映画的想像力の一考察」、川島浩平・竹沢泰子編『人種神話を解体する3──「血」の政治学を越えて』東京大学出版会、二〇一六年。

「『女であること』と、川島雄三であること──川端康成と丸山明宏が出会う場所」、川崎公平・北村匡平・志村三代子編『川島雄三は二度生まれる』水声社、二〇一八年。

「クィアな共振──美輪明宏の映画スターダム」*The Japanese Cinema Book*, ed., Hideaki Fujiki and Alastair Phillips (London: BFI, 2020).

「連累の観客論──原節子とクィアなジョーク」*Mechademia* Vol.6 (Minneapolis and London: University of Minnesota Press, 2011).

「ゴシップ、あるいはラディカルな知──高倉健のスター・イメージ」、『ユリイカ』四七巻二号、二〇一五年二月号。

第4部　クィア・シネマと上映空間

「政治的なことは映画的なこと──一九七〇年代の「フェミニスト映画運動」」、『思想』一一五一号、二〇二〇年三月号。

「クィア・LGBT映画祭試論──映画文化とクィアの系譜」、『現代思想』四三巻一六号、二〇一五年一〇月号。

「コミュニティを再考する──クィア・LGBT映画祭と情動の社会空間」、菊地夏野・堀江有里・飯野由里子編著『クィア・スタディーズをひらく1──アイデンティティ、コミュニティ、スペース』晃洋書房、二〇一九年。

＊本書は、上記の初出の文章に加筆・修正をおこなった。また、一部初出時からタイトルを変更した。

クィア・シネマ
世界と時間に別の仕方で存在するために

2023年4月30日　初版発行

著者　菅野優香
デザイン　戸塚泰雄（nu）
編集　伊東弘剛（フィルムアート社）
発行者　上原哲郎
発行所　株式会社 フィルムアート社
〒150-0022
東京都渋谷区恵比寿南1-20-6　第21荒井ビル
tel 03-5725-2001
fax 03-5725-2626
http://www.filmart.co.jp/

印刷・製本　シナノ印刷株式会社

Printed in Japan
ISBN978-4-8459-2125-6 C0074

菅野優香（カンノ・ユウカ）

カリフォルニア大学アーヴァイン校博士課程修了（視覚研究）。現在、同志社大学グローバル・スタディーズ研究科博士後期課程教授。専門は映画・視覚文化研究、クィア・スタディーズ。編著に『クィア・シネマ・スタディーズ』（晃洋書房、二〇二一年）、共著に『日活ロマンポルノ性の美学と政治学』（水声社、二〇二三年）、『ジェンダーと生政治』（臨川書店、二〇一九年）、『虹の彼方に』（パンドラ、二〇〇五年）などがある。

索引

＊作品名のあとに（　）で特記のないものは映画作品を表す

作品名

英数字

あ

か

ら

わ

人名

あ

か

さ

た

な

は

ま

や

ら

わ